# PIERRE LOMBARD

## ÉVÊQUE DE PARIS

### DIT

## LE MAITRE DES SENTENCES

### SON ÉPOQUE, SA VIE, SES ÉCRITS
### SON INFLUENCE

PAR

## L'abbé F. PROTOIS

Prêtre du clergé de Paris

DOCTEUR EN THÉOLOGIE

## PARIS

SOCIÉTÉ GÉNÉRALE DE LIBRAIRIE CATHOLIQUE

(VICTOR PALMÉ, DIRECTEUR GÉNÉRAL)

76, rue des Saints-Pères, 76

—

1881

# PIERRE LOMBARD

### ÉVÊQUE DE PARIS

DIT

## LE MAITRE DES SENTENCES

### SON ÉPOQUE, SA VIE, SES ÉCRITS, SON INFLUENCE

PAR

### L'abbé F. PROTOIS

Prêtre du clergé de Paris

DOCTEUR EN THÉOLOGIE

## PARIS

SOCIÉTÉ GÉNÉRALE DE LIBRAIRIE CATHOLIQUE

(VICTOR PALMÉ, DIRECTEUR GÉNÉRAL)

76, rue des Saints-Pères, 76

—

### 1881

A Monsieur ICARD,

Supérieur général

de la Compagnie et du Grand Séminaire

de St-Sulpice.

HOMMAGE

DE PROFONDE VÉNÉRATION ET DE RECONNAISSANCE.

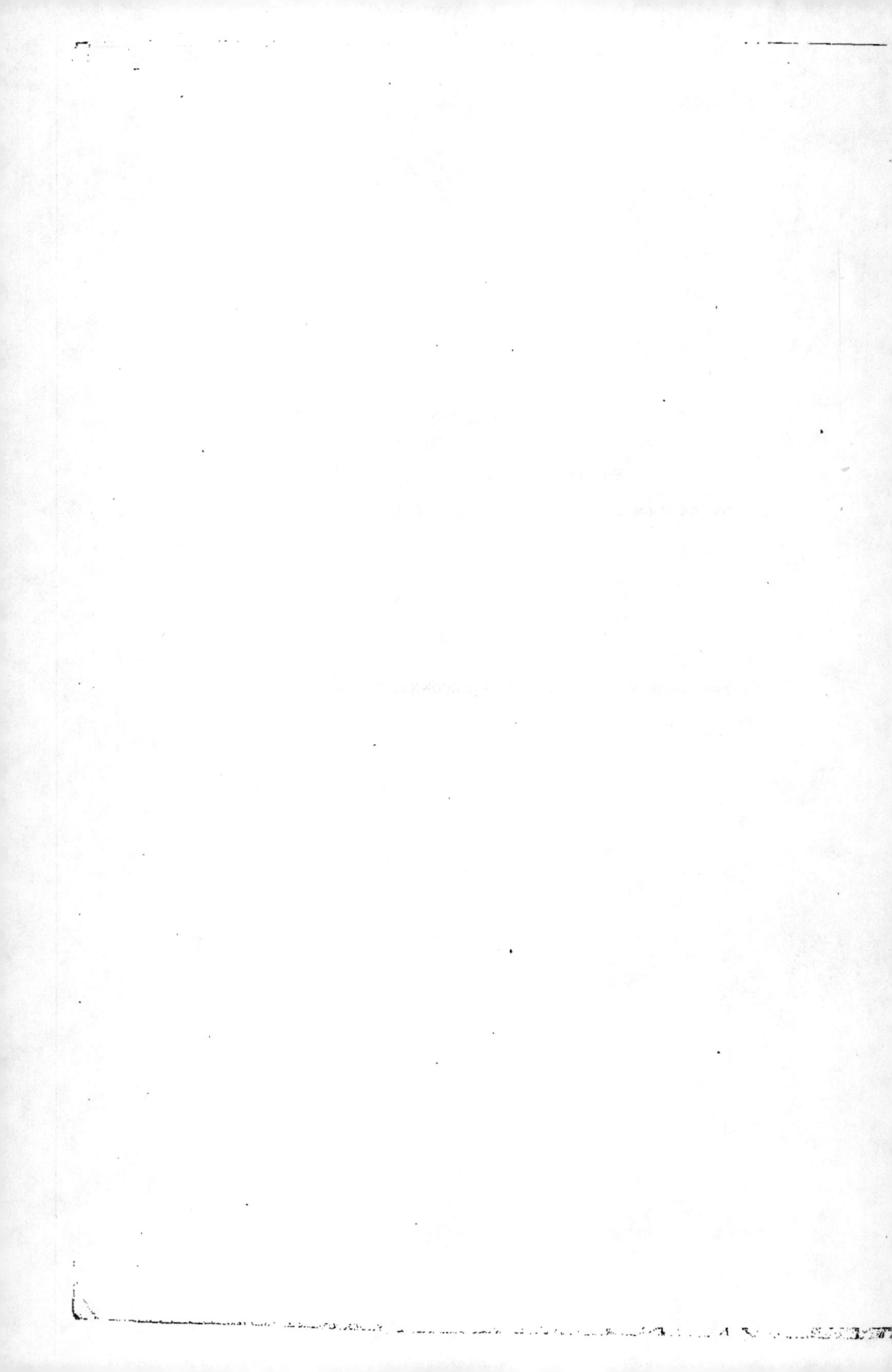

# PRÉFACE

—

Après saint Thomas, Pierre Lombard est certainement le théologien le plus célèbre et le plus grand du moyen-âge. Il fut le fondateur de la théologie scolastique et nul n'a exercé sur les écoles un ascendant aussi considérable. Les traces qu'il a laissées ont été profondes et durables. Il a imprimé à l'étude de la science sacrée un mouvement extraordinaire qui s'est continué longtemps après lui. On peut le compter dans le nombre bien petit de ces auteurs dont on imagine que, s'ils n'avaient point paru au monde, les destinées de la théologie n'auraient pas été les mêmes.

Aussi, ne nous dissimulons-nous pas l'importance et les difficultés d'une étude consacrée à ce grand homme. L'œuvre de Pierre Lombard est trop vaste pour qu'il n'y ait pas témérité de notre part à en aborder l'examen et à en essayer l'appréciation. Ce qui nous détermine à entreprendre, malgré notre insuffisance, une telle tâche, c'est la pensée que jusqu'ici les historiens ont laissé dans l'ombre la figure pourtant bien intéressante du Maître des Sentences et ne lui ont pas rendu la justice qui lui est due. Il en est résulté que Pierre Lombard est aujourd'hui plus cité que lu et plus célèbre que connu. Il nous a donc paru utile de jeter quelque rayon de lumière sur cette glorieuse mémoire, et nous nous sommes dit qu'un essai, si imparfait qu'il

1

fût, aurait du moins cet avantage d'ouvrir la voie à des travaux mieux inspirés et plus complets.

Le douzième siècle qui vit fleurir celui que la postérité a surnommé le Maître des Sentences, fut une grande époque pour la chrétienté. C'est alors que l'Occident entreprit les croisades, que se constitua la chevalerie, que les communes de France et d'Italie conquirent leur indépendance, que la papauté soutint contre la puissance temporelle l'une des luttes les plus gigantesques dont l'histoire nous offre le spectacle. D'un autre côté, l'esprit humain semble alors s'éveiller d'un long assoupissement. Tandis que les barons et leurs gens d'armes luttent sur les champs de bataille, les clercs et les hommes d'étude luttent avec une ardeur passionnée dans l'arène du raisonnement et de la science; des professeurs illustres apparaissent et réunissent autour d'eux de nombreux disciples; des écoles rivales s'élèvent de toutes parts; les monastères se multiplient; les Universités se forment.

Aussi, lorsqu'on étudie cette période de l'histoire, on est d'abord comme perdu dans l'infinie variété des objets qui vous frappent. L'attention sollicitée en tous sens ne sait où se fixer parmi tous ces personnages illustres, hommes de guerre et hommes de science, diversement mais également intéressants, et parmi tant d'événements qui se succèdent coup sur coup, tant il y a de sève, de fécondité, de vie dans cette originale et attachante époque! Mais, peu à peu, tout s'ordonne et trois points plus en vue que les autres attirent et retiennent surtout notre regard. C'est d'une part, au sein des États, le grand mouvement des croisades qui ébranle toutes les nations chrétiennes pour les entraîner à la délivrance de Jérusalem. Au sein de l'Eglise, c'est la querelle des deux pouvoirs qui suscite à la cause des droits de l'autorité et de la juridiction ecclésiastique tous ces champions fameux qui se nomment Anselme de Cantorbéry, Pascal II, Alexandre III, Lucius III, Innocent III, et Thomas Becket. C'est enfin au sein des écoles, la renaissance des études et le développement de la scolastique qui réunissent à Paris un concours nombreux de maîtres et d'étudiants, et qui font de la capitale de la France une nouvelle Athènes (1).

Le Maître des Sentences n'a point été mêlé aux événements politiques de son siècle ; il n'a pris aucune part aux expéditions de la chrétienté vers l'Orient, ni aux démêlés des évêques avec les rois et des souverains-pontifes avec les empereurs. Sa vie a été exclusivement une vie d'étude et son action s'est concentrée toute entière sur la théologie. C'est dire que le travail qui va suivre sera surtout théologique. Pour bien comprendre l'œuvre personnelle de notre auteur, il est indispensable de se faire une idée générale du mouvement intellectuel de l'époque où il a vécu. C'est pourquoi nous détournerons un moment de lui notre attention pour la fixer sur ses prédécesseurs et sur ses contemporains. De là un premier chapitre dans lequel nous envisagerons, principalement au point de vue des études, le moyen-âge en général et le douzième siècle en particulier. Nous donnerons ensuite une courte biographie de Pierre Lombard. Après avoir raconté sa vie, nous examinerons ses écrits, notamment son *Livre des Sentences,* ses *Commentaires sur l'Ecriture* et ses *Sermons.* Enfin nous parlerons de l'influence qu'il a exercée et nous ferons connaître quelques-uns de ses innombrables commentateurs (2).

---

(1) *Histoire littéraire de la France,* t. IX, p. 178.

(2) On trouvera à la fin du volume la liste des auteurs et de toutes les sources historiques où nous avons puisé. Nous ne les nommons en note que lorsque nous citons leur texte même.

# CHAPITRE PREMIER

COUP D'ŒIL SUR LE MOUVEMENT INTELLECTUEL AU MOYEN-
AGE ET SUR LES ORIGINES DE LA SCOLASTIQUE

---

## I

Longtemps on a appelé les siècles du moyen-âge des
siècles barbares. Depuis la renaissance jusqu'au commencement de notre siècle, cette époque a été presque
universellement considérée comme une époque de ténèbres et de fanatisme, comme un âge honteux dans l'histoire de l'humanité. Aujourd'hui même elle est encore
assez généralement très mal jugée et appréciée.

Dieu nous garde de prendre le moyen-âge pour modèle
et d'en oublier les abus, les désordres, en un mot le côté
sombre et vicieux. Mais il importe en même temps de ne
pas en méconnaître les grandeurs et les vertus. Il
importe surtout d'affranchir l'Eglise de toute solidarité
avec ce qu'il y eut de barbare dans cette époque.

Beaucoup de ceux qui l'attaquent, s'imaginent que les
coups portés à cette phase de l'histoire retombent sur le
catholicisme. Celui-ci, disent-ils, a été alors prépondé-
rant, il a gouverné ces siècles de foi, il en a été l'instituteur
et le guide. Si donc ils sont dignes de mépris et d'exé-
cration, il en résulte que l'Eglise est la honte et le fléau
de notre terre.

Tout est faux dans cette appréciation.

Et d'abord l'Eglise n'a jamais été toute-puissante à
cette époque. Son autorité y fut au contraire constamment
usurpée par les uns, contestée par les autres, et balancée
par une foule d'autorités rivales. Ses lois y furent perpétuellement violées, sa discipline altérée, ses droits méconnus, non pas seulement dans l'ordre temporel, mais

dans l'ordre spirituel. Tant que dura le moyen-âge, elle ne cessa pas un seul jour de lutter. Elle n'eut jamais et nulle part une suprématie absolue et permanente. Loin de là, jamais peut-être il n'y eut plus de passions, plus de révoltes, plus d'orages et dans l'Eglise et dans l'Etat.

Or, quelle fut dans cette société la cause de toutes les misères et de toutes les calamités? La féodalité, d'une part, et de l'autre, les restes de l'esclavage païen. La civilisation catholique ne put jamais à cette époque atteindre son parfait développement, et ce n'est point la pensée chrétienne, mais la pensée païenne qui dirigea si longtemps la politique des empereurs d'Allemagne, qui entretint les vices de la foule et des grands, qui alluma les guerres, qui fomenta les injustices. Une lutte opiniâtre était alors engagée entre les doctrines et les principes moraux de l'Eglise qui tendaient à tout améliorer, et les fougueuses passions, la grossière ignorance des peuples; la barbarie tenait en échec la civilisation chrétienne.

Ceci posé, hâtons-nous de dire que montrer seulement le mal dans une période historique, c'est la juger d'une manière injuste et déloyale. Trop longtemps les détracteurs du moyen-âge ont usé à son égard d'une pareille méthode. Pour être juste envers lui, il est nécessaire de montrer aussi tout ce qu'il eut de grand et de beau, et de signaler à l'admiration de la postérité ses splendeurs et ses gloires.

Aussi bien sera-ce l'éternel honneur de notre siècle d'avoir vu se produire chez tous les esprits sérieux une réaction légitime en faveur de ces temps si décriés autrefois. Depuis cinquante ans, une salutaire impulsion a été donnée à l'étude de l'histoire, et l'époque féodale en particulier examinée plus attentivement a été aussi plus favorablement jugée. Bien des mensonges ont été confondus, bien des événements travestis ont repris leur naturelle signification, bien des personnages méconnus ou insultés se sont relevés dans leur gloire aux yeux de la postérité.

Chose étrange! cette œuvre de réhabilitation a été commencée par des protestants : en France, par M. Guizot; en Allemagne, par Jean de Müller, Voigt, Hürter, les deux Menzel, Léopold Ranke. Les catholiques sont venus ensuite, les Ozanam, les Montalembert, les Digby (1), etc. Tous ces historiens illustres ont opposé

(1) Digby, anglican converti, auteur d'un recueil intitulé : *Mores catholici*, ou les siècles de foi; l'un des livres les plus propres à faire connaître et apprécier sainement le moyen-âge.

aux blasphèmes, aux injures, aux calomnies l'éclatante lumière de la vérité. Grâce à leurs travaux nous savons maintenant à quoi nous en tenir sur *la barbarie* du moyen-âge et sur *les épaisses ténèbres qui couvraient l'Europe avant la renaissance.* Le temps n'est plus, quoiqu'il ne soit pas encore bien éloigné de nous, où chacun, même dans les rangs du clergé, faisait parade de son dédain pour cette époque, pour ses coutumes, ses idées et ses œuvres. L'ignorance historique des derniers siècles avait condamné tout cela à un éternel mépris. Aujourd'hui les adversaires de l'Eglise eux-mêmes accordent que la théologie n'a pas été cultivée sans gloire et que de grands philosophes sont apparus dans ces temps malheureux. Sans doute l'unité de la foi régnait alors parmi les nations, mais cette unité n'éteignait nulle part la vie intellectuelle. L'uniformité des croyances, la soumission sincère des intelligences aux vérités révélées n'excluaient pas le développement progressif de l'esprit et la manifestation du génie. On ne pourrait peut-être pas citer d'époque dans l'histoire où aient été discutés avec autant d'ardeur les problèmes les plus élevés et les plus difficiles de la philosophie et de la morale. Ce temps a créé des livres qui nous étonnent et des ouvrages qui défient notre orgueil. Qu'on se rappelle les immenses travaux de la scolastique et ces grandes et nombreuses écoles fondées par les évêques à côté de leurs cathédrales, et où les princes et les fils du paysan étaient également admis ; et ces puissantes universités du xiiie siècle, si vivantes, si libres, et où d'illustres maîtres abordaient tous les jours les plus grandes questions devant une jeunesse ardente et studieuse.

Une envie dévorante de savoir enflammait alors les âmes et un véritable enthousiasme lançait les esprits dans les régions de la pensée. L'esprit humain s'exerçait avec Gerbert et Scot-Erigène aux études les plus ardues et les plus délicates. Avec Pierre Lombard, il rassemblait en un tout concis les écrits innombrables et épars des Pères, et élevait l'édifice de la théologie. Avec saint Anselme et saint Thomas d'Aquin, il allait au fond des difficultés de la psychologie et de la métaphysique. Il s'égarait avec Roscelin, Bérenger et Abailard dans des thèses audacieusement hostiles à l'Eglise et à l'esprit de l'Evangile. On ne peut donc pas dire qu'à cette époque la raison humaine sommeillait ni qu'elle avait abdiqué son empire.

M. de Montalembert, dans l'introduction aux *Moines*

*d'Occident,* se demande si aujourd'hui, malgré l'imprimerie, malgré les progrès heureux de l'éducation populaire, malgré la vulgarisation des sciences et des arts, si le culte des idées et tout ce qui constitue la noble vie de la pensée est aussi énergiquement développé parmi nous que chez nos aïeux. « Pour moi, dit-il, je me permets d'en douter, et je crois que, tout bien considéré, tout bien comparé, jamais on n'a plus ardemment cultivé qu'au moyen-âge le domaine de l'âme et de l'intelligence. »

Il ne faudrait pas cependant passer d'un excès à l'autre, et à l'encontre du dédain où languirent si longtemps ces âges de foi, professer pour eux une admiration aveugle et sans limites. Les charger d'invectives ou les combler d'éloges sans restriction, c'est également les travestir et en méconnaître la véritable nature. Ce serait surtout une chose insensée que de les donner à nos sociétés modernes comme un modèle et comme une sorte d'idéal. Il n'y a jamais eu et il n'y aura jamais d'époque idéale et irréprochable sur la terre ; et d'ailleurs, si cet idéal pouvait être réalisé, assurément ce n'est pas au moyen-âge qu'il aurait été atteint.

Ces âges ont été des siècles de foi, mais on ne peut pas dire que le bonheur et la vertu y fussent au niveau de la foi. La vérité est que ce fut en général une dure et laborieuse époque, pleine de catastrophes à son origine, de luttes et de douleurs dans toute sa durée, où, sous le rapport matériel, l'homme des classes inférieures fut moins fortuné que de nos jours, où les sciences naturelles et positives eurent peu d'éclat. Dans l'Eglise, il y avait des abus et des scandales dont la seule pensée nous fait horreur aujourd'hui. Quiconque a lu tant soit peu l'histoire, sait combien était alors générale l'insécurité de la vie humaine, combien fréquents les triomphes de la violence et de l'iniquité. Nous ne nions rien de tout cela et nous ne faisons nulle difficulté de reconnaître les heureuses transformations qui se sont opérées depuis lors au sein des sociétés modernes. D'incontestables progrès se sont accomplis dans l'aisance des classes inférieures, dans l'adoucissement des mœurs publiques, dans l'administration de la justice, dans le respect plus universel des droits de l'humanité. Mais comment se défendre d'une amère tristesse en voyant chaque jour, sous l'influence désastreuse des doctrines dissolvantes de la libre pensée, et sous les coups répétés d'une négation qui en impose par l'habileté de ses sophismes et la hardiesse de son langage, le ressort moral des âmes se détendre, les salutaires croyances du christianisme tomber dans l'oubli, et une fausse philosophie remplacer dans beaucoup d'esprits les enseignements catholiques ? Si le moyen-âge eut moins que nous la science du bien-être et du monde créé, il eut à un degré bien plus élevé la science de Dieu ; il sut créer une théologie immortelle et ne connut pas le doute. A cette époque, chacun savait ce qu'il avait à croire, ce qu'il devait penser de tous ces problèmes de la vie et de la destinée humaine, qui sont aujourd'hui autant d'énigmes pour tant d'âmes redevenues païennes. Les malheureux, les pauvres, les opprimés trouvaient dans la foi une consolation positive et constante. Cette foi avait pénétré le monde, elle s'était infiltrée dans tous les pores de la société comme une sève bienfaisante, et offrait à tous un refuge assuré contre les maux et les mécomptes de la vie, contre les ironies et les injures du sort.

Aujourd'hui le malheur, la pauvreté, l'oppression ont diminué, mais n'ont pas disparu de la terre. Et pour ceux en si grand nombre que les sophistes de notre temps ont affranchis, disent-ils, du joug de la superstition, sans les délivrer de la souffrance et du malheur, où sont les remèdes ? Le ciel s'est dérobé à leur regard ; la chimère du néant a pris dans leur intelligence la place de Celui que l'humanité a adoré jusqu'à ce jour comme son principe, son père et son Dieu ; ils ont perdu le sentiment de leur céleste origine et de leur sublime destinée. Et telle est parmi nous la situation intellectuelle et morale de multitudes immenses. Elles ont totalement désappris les consolantes doctrines de l'Evangile et subi la funeste atteinte de l'athéisme et du doute. Aussi qu'en résulte-t-il ? Un vide immense dont souffre étrangement la société, un vide que rien ne saurait combler. Assurément le moyen-âge a eu ses maux, ses désordres, ses travers, son fanatisme et ses agitations. Mais au milieu des vices de ce temps, nous apercevons sans cesse l'Eglise catholique répandant sa divine lumière. On souffrait, mais on croyait et on espérait ; il y avait des peines, il n'y avait pas de désespoir ; la douleur n'apparaissait point alors comme une horrible fatalité, comme un châtiment immérité, et puis il restait toujours le ciel, la patrie des âmes, où l'on devait trouver la consolation, le repos, la récompense.

« Sans la foi catholique, dit M. Léon Gautier, le moyen-âge n'aurait rien connu, sans ce guide il se serait perdu (1). » Aussi bien est-ce à l'Eglise qu'il dut d'être, malgré tout, une époque féconde en grands caractères, et en saints.

*Magna parens virum.*

Le monde avait alors sous les yeux l'exemple d'un grand nombre d'hommes vertueux, énergiques, proclamant la vérité et défendant la justice; il était attentif à leur voix et enflammé par leurs leçons. Le moyen-âge a produit en foule des hommes de cette trempe. Qu'on les étudie; qu'on dissèque leurs écrits et leurs actes; qu'on analyse leur vie; on verra si, comme l'ont prétendu certains écrivains, le catholicisme affaiblit l'homme, si la foi énerve l'intelligence, le courage et la grandeur.

Loin de nous la pensée de nous consumer en de stériles regrets sur ce temps à jamais disparu! Nous l'avons déjà dit, tout ne nous y semble point admirable, digne d'envie et sans reproche. Les institutions d'alors ont péri, nous ne les regrettons pas; ce que nous regrettons, c'est que le souffle de foi qui les animait n'anime pas au même degré les institutions nouvelles qui les ont remplacées. Et d'ailleurs, tout en nous gardant d'un enthousiasme aveugle pour cette époque, nous prétendons qu'il n'y a pas lieu d'en rougir et que l'Eglise peut revendiquer hardiment comme un apanage glorieux les hommes qu'elle a produits.

Pour ne parler que de la France et du douzième siècle, le nombre est véritablement prodigieux de ceux qui s'y distinguèrent alors par leur savoir et leurs écrits. Nous n'en citerons que quelques-uns. Sous le règne de Louis-le-Gros (1108 à 1137), Anselme, de Laon; Gui, archevéque de Vienne, puis pape sous le nom de Calixte II; Hildebert, évêque du Mans et ensuite archevêque de Tours; Honoré, évêque d'Autun; Guillaume de Champeaux, évêque de Châlons-sur-Marne; Odon, de Cambrai; Yves, de Chartres; Marbode, de Rennes; Baudri, de Dôle; Guibert, abbé de Nogent-sous-Conci, au diocèse de Laon; Abailard; Hugues de S. Victor. Sous le règne de Louis-le-Jeune, l'illustre saint Bernard, le prodige de son siècle; Suger, abbé de S. Denis; Pierre le vénérable, abbé de Cluny; Guillaume, abbé de S. Théodoric de Reims; Hugues d'Amiens, archevêque de Rouen; Guil-

(1) *Comment faut-il juger le moyen-âge?* par M. Léon Gautier.

laume de S. Thierri; Gautier de Mortagne; Pierre Lombard, le Maître des Sentences; Gilbert de la Porrée; Jean de Salisburi, ce brillant écrivain qui, bien qu'anglais de naissance, fut instruit en France et que nous pouvons à bon droit revendiquer comme l'une des principales lumières de notre pays; Guillaume de Conches; Pierre le Mangeur; Richard de S. Victor. Sous Philippe-Auguste, Maurice de Sully, évêque de Paris; Pierre de Poitiers; Pierre le chantre; Pierre de Blois; Gautier de S. Victor; Pierre de Celles, évêque de Chartres; Alain de Lisle dit le docteur universel. Ce n'est donc pas sans fondement que Raoul de Caen, dans les premières années du XIIᵉ siècle, apostrophant la France, la félicite d'être féconde en écrivains, *Gallia scriptoribus dives ;* et qu'un auteur italien de la fin du même siècle la qualifie du titre auguste de mère de la philosophie (1).

## II

La théologie était au moyen-âge le but suprême de tous les hommes adonnés à l'étude. Tous les docteurs la considéraient comme la science la plus haute et la plus universelle; elle était à leurs yeux, la reine des sciences. Mais, au douzième siècle, elle se créa encore au sein des écoles une plus large place que dans les siècles précédents, et cela, en s'unissant à la dialectique d'Aristote. De cette union naquit la scolastique.

Jusque là, la science sacrée avait été éminemment dogmatique. Sur chaque question, on se bornait à invoquer l'autorité de l'Ecriture et des Pères. Mais à partir de la fin du XIᵉ siècle, le caractère des études théologiques subit une grande modification. Aux textes de la Bible on ajouta les démonstrations de la logique; on s'appliqua à fortifier le dogme par le syllogisme et l'autorité par la raison.

Ce n'est pas que la philosophie et la religion eussent jusqu'à cette époque vécu séparées. Non, et l'on peut

(1) V. *Hist. littéraire de la France. Etude sur l'état des lettres au* XIIᵉ *siècle.*

même dire que leur alliance a toujours séduit tous les grands esprits nés au sein du christianisme. Saint Paul, en entrant dans l'école d'Athènes, avait donné un mémorable exemple; car, tout en apportant l'Evangile, il n'était pas venu pour détruire la philosophie, mais pour en faire la conquête. Au second siècle, le premier des apologistes, saint Justin, martyr, avait fait profession de vouloir concilier la religion avec la philosophie (1), et saint Irénée qui presque en même temps manifesta l'intention contraire ne sut rien faire de mieux que de donner au christianisme la forme d'une doctrine scientifique. Amis ou ennemis des sciences humaines, les Pères des premiers siècles raisonnaient tous, les uns pour prouver que la religion valait bien la philosophie, les autres, que la philosophie ne valait pas la religion. Les plus célèbres ont accepté le titre de philosophes chrétiens. Pour saint Grégoire de Nazianze, le philosophe, c'est le chrétien (2); pour Clément d'Alexandrie, le gnostique, c'est-à-dire le vrai et parfait savant, c'est le théologien (3). Sans doute, ils ne se sont pas tous montrés partisans de la philosophie à un égal degré. Origène ou saint Augustin sont autrement philosophes que saint Ambroise ou saint Jérôme; mais enfin la théologie a toujours produit des penseurs et dans son sein, il s'est perpétuellement maintenu à côté des simples prédicateurs du dogme une lignée orthodoxe de scrutateurs et de démonstrateurs unissant la raison à la foi.

Cet exemple constamment donné par les Pères, ne fut point complétement délaissé pendant et après les invasions barbares. Bède le vénérable, Alcuin, Scot-Erigène furent tout à la fois et des philosophes et des théologiens. Par conséquent l'introduction de la dialectique dans les études n'opéra pas précisément une révolution. Elle ne fit que réveiller et rendre plus active une méthode qui avait été chère à un très grand nombre de docteurs des siècles passés. C'est donc à tort que l'on a cherché à mettre l'époque patristique en opposition avec l'époque scolastique. La plupart des Pères des deux églises orientale et occidentale, ont employé la méthode de Platon; chez un certain nombre, la méthode d'Aristote a prévalu. Quoi qu'il en soit, l'Eglise a rangé parmi ses docteurs et

(1) V. *Dial. Cum Tryphone*, p, 225.
(2) Greg. Naz., Or. xxvi.
(3) Clem. Alex., Stromat. ii et vi.

les uns et les autres, car tous ont concouru, quoique par des moyens différents, à une œuvre commune, c'est-à-dire à la défense et à l'affermissement de la foi. Longtemps la méthode platonicienne a été en honneur, parce qu'alors les apologistes cherchaient la vérité par la méditation et par la contemplation plutôt que par la discussion et les combats de mots. Mais en même temps, quoique reléguée au second plan, la méthode du philosophe de Stagyre, c'est-à-dire la dialectique, l'argumentation, la syllogistique, fut toujours en faveur, principalement au sein de l'Eglise latine. Ainsi, dès les premiers siècles, les hérésies anti-trinitaires, par leur acharnement à fausser le sens des termes, obligèrent les défenseurs de la foi, en Occident, à rechercher des formules plus rigoureuses ; et bon gré mal gré ils allaient les demander au grand définiteur des termes ontologiques, à Aristote. Dès le ve siècle, en pleine Eglise latine, Boëce apparaissait comme le précurseur des scolastiques. Ce travail se poursuivit plus lentement à travers l'obscurité des septième, huitième, neuvième et dixième siècles ; mais alors même la Providence en préparait les instruments dans les œuvres d'Aristote, commentées et mises en honneur par les Arabes.

La diffusion en Europe des traductions arabes d'Aristote, telle fut en effet au xiie siècle la cause du merveilleux développement de la scolastique. L'origine de celle-ci toutefois est restée assez obscure, malgré de savantes recherches. A quelle date faut-il en rapporter la naissance? A quelles sources a-t-elle puisé? Quels sont ceux qui l'ont surtout accréditée? Toutes ces questions sont d'une solution non moins importante que difficile.

Si l'on veut éclairer les commencements de cette école théologique dont le glorieux centre fut Paris et qui prit définitivement son essor au xiie siècle, il faut remonter bien plus haut que le moyen-âge. Tous les Pères, nous l'avons dit, sont plus ou moins philosophes, même ceux qui n'en ont aucune envie ; un grand nombre même mettent du prix à l'être et font expressément à la philosophie une place dans l'étude de la religion. Cependant ce n'est pas encore la théologie scolastique.

Saint Jean Damascène est désigné généralement comme le créateur de cette théologie. Son ouvrage du moins en est le premier monument. Ce livre intitulé : *Source de la science,* se compose de trois traités distincts. Le premier est une dialectique ou une compilation fort claire de l'introduction de Porphyre et des catégories d'Aristote, avec une définition générale de la philosophie ; le second, un exposé sommaire des diverses doctrines ou hérésies de l'antiquité en matière religieuse, et le troisième un grand traité *de la foi orthodoxe* où les dogmes fondamentaux sont conçus et traduits dans la forme et la langue de la logique avec une lucidité et une rigueur que les théologiens de l'Occident ont rarement égalées. Dans cet ouvrage, l'auteur fait constamment l'application de la dialectique au dogme.

On ne saurait cependant donner pour disciples à saint Jean Damascène les premiers de nos scolastiques. Rien ne prouve en effet qu'il leur fût connu, et ce ne fut que vers le milieu du XIIᵉ siècle, sous le pontificat d'Eugène III, que ses écrits furent traduits en latin. La théologie scolastique est donc née en dehors de l'influence de ce Père. Il en a été le précurseur plutôt que le créateur ; mais après qu'elle fut venue au monde, il a puissamment influé sur ses destinées, il est devenu une de ses autorités favorites et l'on a regardé son traité comme le type du célèbre livre de Pierre Lombard. Après saint Jean Damascène, l'Eglise à laquelle il appartenait devint stérile, et la théologie orthodoxe s'éteignit dans l'Orient.

En Occident, rien de brillant depuis saint Augustin. Deux noms seulement méritent d'être mentionnés ; ce sont ceux de Boëce et de Cassiodore. Boëce est ordinairement compté au nombre des Pères, et le moyen-âge le plaça pour le moins au même rang qu'eux, bien que la plupart de ses écrits soient des versions d'Aristote ou des commentaires sur ses livres. Il termine avec Cassiodore la littérature latine de l'antiquité et commence le moyen-âge. Il ne fut pas le créateur de la scolastique, mais l'intermédiaire entre les temps passés et les temps nouveaux.

Nous arrivons au moyen-âge.

On peut dire que la théologie scolastique fut produite par le sol de la Gaule. C'est en France que le christianisme et l'aristotélisme, se sont unis et que fut recomposée la méthode théologique de saint Jean de Damas.

Vers le milieu du VIIIᵉ siècle, Mansour, le premier des Khalifes d'Orient qui tourna vers les lettres l'activité des arabes, avait entrepris d'enrichir leur langue des ouvrages scientifiques des grecs. Sous son inspiration, le maronite polygraphe Théophile d'Edesse avait traduit en syriaque Platon, Hérodote, Homère et Xénophon. Aristote ne fut pas oublié, et dans l'espace d'un siècle, la plupart des richesses scientifiques et littéraires de la Grèce passèrent dans la langue du Coran. Puis Avicenne parut, et embrassant dans ses écrits le plan du philosophe de Stagyre, il décida de sa fortune parmi les Arabes.

Les ouvrages publiés en Orient passèrent promptement dans les écoles d'Espagne. On vit les sciences et la philosophie grecque cultivées dans les académies de Cordoue, de Séville, de Grenade, de Tolède, de Valence, de Murcie. Le goût de cette philosophie s'introduisit peu à peu parmi les chrétiens et les rapports nombreux des Maures d'Espagne avec Montpellier firent rapidement pénétrer en France la langue et la littérature des Sarrasins. Voilà comment la méthode aristotélicienne se répandit et s'établit ensuite définitivement parmi les théologiens de France (1).

Cependant, d'après du Boulay, Crevier et de Launoy, jusqu'au douzième siècle, les ouvrages d'Aristote furent peu connus, et sa méthode peu usitée; alors en effet on n'avait de lui que ce qu'en avait traduit et commenté Boëce, c'est-à-dire l'*Organum*. Ce n'est que vers la fin du xiᵉ siècle que la dialectique péripatéticienne commença à se répandre et à supplanter la méthode employée jusqu'alors dans l'enseignement chrétien (2).

Quelques auteurs veulent que le premier de ceux qui l'introduisirent dans les écoles ait été Lanfranc de Pavie, archevêque de Cantorbéry, ou saint Anselme, son successeur; d'autres ne placent cet établissement qu'au temps d'Alexandre de Halès; une opinion intermédiaire, celle du docte abbé Trithème, fait dater de Pierre Lombard la théologie scolastique. Ce dernier sentiment nous paraît le plus probable; nous allons essayer de dire les raisons sur lesquelles il s'appuie.

Il n'est pas douteux que les controverses de la fin du xiᵉ siècle et les hérésies de Bérenger et de Roscelin, par les débats qu'elles suscitèrent furent la véritable cause du développement de la scolastique. La subtilité opiniâtre de leurs adversaires amena les maîtres de cette époque à se servir de cette méthode sévère qui va droit au côté faible de l'ennemi, met à nu tous les subterfuges et montre la vérité dans

---

(1) V. Jourdain. *Recherches critiques sur l'âge et l'origine des traductions latines d'Aristote* (Ouvrage couronné par l'Académie des Inscriptions et des Belles-Lettres), p. 15 et suiv., et p. 235.

(2) Nous avons dit précédemment que jusqu'au xiᵉ siècle, l'étude de la théologie consistait simplement dans la lecture et la méditation des Ecritures et des Pères, et qu'à partir de cette époque elle devint, de positive qu'elle était, discursive et argumentative.

toute son évidence et dans sa plus grande précision. C'est ainsi que Bérenger de Tours força Lanfranc à faire de la dialectique; toutefois le saint évêque l'employa comme à regret et il prit soin d'en déguiser les formes sacramentelles, craignant, dit-il, de montrer plus de confiance dans l'art que dans la vérité et l'autorité des Pères (1). Son ouvrage en effet n'a rien de technique, la discussion n'y est pas régulière, et bien qu'on ait donné à l'auteur le nom de premier dialecticien des Gaules, nous ne pouvons voir en lui le fondateur de la théologie scolastique.

Saint Anselme, dans ses luttes avec Roscelin, fit également usage de l'argumentation logique, et il réduisit souvent la théologie à une controverse en forme. Cependant il n'enseigna point une méthode et il n'eut point d'école.

Mais au commencement du xii⁰ siècle, tous les docteurs se mettent à étudier la scolastique, les uns pour l'accommoder à l'enseignement de l'Église, les autres, pour en repousser plus facilement les attaques. C'est ainsi qu'Anselme de Laon, Guillaume de Champeaux, Bernard de Chartres travaillèrent, chacun dans son genre, à rendre la théologie plus scientifique et plus contentieuse. L'on vit alors un engouement sans exemple pour la dialectique d'Aristote, et pour ainsi dire, une sorte d'idolâtrie pénétrer dans les écoles. L'autorité du stagyrite fut mise au niveau de celle de la Bible, et sa parole vénérée à l'égal de celle de Dieu. Un grand nombre, non contents d'admettre comme vérités incontestables et nécessaires les principes de sa doctrine, en acceptèrent encore avec déférence chaque partie, chaque proposition, chaque mot.

Toutefois les innovations de cette méthode ne passèrent point sans opposition. Un partisan de l'ancienne théologie, Pierre le chantre, comparaît spirituellement les aspérités de la scolastique à des arêtes de poisson qui piquent au lieu de nourrir. Il faut bien se garder, disait Pierre de Celles, de planter la forêt d'Aristote auprès de l'autel du Seigneur, de peur d'obscurcir encore les saints mystères de la foi. Guibert de Nogent et Guillaume de S. Thierri s'élevaient hautement contre ces maîtres présomptueux qui prétendaient raisonner des choses divines et qui s'érigeaient en censeurs de la foi. Plusieurs n'ai-

(1) Adv. Bereng. tur., c. vii, p. 236.

maient pas ces bruyantes discussions qui leur semblaient dangereuses pour l'orthodoxie. Les eaux de Siloë coulaient en silence, disaient-ils, et l'on n'entendit ni le bruit du marteau ni celui de la cognée, quand Salomon construisit le premier temple de Jérusalem. Il y eut même un moine de Cîteaux, Hélinand, qui osa blasphémer contre Aristote, au point de le mettre au nombre des monstres de la nature.

Les dialecticiens, il faut l'avouer, ne prêtaient que trop le flanc aux critiques. Loin de se servir de la dialectique, à la manière enseignée par le B. Lanfranc et saint Anselme au siècle précédent, ils se livraient sans frein aux arguties, aux distinctions frivoles, aux vaines subtilités, aux sophismes et aux faux raisonnements. Quelques-uns osaient mettre en question les dogmes les plus essentiels de la religion et prétendaient qu'aucune vérité ne devait être acceptée comme certaine, si elle n'était sanctionnée par la raison et présentée sous la forme syllogistique. C'était du pur rationalisme. Les bons théologiens du dernier siècle avaient prévu et signalé cet écueil ; mais on ne fut point attentif à l'éviter. Saint Fulbert de Chartres, saint Anselme et d'autres encore avaient montré que dans les choses de la foi la raison humaine est un guide trompeur et infidèle, qui livre à l'erreur et à l'illusion ceux qui le suivent sans le secours de la révélation et de la tradition. Plusieurs méconnurent ce sage principe et tombèrent par suite dans de graves erreurs. Tels furent Roscelin, Abailard, Gilbert de la Porrée, Pierre Bérenger de Tours et tant d'autres qui firent ainsi une funeste expérience du danger qu'il y a de trop philosopher sur les mystères chrétiens, si élevés au-dessus de la raison humaine. Ces erreurs et ces excès soulevèrent contre leurs auteurs les plaintes et les malédictions d'une grande partie de l'Eglise. Ce fut dans ces circonstances que parut Pierre Lombard. Il fit rentrer la scolastique dans la voie de l'orthodoxie et l'y fixa, préludant ainsi aux grands travaux que l'union féconde et bien entendue de la raison et de la foi devait enfanter au xiiie siècle.

C'est qu'en effet la raison et la foi sont deux puissances distinctes, mais non pas ennemies ; car elles ne sauraient se passer l'une de l'autre. La raison est un don de Dieu, un rayon de son intelligence infinie, aussi bien que la foi. Le christianisme, par cela même qu'il est une doctrine divine, ne peut les fouler aux pieds ni l'une ni l'autre. Aussi a-t-il toujours proclamé leur concordance parfaite. L'Apôtre lui-même n'a-t-il pas dit : Que la soumission soit complète, mais raisonnable; *Rationabile sit obsequium*. Cependant il faut admettre en théologie des principes qui révélés par Dieu lui-même ne sont le résultat d'aucune démonstration antérieure et qui par conséquent ne peuvent être la matière d'un examen purement philosophique ; tels sont, par exemple, les dogmes de la Trinité, de la transubstantiation, de l'efficacité des sacrements. De plus, il va sans dire que l'exercice de la raison, bien qu'antérieur à la foi, n'en est à aucun titre la cause déterminante. L'acte de foi demeure une opération totalement distincte du labeur discursif de la raison naturelle, et il n'y a ni déduction, ni syllogisme au monde qui puissent jamais faire sortir d'une majeure rationnelle une conclusion appartenant à l'ordre surnaturel révélé. Disons enfin que la révélation a répandu sur les grandes questions de Dieu, de l'homme et de leurs rapports des lumières dont la raison naturelle ne doit pas faire abstraction en jugeant les choses ; car mettre ainsi sous le boisseau par une sorte de doute méthodique le flambeau divin de la foi, ce serait comme si l'on renonçait à la clarté du jour pour contempler le spectacle de la nature pendant la nuit à la lueur d'une torche. Mais, ces réserves faites, comment serait-il défendu de traiter toutes les questions suivant la méthode syllogistique et argumentative. Nous verrons dans le cours de cette étude que ce fut précisément le grand mérite de Pierre Lombard d'avoir l'un des premiers appliqué cette méthode, tout en sachant en éviter les abus, et c'est pourquoi il fut selon nous le vrai fondateur de la vraie scolastique.

Il nous reste à apprécier la valeur de cette science qui appartient vraiment à la France et qui occupe une si grande place dans le mouvement intellectuel du douzième siècle.

Depuis trois ou quatre siècles, le nom seul de scolastique apparaît à bien des savants comme un hideux fantôme. Pour beaucoup ce mot est synonyme de méthode absurde, ridicule, et il ne représente à leurs yeux qu'un labeur ingrat et inutile de l'esprit humain au moyen-âge. Nommez les ouvrages théologiques de cette époque, le *Livre des Sentences* avec ses innombrables commentaires, et vous n'éveillerez dans leur esprit que l'idée d'énormes volumes *in-folio* où il n'y a rien, si ce n'est d'interminables argumentations sur des mots, l'idée d'immenses recueils de subtilités, d'arguties, de distinctions puériles, de formules vides de sens et dans lesquelles on chercherait vainement une pensée vivante. Pendant longtemps en effet l'on a dit et répété que la scolastique était une vaine science, une science verbale, que tous ses efforts avaient abouti à des controverses sans fin et sans valeur sur des questions de mots et non sur des questions de choses. Qui ne connaît la phrase si souvent citée du chancelier Bacon comparant les œuvres des docteurs scolastiques à « des toiles d'araignée laborieusement, artistement travaillées, mais si frivoles et de si peu de profit (1). » La langue elle-même que les scolastiques parlaient, avec ses difficultés et ses bizarreries, a paru témoigner contre les idées qu'elle exprimait. On n'a pas manqué de juger tout cela digne d'un temps de ténèbres.

Qu'est-ce donc que la scolastique? C'est une méthode qui a pour but de donner des vérités de la religion catholique une idée nette et précise ; elle consiste à poser d'abord des principes certains pour en déduire par des raisonnements justes des conséquences certaines ; elle évite les amplifications oratoires, les digressions inutiles et met dans tout l'ensemble de ses démonstrations un ordre, un enchaînement qui éclaircit les questions les unes par les autres. Voilà ce qu'est en elle-même la scolastique. Examinons maintenant les accusations dont elle est l'objet.

On a dit que la méthode scolastique avait tué au moyen-âge l'imagination, l'éloquence et la poésie. Ce premier reproche est injuste. Il suffit en effet d'un rapide coup d'œil jeté sur les siècles qui virent fleurir la scolastique, pour se convaincre que cette époque, si féconde pour la foi, ne fut pas non plus stérile sous le rapport artistique et littéraire. C'est alors que l'on vit s'épanouir et se perfectionner d'une manière prodigieuse toutes les langues vivantes de l'Europe. Une foule de documents attestent alors dans la littérature de tous les pays de l'Europe une merveilleuse floraison : les premières traductions françaises de la Bible qui datent du XIIIᵉ siècle, les chroniques populaires de ce temps, notamment les mémoires historiques de Villehardouin et de Joinville, le *Roman de Roncevaux,* le poëme célèbre des *Niebelungen,* cette magnifique Iliade des races germaines, les *Fioretti* de saint François d'Assise, le *Lauda Sion* et l'admirable office du Saint-Sacrement de saint Thomas

(1) Fr. Baco, *De augmentis*, lib. I, cap. IX.

d'Aquin, les proses sublimes du *Dies iræ* et du *Stabat Mater*, la *Divine Comédie* du Dante. Tous les genres de poésie, l'épopée, l'ode, l'élégie, la satire et le drame furent alors cultivés par d'innombrables poëtes (1) dont les œuvres nous sont restées et où l'on trouve, sinon une versification élégante, du moins un enthousiasme et un souffle de foi religieuse qui saisissent l'esprit et l'âme du lecteur.

Quoi qu'on ait dit, les siècles et les pays où régna la scolastique furent grands dans la poésie et dans les lettres; mais c'est surtout dans les arts qu'ils se recommandent à notre admiration. Le siècle de Pierre Lombard et celui de saint Thomas d'Aquin ont produit les plus merveilleux chefs-d'œuvre de la peinture, de la sculpture et de l'architecture chrétiennes. Témoin nos vieilles cathédrales gothiques, debout encore sur ce sol où les fonda la main de nos aïeux et où elles demeurent comme un défi jeté à l'impuissance moderne. Témoin les richesses sculpturales et ces belles rangées de saints et d'anges taillés dans la pierre, qui ornent les façades et les murs de ces augustes basiliques. Témoin leurs verrières resplendissantes et ces admirables miniatures des manuscrits dans lesquelles les artistes du moyen-âge savaient si bien unir le charme de l'expression à l'éclat du coloris.

On le voit, la scolastique n'a tué au moyen-âge ni les lettres, ni la poésie, ni les arts. Toutes ces choses d'ailleurs, sans être en opposition avec elle, sont absolument étrangères à son objet. Loin de leur être opposée, loin de comprimer l'imagination du poëte, de l'orateur ou de l'artiste, elle est au contraire très propre à leur donner de la force, en les contenant dans le juste et dans le vrai, et en empêchant le sentiment d'égarer le jugement. Mais il ne faut pas oublier qu'elle n'a jamais eu la prétention d'être une méthode oratoire. Son unique but a toujours été de former des esprits exacts, capables d'écarter les sophismes et raisonnant juste. Si la méthode de Platon a produit les Chrysostôme et les Augustin, la scolastique a produit les Pierre Lombard et les Thomas d'Aquin. A la première de former des orateurs, à la seconde, des théologiens. Vouloir que cette dernière ait appris aux écrivains du moyen-âge à revêtir leur pensée des orne-

---

(1) On peut en voir l'énumération dans l'*Histoire littéraire de la France*.

ments de l'éloquence, c'est comme si l'on demandait à la science de l'anatomie des inspirations pour composer une tragédie, ou à la géométrie, l'art de nous présenter dans le monde avec grâce et élégance.

La scolastique, dit-on, a arrêté l'essor et le progrès des sciences, en empêchant les découvertes. Pourtant c'est dans les siècles et dans les pays où régnait cette méthode que l'on a inventé au moyen-âge la gamme musicale, l'usage de la boussole, la poudre à canon, les moulins à vent et à eau, l'emploi de la vapeur comme force motrice, le télescope, l'art de peindre sur verre et à l'huile, les horloges à roues, que l'on a découvert le Nouveau-Monde, la route maritime aux Indes et la rondeur de la terre. Voilà comment la scolastique a empêché les découvertes. Mais en supposant même que le moyen-âge n'ait rien inventé, la cause en serait-elle dans cette méthode qui a pour but de mettre de l'ordre, de la précision et de la lumière dans nos connaissances? Avoir des idées nettes sur ce que l'on sait déjà peut-il empêcher de découvrir ce que l'on ne sait pas encore.

Les scolastiques, ajoute-t-on, ont abusé de la dialectique et des formes barbares du syllogisme. Nous le reconnaissons, le syllogisme occupe une place quelquefois trop considérable dans l'exposition des doctrines scolastiques. C'est donc a bon droit que l'on a critiqué et blâmé cet abus. Mais tout en signalant cet excès, il serait injuste de méconnaître la part d'influence que la logique doit exercer dans les études. La logique n'est-elle pas la discipline du jugement? Une bonne logique n'est-elle pas le nerf d'une bonne philosophie? « Il est certain, dit « M. Bautain, qui certes n'est pas suspect d'admiration « pour la scolastique, il est certain que l'habitude du rai- « sonnement en forme donne à la pensée plus d'ordre, « plus d'exactitude, plus de sévérité, et l'exerce à se déve- « lopper avec plus de suite, à s'énoncer avec plus de « clarté. Les discussions menées de cette manière forti- « fient singulièrement la raison (1). » — « En nous « exerçant à l'art de raisonner serré, a dit un éminent « esprit, la méthode scolastique nous permet de ne « laisser passer aucune majeure arbitraire, aucune « conclusion forcée, et d'arrêter le sophisme au moment « précis où il se glisse dans la discussion, en prenant le

(1) Bautain. *Philosophie du christianisme*, t. I, 28ᵉ lettre.

« faux masque du raisonnement. Que de controverses
« philosophiques et religieuses seraient réduites à néant
« si, au lieu de laisser l'adversaire se permettre ces déve-
« loppements captieux où l'art de la rhétorique peut
« déployer à l'aise tous ses artifices, on l'obligeait à
« mettre ses objections en forme et à démontrer ensuite
« rigoureusement chaque partie de ses syllogismes ! (1) »
D'ailleurs l'usage même excessif du syllogisme dans les
écoles du moyen-âge n'a-t-il pas eu quelques heureux
résultats? « Le génie moderne, dit Mgr Gerbet, s'est pré-
« paré dans le gymnase de la scolastique. Si cette pre-
« mière éducation lui a communiqué une disposition à
« une sorte de rigorisme logique qui gêne la liberté des
« mouvements, il a contracté aussi sous cette rude dis-
« cipline des habitudes sévères de raison, un tact admi-
« rable pour l'ordonnance et l'économie des idées, une
« supériorité de méthode dont les grandes productions
« des trois derniers siècles portent particulièrement
« l'empreinte (2). »
La scolastique, dit-on encore, a traité bien des questions oiseuses et ridicules; elle a cherché la solution
d'une foule de difficultés artificielles, qui se seraient
évanouies, si l'on en eût seulement changé l'expression.

Sans vouloir disculper tout-à-fait la scolastique de l'accusation d'avoir quelquefois consumé ses forces sur de
simples questions de mots, nous ferons d'abord remarquer que l'étude de cette science n'a été pour cela ni
superficielle, ni stérile. Parmi les problèmes qui ont joué
un rôle philosophique, soit dans l'antiquité, soit dans les
temps modernes, il en est peu qu'elle n'ait traités et
résolus. Nous répondrons ensuite à ceux qui qualifient de
ridicules certaines discussions agitées dans l'Ecole au
moyen-âge, que la plupart sont beaucoup plus graves et
plus importantes qu'on ne le suppose. Prenons comme
exemple la dispute sur la nature des universaux. Certains auteurs ne comprennent pas, disent-ils, comment à
l'occasion de cette fastidieuse question de la réalité et de
la non-réalité des termes généraux, des controverses
si passionnées et si tumultueuses se sont élevées au sein
des écoles, et comment cette même question a pu donner

(1) Mgr Perraud, évêque d'Autun. *Lettre pastorale sur l'étude de la théologie*, p. 17.
(2) Mgr Gerbet. *Coup d'œil sur la controverse chrétienne*, p. 65.

lieu à un débat qui a duré cinq siècles et fourni la matière d'innombrables traités. « Mais, dit M. Cousin, ce pro-« blème est toujours celui qui à toutes les époques « tourmente et féconde l'esprit humain, et par les diverses « solutions qu'il soulève, engendre toutes les écoles. « Partout il est le fond duquel partent et auquel abou-« tissent toutes les recherches philosophiques. Il a l'air « de n'être rien qu'un problème de psychologie et de « logique, et en réalité il domine toutes les parties de la « philosophie ; car il n'y a pas une seule question qui « dans son sein ne contienne celle-ci : tout cela n'est-il « qu'une combinaison de notre esprit, ou tout cela a-t-il « en effet son fondement dans la nature des choses (1). »

Nous pourrions dire de beaucoup d'autres questions ce que nous venons de dire du problème des universaux : elles paraissent futiles, parce qu'on se tient à la surface et qu'on ne va pas au fond des choses. Il est d'ailleurs un fait incontestable, c'est que depuis que dans l'enseignement on ne suit plus la méthode scolastique, il y a beaucoup moins de netteté dans les idées, beaucoup moins de précision dans le langage. Et c'est là le secret de tant de cours de philosophie, imprimés dans notre siècle, où des idées vagues, sans profondeur, souvent contradictoires sont délayées dans un style pompeux. C'est là le secret de tant de discours où sous des formes oratoires il est facile d'apercevoir l'anarchie qui règne dans les raisonnements et la confusion qui existe dans les pensées.

Ce qui précède fait suffisamment comprendre pourquoi l'Eglise au xiie siècle a admis dans ses écoles et laissé prévaloir dans son enseignement théologique la méthode scolastique, et pourquoi ce nouveau mode d'instruction y a subsisté jusqu'à nos jours (2). Depuis cette époque en effet, comme l'ont dit deux grands théologiens, Melchior-Cano et Sixte V, cette méthode lui a été d'un grand

---

(1) V. Cousin. *Introd. aux ouvrages inédits d'Abailard*, p. 63.

(2) Les écrivains protestants se sont efforcés de rattacher l'introduction de la scolastique dans les écoles ecclésiastiques au pontificat de Grégoire VII, à l'établissement des ordres monastiques et à toutes les choses qu'ils détestent. Ils veulent en faire un des abus de la cour de Rome, un des crimes de la politique pontificale. C'est une erreur. La scolastique put s'unir aux institutions, se mêler aux événements, mais elle naquit dans les écoles et s'y forma spontanément par l'application à la théologie de la méthode aristotélicienne. Loin d'avoir été inventée pour le service de l'Eglise ou de la papauté, elle fut à ses débuts souvent suspecte à l'une et à l'autre, et ce n'est qu'à la longue qu'elle réussit à s'en faire accepter, qu'elle parvint à dominer l'enseignement ecclésiastique et qu'elle devint dans les matières du dogme l'auxiliaire autorisée de l'Eglise.

secours, soit pour comprendre et interpréter sainement les Ecritures, soit pour expliquer plus sûrement les Pères, soit pour découvrir et réfuter les erreurs contraires à la foi et aux mœurs, soit pour confirmer les dogmes catholiques (1). Aussi, dit encore Melchior Cano, le mépris de l'école et la peste des hérésies ont toujours marché ensemble (2). C'est ainsi que l'on vit au xvie siècle, Luther et ses disciples attaquer la théologie scolastique. Il est vrai qu'alors certains catholiques firent plus ou moins écho à leurs attaques ; tel fut entr'autres Richard Simon ; mais écoutons Bossuet faire justice de cette hostilité. « Pour ce qui est de la scolastique que M. Simon « voudrait décrier, dit-il, je lui dirai en deux mots que ce « qu'il y a à considérer dans les scolastiques est ou le « fond ou la méthode. Le fond, qui sont les décrets, les « dogmes et les maximes constantes de l'Ecole, ne sont « autre chose que le pur esprit de la tradition et des « Pères : la méthode qui consiste dans cette manière contentieuse et dialectique de traiter les questions, aura « son utilité, pourvu qu'on la donne non comme le but « de la science, mais comme un moyen pour y avancer « ceux qui commencent... On voit aussi par expérience « que ceux qui n'ont pas commencé par là, et qui ont mis « tout leur fort dans la critique, sont sujets à s'égarer « beaucoup, lorsqu'ils se jettent sur les matières théolo- « giques. Erasme dans le siècle passé, Grotius et M. Si- « mon dans le nôtre, en sont un grand exemple. Pour ce « qui regarde les Pères, loin d'avoir méprisé la dialec- « tique, un saint Basile, un saint Cyrille d'Alexandrie, « un saint Augustin, dont je ne cesserai point d'opposer « l'autorité à M. Simon et aux critiques, quoi qu'ils « puissent dire, pour ne point parler de saint Jean de « Damas et des autres Pères grecs et latins, se sont « servis souvent et utilement de ses définitions, de ses « divisions, de ses syllogismes, et pour tout dire en un « mot, de sa méthode, qui n'est autre que la scolastique « dans le fond. Que le critique se taise donc, et qu'il ne « se jette plus sur les matières théologiques où jamais il « n'entendra que l'écorce (3). »

(1) V. Melchior Canus. *De loc. theol.*, l. VIII, c. viii. — Cfr. Sixte V, Bulle *Triumphantis* de l'an 1588, citée par Léon XIII dans l'Encyclique *Æterni Patris*, du 4 août 1879.

(2) Connexæ sunt ac fuêre semper, post natam scholam, scholæ contemptus et hæresum pestis. (Melch. Can. *De loc. theol.*, l. VIII.)

(3) Bossuet. *Défense de la Tradition et des Saints-Pères*, 1re partie, livre III, chap. xx.

Nous ne nous arrêterons pas plus longtemps à montrer l'injustice des reproches que l'on a faits à la scolastique. Les docteurs du moyen-âge qui en suivirent la méthode furent, quoi qu'on ait dit, de vrais philosophes et de profonds théologiens, et il est à peine besoin de répondre à ceux qui attaquent leur grande et juste renommée. Du reste, notre siècle a vu et voit chaque jour se dissiper de plus en plus les préjugés qui régnaient jadis sur leur compte. Saint Thomas, en particulier, le plus illustre, est devenu à la mode ; jamais, même au xiiie siècle, son génie ne fut mieux connu, ses opinions plus suivies que de nos jours. Il a repris possession de la chaire d'où on l'avait banni. Un grand prédicateur de notre temps, le P. Monsabré, l'y a glorieusement ramené, et fait chaque année applaudir à Notre-Dame de Paris ses plus profondes conceptions. « Il y a en lui, a dit un illustre penseur, des hauteurs, des profondeurs, des précisions que l'intelligence contemporaine est loin de pouvoir soupçonner (1), » et le P. Lacordaire n'a pas rendu à l'ange de l'Ecole un hommage moins éclatant lorsqu'il a dit qu'à partir du jour où il avait connu cette source de toute théologie, il n'avait pu en détacher ses lèvres. Léon XIII, enfin, avec la double autorité de son suprême pontificat et de sa vaste intelligence, a fait récemment, dans une grande encyclique, le plus magnifique éloge du *prince des Docteurs* et recommandé à toute la société catholique l'étude de ses œuvres.

Avant saint Thomas, plus d'un auteur avait au xiie siècle, entrepris de rédiger un corps de théologie : nous citerons notamment Hugues, chanoine régulier de Saint-Victor ; Hildebert, évêque du Mans ; Pierre de Poitiers ; Robert Pullus, premier cardinal anglais, fondateur de l'Université d'Oxford. Mais à cette époque se rencontrèrent des esprits inquiets et téméraires qui, avec une connaissance superficielle et incomplète du dogme et de la tradition, prétendirent donner pour base à la théologie, non pas tant l'Ecriture, les conciles et les Pères que les arguties d'une philosophie plus païenne que chrétienne. Tel fut entr'autres Pierre Abailard.

Eblouis de la renommée de Platon et d'Aristote, l'auteur du *Sic et Non* et plusieurs à sa suite s'imaginèrent et

(1) P. Gratry. *Connaissance de Dieu*, t. I. — La Théodicée de saint Thomas d'Aquin.

enseignèrent qu'on ne pouvait rien savoir de plus ni de mieux.

Les vrais docteurs de l'Ecole ne se laissèrent pas égarer par cet enthousiasme aussi fanatique que dangereux. Ils aimaient, ils admiraient Platon et Aristote, mais bien au-dessus de Platon et d'Aristote, ils mettaient l'enseignement direct et toujours vivant de Dieu, de son Christ et de son Eglise, les paroles des patriarches, des prophètes, des apôtres, des martyrs et des saints Pères, les définitions des Pontifes et des conciles, dictées par l'Esprit saint qui est toujours avec la société fondée par Jésus-Christ.

Le porte-enseigne de cetté série de docteurs qui empêchèrent l'enseignement de la doctrine chrétienne de s'égarer dans une voie nouvelle et tout humaine, fut un enfant pauvre du pays des Lombards, un fils de cette nation farouche que le pape saint Grégoire-le-Grand et ses successeurs avaient eu tant de peine à convertir. C'est à lui que nous consacrons cette étude.

# CHAPITRE II

---

Dans une charmante et fertile vallée de la Haute-Italie, qu'arrose l'Agogna, l'un des affluents du Pô, non loin de Novare, se trouve un bourg appelé *Lumelogno* par certains géographes et *Lumello* dans la langue plus douce des habitants du pays. Aucune autre région de l'Europe n'est entourée d'une plus admirable enceinte de montagnes, et bien peu de contrées dans le monde peuvent lui être comparées pour la magnificence des horizons. Au sud s'élèvent les Apennins avec leurs rochers abrupts, leurs immenses forêts et leurs riches pâturages; à l'ouest et au nord, du col de Tende aux passages de l'Istrie, ce sont les grandes Alpes chargées de glaces qui se dressent dans leur sublimité; au loin, le dôme du Mont-Blanc se hausse comme une île au-dessus de la mer des autres montagnes; puis viennent d'autres cimes innombrables, ayant toutes une beauté qui leur est propre. Aussi le voyageur qui passant à Lumello, prend la peine de gravir la colline sur les flancs de laquelle le bourg est situé, ne peut retenir un cri d'admiration lorsqu'il aperçoit ce vaste et magnifique amphithéâtre se déroulant autour de la plaine verdoyante; car il se trouve en présence de l'un des tableaux les plus grandioses qu'il soit possible de contempler.

C'est là, presque au centre de la Lombardie, que naquit, vers la fin du XIᵉ siècle, de parents obscurs, celui dont nous entreprenons de retracer la vie. L'on est réduit à des conjectures touchant la date de sa naissance. Il reçut au baptème le nom de Pierre qui fut celui de tant de grands

hommes à cette époque, et c'est en raison de sa nationa-
lité que la postérité l'a surnommé Lombard (1). Sa
famille était pauvre et ignorée (2) ; mais les heureuses
dispositions qu'il manifesta dès l'enfance, attirèrent de
bonne heure sur lui l'attention de l'évêque de Lucques,
qui l'envoya d'abord à l'école de Bologne. Cette école
était une des plus fameuses du temps. On y enseignait
toutes les sciences, mais particulièrement le droit. C'est
là que le célèbre restaurateur de l'étude du droit romain
en Italie, Irnerius, devait quelques années plus tard
expliquer les *Pandectes* de Justinien, sur l'exemplaire
retrouvé par les Pisans au sac d'Amalfi (1135), et que
Gratien devait publier en 1151 sous le titre de *Décret*, son
précieux répertoire de tous les actes sur lesquels repose
la discipline ecclésiastique.

Pierre Lombard fit là ses premières études. Vraisemblablement il y apprit ce qu'on a appelé le *Trivium* et le
*Quadrivium*. Telle était en effet à cette époque la déno-
mination donnée à l'enseignement que recevait la jeunesse. Dans le *Trivium* on apprenait la rhétorique, la
grammaire et la dialectique. Dans le *Quadrivium* on
enseignait l'arithmétique, la géométrie, l'astronomie et la
musique (3). Pierre fit dans ces différentes sciences de

---

(1) La Lombardie formait, à l'époque de la naissance de Pierre Lombard, une
république indépendante. Elle comprenait tout le pays qui correspond à peu près
à l'ancien royaume Lombard-Vénitien. Elle était divisée en un grand nombre de
duchés et sa capitale était Pavie. Cette partie de l'Italie avait été conquise successivement par les Gaulois, les Romains, les Goths, et c'est en 568 qu'elle était
passée sous la domination des Lombards, peuple d'origine germanique ou scan-
dinave. En 774, Charlemagne détruisit leur principauté, qui fut gouvernée par ses
successeurs sous le nom de royaume d'Italie. Enfin au xᵉ siècle, dans la fameuse
querelle des investitures, la Lombardie prit part à la lutte et, à la faveur des
longs démêlés entre le pape Grégoire VII et l'empereur Henri IV, elle avait
reconquis son indépendance et s'était donné une organisation républicaine.

(2) Nous ne nous arrêterons pas à réfuter la fable qui fait de Pierre Lombard le
frère utérin de deux autres personnages célèbres du xiiᵉ siècle, Gratien et Pierre
le Mangeur, et qui les présente comme nés tous les trois d'une femme adultère.
La distance des lieux de leur naissance suffit pour détruire cette fiction. Pierre
Lombard était novarrais, Gratien toscan, et Pierre le Mangeur était originaire de
Troyes, en Champagne.

(3) L'origine de cette division encyclopédique des sciences en deux grandes sec-
tions n'est pas très-clairement établie. De qui le moyen-âge tenait-il cette classification ? Du Boulay et Crevier, dans leurs Histoires de l'Université de Paris, ne
nous fournissent à ce sujet aucun renseignement.

L'on en trouve déjà les éléments dans un célèbre platonicien qui vivait à
Alexandrie au commencement de l'ère chrétienne, Philon le Juif. Il expose en
effet, dans son traité *De congressu quærendæ eruditionis*, que les arts (et par
*arts* il entend la musique, la grammaire et la géométrie) procèdent d'une science
qui leur est supérieure. Cette science, dit-il, s'appelle la philosophie et se divise
en trois parties, la physique, la dialectique et la morale. Ce n'est pas encore le

- 29 -

rapides progrès. Les succès qu'il obtint enflammèrent
son amour de l'étude et il résolut, jeune encore, de partir
pour la France, afin d'y perfectionner ses connaissances
auprès des maîtres savants qui y enseignaient alors.

Comme il était dépourvu des biens de la fortune,
l'évêque de Lucques, ami de saint Bernard, lui donna une
lettre de recommandation pour l'illustre abbé de Clairvaux. Muni de cette simple lettre, le jeune Lombard quitta
donc sa patrie et se mit en route pour le pays étranger.
Pauvre et presque sans ressources, mais richement
pourvu du côté de la science et du talent, il alla trouver à
l'abbaye encore naissante de Clairvaux celui qui devait
être son protecteur. Saint Bernard l'accueillit avec bonté,
et l'envoya à l'école de Reims qui jouissait alors d'une
très-brillante réputation.

On sait que le mouvement intellectuel, commencé sous
Charlemagne, avait été arrêté aux x⁰ et xi⁰ siècles par
différentes causes, au nombre desquelles nous signalerons les invasions des Normands, des Sarrasins et des
Madgyars, les longues guerres de succession dans les
royaumes carlovingiens, les luttes entre la royauté et la
noblesse féodale, les guerres que se faisaient les seigneurs et auxquelles les évêques prenaient souvent une

---

*Trivium* et le *Quadrivium;* cependant nous voyons déjà poindre la distinction
des arts et des sciences.

Le premier auteur où on la trouve nettement formulée est Marcianus Capella,
grammairien latin du vᵉ siècle. Dans son livre intitulé : *Satyricon, sivè de nup-
tiis inter Philologiam et Mercurium, et de septem artibus liberalibus,* il
enseigne que le cercle des études libérales comprend d'abord les arts qui sont : la
grammaire, la dialectique et la rhétorique, puis les sciences, c'est-à-dire la géométrie, l'arithmétique, l'astrologie et la musique. Cette classification fut reproduite dans un ordre un peu différent par Cassiodore et Isidore de Séville ; mais ils
maintinrent rigoureusement la distinction du domaine des trois arts de celui des
quatre sciences. Le domaine des arts fut le *Trivium* des scolastiques, celui des
sciences leur *Quadrivium.* Telle fut selon toute apparence l'origine de ces deux
mots si fréquemment employés par les philosophes et par les historiens du
moyen-âge et sur lesquels on a imaginé le vers latin suivant :

*Gramm loquitur, Dia verba docet, Rhet verba colorat,*
(Grammaire)   (Dialectique)   (Rhétorique)
*Mus canit, Ar numerat, Geo ponderat, Ast colit astra.*
(Musique) (Arithmétique) (Géométrie) (Astronomie).

Le *Trivium* et le *Quadrivium* étaient si populaires au xiiᵉ siècle qu'on le faisait passer dans la morale. Nous lisons dans un manuscrit de cette époque, et qui
a pour auteur un moine de Marmoutiers : « *Trivium* divinæ scientiæ, id est,
« veræ et perfectæ humilitatis : subjici majori, subjici æquali, subjici et minori.
« Porro *Quadrivium* ejus quidam duobus versibus breviter comprehendit dicens :

« *Spernere mundum, spernere nullum, spernere sese,*
« *Spernere se sperni; quatuor hæc bona sunt.* »
V. Bibl. nat., ms. lat., 12,412, f⁰ 151.

part active, la décadence de la discipline ecclésiastique, suite de la simonie et de l'abus qui consistait à confier à des laïques les biens des monastères et des églises, enfin la destruction d'un grand nombre de couvents par les Barbares. Au milieu de ces calamités, beaucoup d'écoles avaient disparu, d'autres avaient perdu leurs maîtres et leurs élèves. Reims toutefois faisait exception, et pendant toute la durée du x° siècle qui a été appelé l'âge de fer des lettres, les études s'y étaient continuées à l'évêché, en sorte que c'était la ville la plus lettrée de France (1). Son école était épiscopale, c'est-à-dire placée sous le patronage et la surveillance de l'évêque. Ces sortes d'établissements avaient succédé aux écoles palatines fondées par Charlemagne. Ce que celui-ci avait voulu placer dans le palais s'était produit dans l'évêché ou même à la porte du cloître. C'étaient tout à la fois des maisons d'études et des séminaires où les parents mettaient leurs enfants dès le bas-âge pour y être instruits dans les Lettres et formés aux bonnes mœurs. Ensuite, suivant les progrès qu'ils y faisaient, l'Eglise leur proposait de les élever aux Ordres sacrés. Il y avait toujours un maître qui veillait sur l'éducation des plus jeunes. Mais c'était ordinairement l'évêque qui se chargeait lui-même d'instruire ceux qui étaient les plus avancés. Plusieurs grands évêques se faisaient ainsi un honneur de diriger eux-mêmes les écoles de leurs cathédrales. D'autres, empêchés par les fonctions de l'épiscopat, avaient des scolastiques ou écolâtres qui enseignaient à leur place. Lorsque ceux-ci se distinguaient par des talents exceptionnels, leurs écoles devenaient célèbres et attiraient même des pays étrangers une affluence d'étrangers.

Telle était l'école de Reims. A l'époque où Pierre Lombard vint y étudier, elle était dirigée par un novarrais, nommé Lotulfe, lequel avait succédé au célèbre Albéric. Ce dernier avait été appelé à la direction de l'école de Notre-Dame, à Paris, et devait bientôt après être élevé sur le siége archiépiscopal de Bourges. Quant à Lotulfe, il dut s'occuper particulièrement de son compatriote ; et de son côté, le futur Maître des Sentences dut faire sous une telle direction de grands progrès dans les sciences.

Mais la renommée des professeurs de Paris l'attirait vers cette ville. Paris, en effet, était alors le centre du

(1) V. Alzog. *Hist. de l'Eglise*, t. II, § 203.

mouvement intellectuel. Ce séjour était nécessaire à tous ceux qui ambitionnaient le titre de savants, et parmi les écoles célèbres de cette époque, celles de la capitale de la France tenaient le premier rang. Nulle ne donnait un enseignement plus complet; nulle ne comptait un aussi grand nombre d'étudiants et des maîtres plus distingués. Le *Trivium* et le *Quadrivium* y étaient enseignés dans toute leur étendue; la médecine y avait ses docteurs, le droit canon et la théologie leurs chaires publiques. La réputation de ces écoles était si grande qu'on y accourait de toutes parts. Nous y trouvons dès le commencement du XIIe siècle, des Italiens, des Allemands, des Anglais, des Suédois, des Danois et des Slaves.

Aussi rien n'égale les titres pompeux que donnent à Paris les auteurs contemporains. C'est l'arbre de vie planté dans le paradis terrestre, la source de toute sagesse, le flambeau de la maison du Seigneur, l'arche d'alliance, la reine des nations, le trésor des princes. En sa présence, Athènes et Alexandrie pâlissent. « Là, disait-on, croissent les moissons et les riches vendanges; là, David touche le Décachorde et chante ses hymnes sur un air mystique. Là, Isaïe est commenté et ses prophéties interprétées; tous les prophètes unissent leurs accords dans un harmonieux concert; là une parole toujours sage attend les étrangers pour les instruire (1). »

La réputation des maîtres, l'agrément et la beauté du séjour attirant ainsi à Paris une foule d'étrangers, l'école épiscopale, dès le commencement du XIIe siècle, en avait vu s'élever d'autres à ses côtés, et celles-ci partageaient sa gloire. Toutes ensemble formaient comme une brillante académie qui devait donner plus tard naissance à l'Université.

Il n'est donc pas étonnant que Pierre Lombard ait eu la pensée de quitter Reims pour venir étudier à Paris. Toutefois il partit pour la capitale avec l'intention de n'y pas résider longtemps. C'est du moins ce qui résulte de la lettre suivante que saint Bernard écrivit en faveur de Pierre à Gilduin, abbé de St-Victor, pour le prier de pourvoir pendant quelques mois à son entretien.

« Aux Révérends Pères, seigneurs et amis très chers :
« Gilduin, par la grâce de Dieu, vénérable abbé de Saint-
« Victor, de Paris, et tout son pieux monastère, frère

(1) V. Hugonin. *Essai sur la fondation de l'Ecole de St-Victor.*

« Bernard, abbé de Clairvaux, salut et nos meilleurs
« vœux.

« Nous avons beaucoup à demander, parce qu'on nous
« demande beaucoup à nous-mêmes, et nous ne pouvons
« pas ménager nos amis, parce que nos amis ne nous
« ménagent pas non plus. Le seigneur évêque de Luc-
« ques, notre père et notre ami, m'a recommandé un
« homme vénérable, du nom de Pierre Lombard, me
« priant de lui procurer, par l'intermédiaire de nos amis,
« les choses nécessaires à la vie pendant le court espace
« de temps qu'il doit demeurer en France où il est venu
« pour étudier : c'est ce que j'ai fait, tant qu'il est resté à
« Reims. Maintenant qu'il va à Paris, je le recommande
« à votre charité, car j'attends plus encore de vous que
« des autres. Je vous prie donc de vouloir bien le nourrir
« pendant le court séjour qu'il y doit faire jusqu'à la
« Nativité de la sainte Vierge. Adieu (1). »

Porteur de cette recommandation du saint abbé de
Clairvaux, Pierre Lombard se rendit à Paris et alla
frapper à la porte de l'abbaye de St-Victor, où il reçut
l'hospitalité la plus cordiale. Cette abbaye située au sud-
est de Paris, avait été longtemps un simple prieuré,
desservi par des bénédictins et dépendant de la célèbre
maison de St-Victor de Marseille. En 1108, l'archidiacre
Guillaume de Champeaux avait abandonné sa chaire à
l'école de Notre-Dame, et après avoir pris l'habit religieux, s'était retiré avec quelques-uns de ses disciples
près de ce prieuré. Dans cette retraite ouverte au public
il avait continué à faire des cours, et c'est ainsi que fut
inaugurée cette grande école de St-Victor qui devait jeter
quelques années plus tard un si grand éclat sous les
abbés Hugues et Richard, et qui devait jouer un rôle si
important dans la théologie. En 1113, Guillaume étant
devenu évêque, Louis-le-Gros avait changé le prieuré en

---

(1) Reverendis patribus et dominis, et amicis carissimis, Gilduino Dei gratiâ
venerabili abbati sancti Victoris Parisiensis, et universo conventui sancto, frater
Bernardus Claræ-Vallis vocatus abbas, salutem et nostras qualescumque orationes.
Necesse habemus multa requirere, quia multa requiruntur a nobis ; nec amicis
possumus parcere, quia ab aliis amicis non parcitur. Dominus Lucensis Episcopus,
pater et amicus noster, commendavit mihi virum venerabilem, P. Lombardum,
rogans ut ei parvo tempore, quo moraretur in Franciâ, causâ studii, per amicos
nostros victui necessaria providerem : quod effeci, quamdiu Remis moratus est.
Nunc commorantem Parisiis vestræ dilectioni commendo, quia de vobis amplius
præsumo : rogans ut placeat vobis providere ei in cibo per breve tempus quod
facturus est hic usque ad Nativitatem beatæ Virginis Mariæ. Vale.

(S. Bernard. Epist. 410.)

abbaye et remplacé les moines bénédictins par des chanoines réguliers de St-Rufe de Valence. Le premier abbé
de Saint-Victor fut Gilduin, l'un des disciples de Guillaume
de Champeaux et son successeur pendant quarante ans,
dans le gouvernement de ce monastère (1114-1155). Grâce
aux libéralités des rois de France, les chanoines virent
bientôt leurs revenus s'accroître d'une manière considérable. Du reste, ils firent toujours bon usage de leurs
richesses, les consacrant au soulagement des pauvres et
surtout au soutien des jeunes étudiants, français ou étrangers, que l'amour de la science amenait à Paris (2). Aussi
accueillirent-ils chaleureusement Pierre Lombard ; et
comme il était recommandé par saint Bernard, leur ami le
plus dévoué, il fut de leur part l'objet des soins les plus
empressés. Non-seulement ils pourvurent à sa subsistance, mais ils favorisèrent de tout leur pouvoir sa passion pour l'étude. Cet accueil si bienveillant et les
charmes d'un séjour aussi avantageux que l'était alors
celui de Paris, déterminèrent le jeune Lombard à s'y
fixer.

Tous les historiens s'accordent à dire qu'il fut l'élève
d'Abailard ; ce qui fait croire qu'il vint à Paris avant
l'année 1119, car à cette époque celui-ci avait quitté sa
chaire pour se cacher dans le cloître et depuis lors sa
voix ne s'était plus élevée dans l'enceinte des écoles de
Paris. Ce que nous pouvons affirmer avec certitude,
c'est qu'il ne laissa pas surprendre son admiration par
la parole de ce maître éloquent. Son esprit sagace et
pénétrant vit bien vite le danger d'une méthode qui prétendait subordonner à la raison humaine ce qu'il y a de
plus haut et de plus divin dans l'enseignement de la foi.
Il se distingua comme écolier par une grande pénétration
dans l'intelligence et par une ardeur infatigable au travail. La logique était alors en grande faveur. Pierre se
fortifia dans cette escrime ; mais tout en s'exerçant dans
l'art de la dialectique, il affermit son esprit dans le commerce des maîtres de la théologie, c'est-à-dire des Pères.
Aussi conquit-il rapidement une brillante renommée,
comme théologien.

Il demeura longtemps à St-Victor et il vécut avec les
chanoines dans une grande intimité, heureux de s'instruire et uniquement préoccupé du désir d'imiter les

(1) V. *Histoire littéraire de la France*, t. XII ; articles sur Hugues de St-
Victor et Gilduin. Cfr. *Gall. Christiana*, t. VII, p. 656 et suiv.
(2) V. Hugonin. *Essai sur la fondat. de l'Ecole de St-Victor*, p. 16.

modèles de science et de vertu qu'il avait sous les yeux.
Mais Pierre Lombard dans le cloître et dans l'obscurité
du couvent, c'était une lumière sous le boisseau ; on comprit qu'il fallait la mettre en haut lieu, afin qu'elle pût luire
au loin. On lui donna donc une chaire de théologie à
l'école épiscopale (1).

C'était parmi les écoles de Paris, la plus fréquentée et
la plus célèbre. « Quiconque voulait passer pour théologien, dit Hürter, devait y faire ses études (2). » Aussi les
étudiants y accouraient-ils de très loin, non-seulement
de la France, mais de toute la Gaule et des pays étrangers. L'Angleterre, l'Italie et l'Allemagne commençaient
à y envoyer leurs enfants. Foulques, dans son épître con-
solatoire à Abailard, nous fait avec un naïf enthousiasme
une peinture animée de ce mouvement extraordinaire.
Voici en quels termes il écrivait à l'ami d'Héloïse :
« Rome t'envoyait ses élèves ; elle qui autrefois versait
« les trésors de la science, s'inclinait devant ton savoir,
« fermait ses écoles et te montrait comme le plus digne à
« ceux qui voulaient étudier. L'éloignement, les hautes
« montagnes, les vallées profondes, les dangers de la
« route et la crainte des brigands, ils bravaient tout pour
« arriver jusqu'à toi. La mer et la tempête n'arrêtaient
« pas la jeunesse d'Angleterre ; à ton nom seul, elle
« oubliait tout danger. Les grossiers Bretons se polis-
« saient à tes leçons. Ceux d'Anjou, domptant leur
« naturel, t'aimaient comme un des leurs. Poitevins,
« Gascons et Irlandais, Normands, Flamands et Ger-
« mains, enflammés par ton génie, brûlaient de t'écouter
« et de t'applaudir (3). »

---

(1) D. Lobineau, dans son *Histoire de la ville de Paris*, nie que Pierre Lombard
ait professé la théologie dans l'école épiscopale de Notre-Dame. « La raison en
« est, dit-il, que s'il y avait enseigné, il aurait eu sans doute quelque bénéfice
« dans cette église ; or, quand il en fut fait évêque, il était simplement chanoine
« de Chartres. » L'argument n'est pas concluant. Le silence des historiens ne
prouve nullement que Pierre, avant d'être évêque, n'ait pas été revêtu d'un bénéfice dans l'église métropolitaine. D'ailleurs Baronius s'est mépris en croyant que
Pierre Lombard, durant le cours de ses leçons, fut pourvu d'un canonicat dans
l'église de Chartres. Cette faveur, comme le prouve Du Cange, fut accordée à un
autre personnage du même nom qui exerçait les fonctions de médecin auprès du
roi Louis-le-Jeune. (Du Cange. *Glossarium mediæ et infimæ latinitatis.* V. au
mot *Archiater.*) Baronius commet une autre erreur, en confondant le Maître
des sentences avec un auteur du même nom, ami de saint Thomas de Cantorbéry
et de Jean de Salisbury, qui lui écrivit en 1167 (cette lettre est la 32e du 2e livre
de celles du saint prélat). Ce Pierre Lombard était sous-diacre de l'Eglise
romaine et devint cardinal-évêque de Bénévent. Le P. Paggi, d'ailleurs, dans
son commentaire, rectifie sur ce point les *Annales ecclésiastiques.* (V. t. XIX,
ann. 1167, n. XXII.
(2) Hürter. *Vie d'Innocent III*, l. I, p. 26.
(3) Roma suos tibi docendos transmittebat alumnos ; et quæ olim omnium

Les écoliers se rassemblaient autour de la chaire du professeur dans un cloître voisin de l'habitation de l'évêque, et au pied de l'église métropolitaine qui se nommait déjà Notre-Dame, mais qui n'était pas le monument magnifique qui est aujourd'hui sous nos yeux et qui fut commencé par Maurice de Sully sous Philippe-Auguste. Il n'y a pas très longtemps qu'une enceinte, jadis habitée par les membres du chapitre, s'étendait depuis le parvis, et longeant au nord la nef de l'église, allait rejoindre le jardin situé au lieu où était il y a 50 ans l'archevêché ; elle s'appelait le cloître Notre-Dame (1). Là était aux premiers jours du xiie siècle l'école épiscopale, l'école maîtresse, celle dont le titulaire régissait de droit les autres écoles de Paris, et c'est pour cela qu'elle a conservé dans l'histoire le nom d'école de Notre-Dame. C'est là que Pierre Lombard professa la théologie.

A l'époque où il inaugura son enseignement, deux grands faits s'étaient produits, d'une part l'établissement de la dialectique, et de l'autre, les luttes du nominalisme et du réalisme.

De toutes les sciences, la dialectique était celle qui occupait le plus les esprits et qui faisait le plus de bruit. L'enseignement, comme nous l'avons dit, se composait du *Trivium* et du *Quadrivium;* mais la dialectique occupait la première place dans l'estime des hommes instruits. Sous le nom de cet art, on apprenait une grande partie de ce que contient la logique d'Aristote que l'on connaissait par des traductions incomplètes et surtout par l'introduction de Porphyre ainsi que par les commentaires de Boëce. On ne possédait bien cette science qu'à la condition d'avoir appris tout ce qui regarde les cinq voix ou les rapports généraux des idées et des choses entr'elles, exprimés par les noms de genre, d'espèce, de différence, de propriété et d'accident ; les catégories ou prédicaments, c'est-à-dire les idées les plus générales

---

artium scientiam auditoribus solebat infundere, sapientiorem te, se sapiente, transmissis scholaribus monstrabat. Nulla terrarum spatia, nulla montium cacumina, uulla concava vallium, nulla via difficili licet obsita periculo et latrone, quominùs ad te properarent, retinebat. Anglorum turbam juvenum mare interjacens et undarum procella terribilis non terrebat; sed omni periculo contempto, audito tuo nomine, ad te confluebat. Remota Britannia sua animalia erudienda destinabat. Andegavenses, eorum edomitâ feritate, tibi famulabantur in suis. Pictavi, Wascones et Hiberi ; Normandia, Flandria. Theutonicus et Suevus, tuum colere ingenium, laudare et prædicare assiduè studebat.

(1) V. *Paris ancien et moderne*, par J. de Harlès, t. I, c. i, p. 51, et c. ii, p. 139.

auxquelles puisse être ramené l'ensemble des connaissances humaines; la théorie de la proposition ou les principes universels du langage, le raisonnement et la démonstration ou la théorie du syllogisme, les règles de la division et de la définition, enfin le maniement du sophisme ou la science de la discussion et de la réfutation. En étudiant toutes ces choses, on traitait, chemin faisant, de nombreuses questions qui servaient d'exemple; c'était des questions de logique, de physique, de métaphysique, de morale et souvent de théologie. Ces questions échauffaient les esprits et divisaient les écoles.

Parmi ces disputes, la plus célèbre est celle qui eut pour auteur un chanoine de Compiègne, Jean Roscelin. Cet homme qui s'était fait par son savoir une grande renommée, avait enseigné que les noms abstraits, c'est-à-dire les noms des choses qui ne sont pas des substances individuelles, par exemple ceux des espèces et des genres n'existent pas en dehors des individus qui les composent. Ce que jusque-là on avait partout considéré comme des réalités, n'était selon lui, que des mots, des sons, *flatus vocis*. Ce système fut appelé le système des mots, *sententia vocum*, et plus tard le nominalisme.

Cette doctrine appliquée par Roscelin à la théologie avait à bon droit alarmé l'Église. En effet, le principe fondamental du chanoine de Compiègne était que rien n'existe qui ne soit individuel, c'est-à-dire, un. Or le mystère de la Trinité se trouvait détruit par ce principe et Roscelin n'avait pu se tirer de cette alternative : ou Dieu seul, qui est un, existe, et les trois personnes n'ont pas d'existence propre et ne sont que des points de vue de notre esprit; ou, elles existent réellement, et alors ce sont trois réalités non-seulement distinctes pour l'esprit, mais séparées entr'elles et formant chacune une unité indépendante, et dans ce cas l'unité qui les comprend est une chimère. Cette erreur sur le dogme primordial du christianisme avait trouvé un adversaire dans saint Anselme, d'abord abbé du Bec en Normandie, puis archevêque de Cantorbéry. Celui-ci avait soutenu la réalité de ce qu'expriment les termes généraux, ou en d'autres termes les *universaux*. Cette polémique continuée après saint Anselme par Guillaume de Champeaux avait rempli le commencement du xiie siècle, et même dès l'an 1092, la doctrine de Roscelin avait été condamnée par un concile de Soissons comme fausse en elle-même et comme incompatible avec le dogme de la Trinité, puisqu'en n'attribuant l'existence qu'aux individus, elle annulait celle des trois personnes ou les réalisait en trois essences individuelles, ce qui était admettre trois Dieux.

Le nominalisme avait également donné naissance à une autre hérésie non moins dangereuse, celle de Béranger sur l'Eucharistie. Il disait en effet : il n'y a rien de réel que ce qui est substance, et la substance n'appartient, ici-bas du moins, qu'à ce qui peut être perçu par les sens. Or que perçoivent les sens dans la coupe consacrée ? Rien autre chose que le pain et le vin ; donc le pain et le vin sont les seules réalités que contient cette coupe. Mais qu'est-ce alors que le sacrement de l'autel ? C'est, répondait-il, un divin emblème ; aux yeux de la foi la chair et le sang du Christ sont présents sous les espèces eucharistiques, mais cette présence n'est pas substantielle, comme l'affirme l'aveugle réalisme ; elle n'est qu'idéale, conceptuelle (1).

En même temps que ces erreurs s'étaient produites dans le nord de la France, celle de Pierre de Bruys avait éclaté dans le Midi. Ce sectaire avait parcouru la Provence, forçant les chrétiens à recevoir un nouveau baptême, proscrivant le signe vénérable de la croix, et soutenant qu'on ne devait plus célébrer le Saint-Sacrifice de la messe. D'autres docteurs avaient enseigné que beaucoup de ceux qui avaient vécu avant l'Incarnation sans la foi au Messie étaient sauvés, que Notre-Seigneur Jésus-Christ était né dans le sein d'une femme, de la même manière que les autres humains, que Dieu le Père en engendrant le Fils s'était engendré lui-même, que Dieu peut se tromper, que son existence n'a point précédé celle du monde, enfin que les paroles de la consécration de l'Eucharistie conservent toute leur efficacité, quelle que soit la bouche qui les profère et qu'une femme peut consacrer pourvu qu'elle prononce les paroles du Seigneur.

Abailard dans sa *Théologie chrétienne* expose très au long toutes ces hérésies qui avaient cours à l'époque dont nous parlons (2). Il faut toutefois ajouter encore à l'énumération qu'il donne, celles dans lesquelles il était tombé lui-même et qui furent combattues avec tant d'énergie par saint Bernard. Partant du même principe

---

(1) C'est dans ces termes que l'assertion nominaliste de Bérenger fut reproduite et censurée par Hugues de Breteuil, év. de Langres. (V. Hugo Lingon. *De corpore et sanguine Christi*. — Biblioth. Max. Patrum, t. XVII.)

(2) V. Abailard. *Theolog. Christ.*, l. IV.

que Roscelin, il avait rencontré la même alternative, et il y avait succombé, quoique d'une manière différente. Roscelin avait sacrifié la réalité de l'unité de Dieu à la réalité des trois personnes ; Abailard au contraire paraît avoir sacrifié la réalité des trois personnes à l'unité de Dieu, en substituant des distinctions logiques à de véritables existences. Roscelin avait été trithéiste et Abailard fut sabellien.

On voit, par ce qui précède, quelle tâche laborieuse fut imposée à Pierre Lombard, devenu professeur. Il eut, non-seulement à exposer la vraie doctrine, mais à la défendre contre tant d'aberrations répandues autour de lui. Témoin des inconvénients qu'entraînait l'étude trop exclusive de la philosophie, il eut le bon sens de les éviter. Aussi dans la mêlée des systèmes, où se heurtaient les partis ennemis du nominalisme et du réalisme, il resta libre d'attaches philosophiques et indépendant à l'égard de tous. Il témoigna constamment à l'égard de ces discussions une impartialité voisine de l'indifférence ; et pourtant les leçons qu'il avait reçues ainsi que les traditions qu'il avait trouvées à Saint-Victor auraient dû faire de lui un partisan déclaré du réalisme. Mais au lieu de se lancer dans des théories sur les *universaux*, et de disserter sur les problèmes de la dialectique, il s'attacha au dogme catholique et en fit à ses élèves une exposition claire, savante et méthodique. Au lieu de chercher la vérité en s'éclairant des seules lumières de la raison, il préféra la prendre toute formée dans l'Ecriture et dans les Pères. Malgré cette attitude, il attira au pied de sa chaire la jeunesse ardente, passionnée, venue d'Allemagne, d'Angleterre, d'Italie, à la recherche d'un drapeau philosophique. Il ne faut pas nous en étonner ; car en tout temps, la majorité des esprits, des plus jeunes surtout, est ainsi faite qu'ils exigent d'un professeur non une critique mais une doctrine ; ils lui demandent non de leur mettre à la main un bâton pour le voyage, mais de les porter au terme, non le moyen, mais le but, non des instruments ni même une méthode pour trouver la vérité, mais la vérité toute faite, positive, absolue ; plutôt que d'entrer en possession d'eux-mêmes, ils aiment à s'enrôler sous un chef, à se réclamer d'un nom, d'une école. Jamais homme ne fut plus apte à satisfaire ces aspirations que Pierre Lombard.

Il enseignait depuis quelques années, lorsque dans le courant de l'année 1136, Abailard, son ancien maître, reprit ses leçons publiques sur la montagne Ste-Geneviève. On sait que 17 ans auparavant, il avait quitté sa chaire pour se cacher dans le cloître. Les événements romanesques qui avaient traversé sa carrière, tant de mécomptes qui n'avaient cessé de le poursuivre, loin d'amoindrir sa popularité, n'avaient fait qu'ajouter à la gloire du docteur l'attrait touchant d'une grande destinée brisée. Aussi à la première nouvelle que le maître allait enfin rompre le silence, les disciples affluèrent, avides de l'entendre. Mais cette fois il n'enseigna pas longtemps ; à peine eut-il repris son cours qu'il le suspendit de nouveau. On ignore le motif de cette brusque retraite ; peut-être céda-t-il aux ombrages que soulevait partout sa parole et qui devaient bientôt le conduire en accusé devant le concile de Sens.

Le cours de Pierre Lombard eut un grand succès, et ses élèves, appréciant le mérite de ses leçons théologiques, le pressèrent de les rédiger. Il se rendit à leurs instances et composa vers l'année 1152 (1) le livre fameux qui devait l'immortaliser sous le nom de *Maître des Sentences*. Ce livre, que nous analyserons et apprécierons plus loin, eut pour but, dans la pensée de son auteur, de mettre un terme aux discussions dans lesquelles on faisait entrer les matières théologiques. Esprit droit, amoureux avant tout de l'orthodoxie, Pierre Lombard s'y appuie sur l'autorité de l'Ecriture et des Pères dont il cite les témoignages en faveur des points fondamentaux du dogme. Pour donner une idée de sa vaste érudition, il nous suffira de donner ici la liste des auteurs qui s'y trouvent le plus fréquemment cités. Les voici par ordre chronologique : Origène, saint Cyprien, Eusèbe, saint Hilaire, Prudence, saint Athanase, saint Ephrem, saint Ambroise, saint Jean Chrysostôme, saint Jérôme, saint Augustin, saint Léon pape, saint Grégoire-le-Grand, Isidore de Séville, le vénérable Bède. Les Pères de l'Eglise latine sont bien plus souvent invoqués que ceux de l'Eglise grecque. Nous croyons d'ailleurs que ce qui est cité par Pierre Lombard, de ces derniers, notamment d'Origène, de saint Ephrem et de saint Jean Chrysostôme, lui venait de seconde main, et même parmi les passages des Pères latins, nous soupçonnons que plusieurs ont été puisés non pas à la source même, mais dans des auteurs qui les ont cités, et surtout dans saint Jérôme et saint Augustin. Quoi qu'il en soit, cette riche

(1) Du Boulai. *Hist. Univ. Paris.*, t. II, p. 256.

collection de témoignages empruntés aux Pères accuse
une profonde érudition; elle atteste une lecture considérable et une connaissance très étendue des lettres sacrées.
On l'admire et on s'en étonne bien davantage quand on
pense qu'au xii⁰ siècle, l'imprimerie n'étant pas encore
inventée, Pierre Lombard était presque entièrement
privé des ressources littéraires dont nous sommes si
abondamment pourvus et qu'il ne pouvait pas comme
nous, consulter à loisir les éditions correctes des auteurs
soit ecclésiastiques, soit séculiers. Aussi dans le prologue de son ouvrage, avoue-t-il lui-même l'avoir composé au prix de grands labeurs et à la sueur de son
front (1). Mais en dépit de toutes les difficultés il sut faire
une sorte d'anthologie très ingénieuse des Pères de
l'Eglise et, grâce à ses longues recherches, offrir à la
jeunesse d'alors un corps de théologie, le plus parfait qui
eût paru jusque là.

Il est à remarquer que Pierre Lombard ne créa rien, et
que les idées qu'il émit n'eurent point, comme celles
d'Abailard par exemple, le mérite de l'originalité. Il ne fit
en général que reproduire ses maîtres, et il suffit de lire
au hasard quelques pages de son livre pour se convaincre qu'il n'a presque rien trouvé lui-même de ce
qu'il pense et de ce qu'il enseigne. Le fond de sa doctrine
est en principe et quelquefois même déjà développé dans
les Pères et il évite avec prudence toutes les questions
philosophiques agitées par ses contemporains dans les
écoles.

S'il s'abstint ainsi des plus hautes spéculations de la
philosophie de son temps, ce ne fut pas uniquement par
dédain, ce fut aussi par un scrupule d'orthodoxie. Il n'y
avait pas longtemps que la dialectique avait fait invasion
dans l'enseignement religieux et que la théologie scolastique était née de l'emploi de la méthode péripatéticienne
dans la démonstration des dogmes chrétiens. Cette nouvelle méthode n'avait pas été sans porter ombrage aux
docteurs attachés à la tradition et l'on avait vu une véritable levée de boucliers contre les esprits téméraires qui
se lançaient dans cette route inconnue, au risque d'y
rencontrer l'erreur et d'y corrompre l'intégrité de la foi.
Les écoles retentissaient encore des querelles soulevées
par les hardiesses d'Abailard et l'on n'avait pas oublié

(1) « In labore multo ac sudore hoc volumen (Deo præstante) compegimus. »

les persécutions qu'il s'était attirées pour avoir disserté avec plus de subtilité que de prudence sur le dogme de la Sainte-Trinité.

Pierre Lombard était un esprit circonspect, ami de la paix, respectueux pour l'autorité, aimant par dessus tout la vérité révélée et trouvant son repos dans une foi humble et soumise. Il comprit le danger de cette théologie trop contentieuse et trop raisonneuse qui prenait surtout son point d'appui dans la dialectique et dont le chef avoué était alors son ancien maître. C'est pourquoi il fonda son propre enseignement sur l'autorité de l'Ecriture, des Pères et des conciles. Il ne recourut qu'avec discrétion aux lumières de la raison naturelle et il n'eut garde de s'engager sur les pas de tant de philosophes, qu'il estimait ou qu'il aimait d'ailleurs, dans les aventures d'une recherche épineuse, pleine d'obscurités et de périls, dont le terme était trop souvent l'erreur, et la récompense une vie troublée par les querelles et parfois flétrie par les plus graves condamnations.

Notre auteur ne fut donc pas un philosophe. Cependant, son indifférence à l'égard des graves débats qui partageaient les meilleurs esprits de son siècle, son dédain pour les recherches purement spéculatives, ne doivent point nous empêcher de le ranger parmi les illustres docteurs de l'Eglise. C'était un esprit studieux, au courant des différents systèmes débattus à son époque, singulièrement habile à en découvrir le côté faible, mais par cela même, et plutôt par excès de clairvoyance que de timidité, incapable de prendre pied dans une doctrine, de l'accepter pour sienne, de la défendre envers et contre tous. Du reste, les goûts et les besoins de son âme le portaient vers d'autres objets. La pente de sa nature l'entraînait à la contemplation des choses divines ; sa foi ardente et pieuse était plus soucieuse d'étudier les questions théologiques que les problèmes de la métaphysique, et il aurait pu dire avec autant de vérité que l'auteur du livre de l'*Imitation,* parlant des *universaux : Et quid curæ nobis de generibus et speciebus?* (1)

Le *Livre des Sentences* fit une profonde sensation au sein des écoles, et il grandit immensément la réputation dont jouissait déjà son auteur. Jusque là, dit Lobineau, l'étude de la théologie était sujette à de grands défauts.

_____

(1) *De Imit. Christi,* l. I, c. III, v. 2.

On n'y voyait ni ordre, ni méthode. Chaque maître avait la liberté d'enseigner aux autres ce qu'il ignorait peut-être lui-même. Aussi tout le monde comprit quel bienfait c'était que cet ouvrage où l'on pourrait désormais trouver un corps de décisions nettes, sûres, authentiques, capable de lever tous les doutes et de ramener tous les esprits à l'uniformité de la doctrine.

Toutefois, il ne fut pas sans rencontrer quelques contradictions. Un théologien anglais, ancien disciple de Pierre Lombard, nommé Jean de Cornouailles (1), rédigea du vivant même de notre auteur, sous le titre d'*Apologie sur l'Incarnation du Christ*, un traité dans lequel il l'accusa de professer le *nihilisme*. L'on désignait ainsi une erreur alors assez répandue et qui consistait à prétendre que Jésus-Christ en tant qu'homme n'est rien. Jean de Cornouailles envoya son écrit au pape Alexandre III, au moment même où ce dernier se disposait à ouvrir le concile tenu à Tours en 1163 (2). Le Souverain-Pontife y répondit par une lettre qu'il adressa à Guillaume, archevêque de Sens, dont la juridiction métropolitaine s'étendait sur les écoles de Paris et où il le pria de veiller à ce que l'on n'y enseignât pas l'erreur imputée à Pierre Lombard.

Celui-ci a-t-il réellement professé la doctrine des *nihilistes?* Peut-on voir une hérésie dans le passage du Livre 3ᵐᵉ *des Sentences* qui a donné lieu à l'accusation de Jean de Cornouailles? Tel n'est point notre avis. Le principal reproche qu'on puisse faire, selon nous, au maître, est d'avoir employé des expressions qui trahissent sa pensée. En disant que *le Christ en tant qu'homme n'est pas quelqu'un,* il voulait certainement dire que l'humanité dans le Verbe n'est pas quelque chose d'individuel qui constitue une personne; et dès lors, le fond de sa doctrine n'était autre que l'énonciation du dogme qui déclare que Jésus-Christ, en tant qu'homme seulement, et abstraction faite de sa divinité, n'est pas une personne distincte, entière et complète.

Ce n'est point ici le moment d'entrer sur cette question dans une discussion approfondie. C'est en traitant

(1) On ne sait rien sur la vie de ce théologien; on ignore même le lieu de sa naissance; il est seulement connu comme ayant fréquenté les écoles de France et comme ayant été le disciple du Maître des sentences.
(2) Ce concile, présidé par le pape, fut composé de 17 cardinaux, de 124 évêques et de plus de 400 abbés. On s'y occupa surtout de la condamnation des doctrines albigeoises qui commençaient à se répandre dans le midi de la France.

des écrits de Pierre Lombard et en appréciant ses *Sentences* qu'il conviendra de donner à nos lecteurs une notion nette et précise du point théologique, objet de la querelle dont nous avons dit un mot, et d'examiner si vraiment et dans quelle mesure notre auteur s'est écarté du droit chemin de la vérité.

Cette tache d'ailleurs, à supposer qu'elle existe, ne serait point de nature à ternir sa gloire. Et en effet quels sont parmi les plus grands génies ceux où il n'y a point d'erreurs? Il y en a dans saint Bernard, il y en a dans saint Hilaire, dans saint Jérôme, et saint Augustin a publié le le livre de ses *Rétractations.* Aussi bien malgré les attaques de Jean de Cornouailles, Pierre a-t-il reçu de ses contemporains le glorieux titre de chef et de modèle de l'École, et ce titre lui a été confirmé par la postérité. « Il l'a effectivement mérité, disent les auteurs de l'*Histoire littéraire de la France,* soit par l'excellence de sa méthode, soit par la justesse et la sagacité de son esprit qui se manifestent dans presque toutes ses décisions, soit par l'étendue et le choix de son érudition dont on voit des traits frappants dans ce nombre prodigieux de passages de l'Ecriture et des Pères, qu'il emploie pour l'ordinaire avec goût et discernement, soit enfin par la netteté de son style qui, à quelques endroits près, est le mieux assorti au genre de matières qu'il traite (1). »

Il ne courut point, comme Abailard, après la célébrité et les applaudissements. Il ne s'agita point et ne fit point parade de sa force. Il aurait pu cependant, en se livrant à la controverse, faire briller les ressources de son esprit et déployer avec orgueil une dialectique subtile et ingénieuse. Il préféra s'attacher simplement à la vérité révélée, et à l'aide d'une vigoureuse argumentation, combattre les erreurs, réfuter les hérésies et résoudre les objections; il fit ainsi un travail plus sérieux et plus utile.

Si nous en croyons Pasquier, ce fut du vivant de Pierre Lombard et par conséquent sous le règne de Louis VII dit le Jeune, que l'Université de Paris fut fondée, et notre auteur aurait été le premier revêtu du titre de docteur (2). C'est en souvenir de ce fait, lisons-nous dans l'*Histoire littéraire de la France,* que jusqu'au XVIII<sup>e</sup> siècle les licenciés de la Faculté de Théologie

(1) *Hist. littér. de la France,* t. XII, p. 605.
(2) V. Pasquier. *Les Recherches de la France,* livre 3<sup>e</sup>, p. 243, 244 et 245.

firent célébrer chaque année à sa mémoire, le 20 de juillet, jour de sa mort, un service anniversaire en l'église collégiale de Saint-Marcel où reposaient ses cendres.

Cette opinion relative à l'époque de la fondation de l'Université nous paraît très probable. Quelques historiens, sur la foi des savantes Annales publiées vers la fin du xv⁰ siècle par Robert Gaguin et Nicolle Gilles, ont dit que c'était Charlemagne qui en avait jeté les premiers fondements et qu'elle avait eu pour premiers professeurs quatre anglais, disciples du vénérable Bède, Alcuin, Raban, Jean et Claude surnommé Clément. Certes, ce serait une grande gloire pour l'Université d'avoir eu pour fondateur un prince tel que Charlemagne. Mais plusieurs raisons très graves ne nous permettent pas de nous ranger à cet avis. Eginhard, contemporain et auteur d'une très célèbre biographie de Charlemagne, disserte longuement sur l'amour de ce dernier pour les Belles-Lettres, mais il ne parle point d'Université. Dans les lois et ordonnances de Louis-le-Débonnaire, il est enjoint aux évêques d'avoir des écoliers dans leur église, conformément à l'engagement pris par eux au concile d'Attigny (1). Au concile célébré à Paris sous le règne de Lothaire, son fils, les évêques le prient d'imiter l'exemple de son père et de donner suite à ses intentions en établissant dans les trois villes les plus commodes du royaume de grandes écoles placées sous son autorité. « Il procurera ainsi, lui disent- « ils, un grand bien et un grand honneur à l'Eglise, et « quant à lui, il se rendra à tout jamais recommandable « à la postérité. » Or si Paris eût eu alors l'Université qu'on dit avoir été fondée par Charlemagne, les prélats en auraient certainement parlé pour exciter Lothaire à instituer des écoles placées sous son autorité royale. Enfin il n'en est fait mention dans aucun auteur, jusqu'à la fin du xii⁰ siècle.

L'on voit que le sentiment de ceux qui font remonter jusqu'au règne de Charlemagne l'établissement de l'Université n'est nullement fondé en raison, et il est du reste aujourd'hui universellement abandonné.

D'après Antoine Loysel, avocat distingué et procureur général sous Henri IV, auteur d'un livre intitulé : *Traité de l'Université, et qu'elle est plus ecclésiastique que séculière*, l'Université ne fut d'abord que le développement de l'école du parvis de Notre-Dame. Par suite de la

(1) V. 2⁰ partie de ce concile, art. xii⁰.

différence des nationalités qui régnait parmi les professeurs et les élèves, de violentes querelles s'élevaient fréquemment au sein de cette école. D'un autre côté l'absence de réglements faisait qu'on voyait parfois devenir maîtres des sujets dépourvus des aptitudes suffisantes; c'est pourquoi Jean de Salisbury se plaignait « de voir « souvent les chaires occupées par de jeunes gens, dis- « ciples la veille, et maîtres le lendemain, hier s'expo- « sant à la férule, aujourd'hui donnant en robes longues « des leçons publiques (1). »

« Ceste école étant lors en telle confusion, dit Loysel, « les maîtres advisèrent de faire quelques règles pour le « fait de leurs régences et lectures, et entre autres « choses, que les deux tiers des maîtres régents seraient « chanoines de l'église de Paris, qu'aucun d'eux ne serait « marié..., etc. En quoi je ne doute pas que Me Pierre « Lombard, lors chantre et chanoine, et depuis évêque « de Paris, ne se soit pareillement employé, tant pour « son savoir et prud'hommie que pour être tenu et appelé « par singularité, le Père et le Maître de l'escole de « théologie, qui est la première et maîtresse de toutes « les Facultés.

« Mais comme les commencements des grandes choses « ne se peuvent jamais établir sans quelques contradic- « tions, il se trouva bientôt après des réfractaires... Par « un commun accord, ils nommèrent huit des principaux « maîtres pour revoir, modérer et arrêter les dits statuts, « s'assermentant à n'y contrevenir, *salvâ in omnibus* « *reverentiâ et obedientiâ Sedis Apostolicœ*. Ce que « dessus advint principalement sous les papes Innocent « et Célestin II, Eugène, Alexandre et Innocent III, et « autres qui furent du temps des rois Louis-le-Gros, et « le Jeune et de Philippe-Auguste. Mais surtout le pape « Innocent III eut les maistres et estudiants de cette « Université en telle recommandation qu'il en peuplait « les évêchés, en raison de quoi les maistres et estu- « diants y abondaient de toute part (2). »

Du passage qui précède découle une double conclusion. C'est que d'abord l'Université ne fut pas fondée tout d'un coup, mais qu'elle se développa peu à peu et qu'après avoir jeté ses premières racines, sous Louis-le-Gros, elle

---

(1) « Hesterni pueri, magistri hodierni, heri vapulantes in ferulâ, hodiè stolati docentes in cathedrâ. » V. J. de Salisbury. *Metologicus*, l. I, c. xxv.

(2) Antoine Loysel. *Traité de l'Université et qu'elle est plus ecclésiastique que séculière.* Paris 1587. Chez Abel Langelier, libraire-juré. 36 pages in-12.

arriva seulement sous Philippe-Auguste à une parfaite
organisation. Un second fait non moins important ressort avec évidence du témoignage de Loysel, c'est que ce
fut à l'époque même où Pierre Lombard occupait la
chaire de théologie de l'Ecole de Notre-Dame, que les
premiers statuts de l'Université de Paris furent dressés.

Il n'y a donc rien d'invraisemblable dans l'opinion des
auteurs qui prétendent que celle-ci fut fondée par le
Maître des Sentences, qu'elle lui dut ses premières pro-
motions et qu'il reçut le premier le titre insigne de docteur (1). Mais une dignité plus grande encore devait bientôt
récompenser son savoir et ses vertus.

En 1159, Thibaud, évêque de Paris, étant mort, on lui
élut pour successeur Philippe de France, fils de Louis-le-
Gros, quatrième frère du roi Louis VII, et archidiacre de
l'église de Paris. Ce prince avait d'abord été marié à
l'une des filles de Thibaud surnommé le Grand, comte
de Champagne; puis, il en avait été séparé, à cause des
empêchements de parenté, par Samson, archevêque de
Reims. Il avait alors embrassé l'état ecclésiastique. Son
frère, Henri de France, y était engagé lui-même depuis
l'année 1134; après avoir exercé les fonctions d'archidiacre à Orléans en 1142, tout en étant chanoine de
l'église de Paris, trésorier de Saint-Martin de Tours et
titulaire de diverses abbayes, il avait quitté tous ces
bénéfices en 1145 pour prendre l'habit de simple religieux à Clairvaux. Philippe de France avait alors succédé aux bénéfices de son frère, et peu de temps après il
avait été revêtu de la dignité d'archidiacre de Paris.
Ayant été à l'école de Notre-Dame l'élève du Maître des
Sentences, il avait pu apprécier le rare mérite de ce
dernier. Aussi lorsque en 1159 les chanoines de
l'église cathédrale l'eurent désigné pour être le successeur de l'évêque Thibaud, il refusa, trouvant, dans sa
modestie, la charge de premier pasteur au-dessus de ses
forces; mais sur ses avis et à sa demande les suffrages
se portèrent sur Pierre Lombard qu'il jugea plus digne
que lui d'occuper le siége épiscopal (2). Bel exemple d'hu-

---

(1) *Graduum scholasticorum institutionem*, dit du Boulai, *omnes ferè quot-
quot de illis scripserunt, ad Lombardum referunt.* (Hist. Univ. Paris., t. II,
p. 256.)

(2) Tous les auteurs s'accordent à raconter ainsi l'élection de Pierre Lombard.
Seul, Gautier de St-Victor l'accuse d'être parvenu à l'épiscopat par des voies
simoniaques. Mais cet écrivain, dont il sera question dans le cours de cette étude,
montre tant de passion contre la mémoire du Maître des sentences qu'il ne mérite
nullement d'être cru sur ce point particulier.

milité et de désintéressement, bien fait pour exciter l'admiration de toute la postérité !

Devenu évêque, Pierre ne se laissa point éblouir par l'éclat de cette haute situation. Il resta ce qu'il avait toujours été, c'est-à-dire qu'il remplit les devoirs de sa charge avec conscience, sagesse et succès, mais sans bruit et sans ostentation. Et même, chose singulière ! à dater du moment où son rang s'élève, sa personne paraît s'effacer et son rôle se restreindre. Sa vie s'achève tranquille et presque ignorée. Tout entier aux soins de son troupeau, il ne demande à l'épiscopat, dont il pouvait se faire un moyen de domination, que la paix et l'obscurité d'une condition privée.

Quant aux actes qui marquèrent son administration, ils ne sont pas de ceux que l'histoire se plaît à enregistrer et qui doivent attirer l'attention de la postérité. Nous mentionnerons seulement deux ou trois faits.

Sa première pensée fut de faire du bien à ceux qui avaient été autrefois ses bienfaiteurs; et avant la fin de l'année où il fut sacré, il assura aux moines de Saint-Victor une dîme dans une terre de son diocèse.

Ce fut sous son épiscopat que l'abbaye de Saint-Magloire qui avait été fondée vers l'an 860 par Hugues Capet dans l'ancienne église collégiale de Saint-Barthelemy, située vis-à-vis son palais, fut transférée hors de la ville près d'une chapelle dédiée à saint Georges, laquelle appartenait depuis longtemps aux religieux. Deux d'entr'eux y faisaient le service, mais peu à peu le nouveau cloître s'était accru parce que le voisinage en était libre, tandis que le monastère de la cité, entouré de maisons et de rues, était renfermé dans des bornes fort étroites. Le bruit du palais, le mouvement perpétuel qui avait lieu aux environs et le tumulte de la cour inspirèrent aux religieux de la répugnance pour un séjour où leur solitude était sans cesse troublée. Ils abandonnèrent donc la cité et se retirèrent près de leur chapelle St-Georges (1). Une fois établis là, ils obtinrent des lettres patentes de confirmation du roi Louis-le-Jeune, datées de Paris l'an 1159, par lesquelles il leur conservait tous les biens et droits de leur ancienne abbaye de Saint-Barthelemy, avec la jouissance des terres et maisons des environs et

(1) Cette chapelle se trouvait dans le territoire sur lequel devait être construite plus tard la rue St-Denis. Les religieux de St-Magloire y demeurèrent jusqu'en 1572; à cette époque, on les contraignit de passer à St-Jacques-du-Haut-Pas, et l'on donna leur abbaye aux Filles pénitentes.

la supériorité sur les habitants. La charte leur conférait en outre la propriété du lieu où était située la nouvelle abbaye et tout le territoire adjacent jusqu'à Saint-Merry et à la Seine, depuis l'extrémité orientale de l'île Notre-Dame jusqu'au Grand-Pont, avec défense à qui que ce soit de pêcher dans la rivière et de rien construire sur les bords, sans la permission de l'abbé et des religieux; elle leur donnait aussi des pressoirs, des terres, des vignes, des dîmes, des hommes de corps, des maisons, des patronages d'églises et d'autres droits à Mont-sur-Orge, à Charonne, à Vernouillet-sous-Poissy, à Mairé près de Montfort-l'Amaury, à Mareil, à Issy, à Villiers-sous-Melun, à Saint-Euvert d'Orléans, à Rys-sous-Corbeil, à Morsant et Brey-sous-Montlhéry, au Gué-Pierrieux, dans la forêt de Montfort, à Senlis, à Crespy, etc. Les lettres patentes stipulaient en même temps que l'abbé de Saint-Magloire conserverait sa qualité de chapelain du roi et de commensal de sa maison, et qu'il jouirait toujours de quatre prébendes affectées à ce titre; la première était assignée sur l'église cathédrale et la seconde sur l'abbaye de Saint-Germain-des-Prés. La charte ne nomme pas les deux autres, mais on croit que l'une était à Senlis et la dernière à Melun. Le revenu des deux premières devait se prendre tous les ans en blé et en vin dans les celliers et dans les greniers de Saint-Germain-des-Prés et de Notre-Dame. Mais le roi n'ayant pas spécifié la quantité de blé et de vin que les religieux de Saint-Germain devaient fournir à Saint-Magloire, il en résulta dans la suite à ce sujet entre les deux abbayes de fréquents démêlés qui durèrent jusqu'au commencement du xviiᵉ siècle (1).

D'après la charte dont nous venons de parler, il était défendu à tout évêque, même à celui de Paris, d'entrer dans le monastère, pour y être nourri et logé. Ce fait prouve à lui seul combien la juridiction épiscopale était limitée à cette époque par les exemptions et les priviléges dont jouissaient les établissements monastiques. L'on est véritablement stupéfait, quand on étudie l'histoire du xiiᵉ siècle, de voir quelles restrictions étaient apportées à l'autorité des évêques. Nous citerons le fait suivant qui caractérise parfaitement, selon nous, cette singulière situation.

Dans le cours de l'année 1162, le pape Alexandre III,

_____

(1) V. D. Lobineau. *Hist. de la ville de Paris*, t. I, liv. IV, p. 185 et 186.

chassé de Rome, vint se réfugier en France où il fut reçu avec tous les honneurs dus à son rang. Or, après les fêtes de Pâques, le Souverain-Pontife fut invité à faire la dédicace de l'église abbatiale de Saint-Germain-des-Prés, par Hugues III qui en était abbé. Ce dernier avait mis la dernière main à la restauration de ce monument qui avait été commencée par ses prédécesseurs après les ravages des Normands, et il voulut profiter de la présence du pape à Paris pour procurer à son église une dédicace encore plus solennelle que la première faite autrefois par saint Germain, évêque de Paris. Le pape se rendit donc à l'abbaye le 21 avril 1163, pour la cérémonie, accompagné de douze cardinaux et de plusieurs prélats parmi lesquels se trouvait Maurice de Sully (1). Dès que les religieux aperçurent ce dernier, ils allèrent se plaindre au pape, en lui faisant observer que la présence de l'évêque de Paris dans les murs du monastère était une atteinte portée à leurs priviléges, et en protestant qu'ils ne souffriraient jamais qu'on procédât à la cérémonie, si ce prélat qui n'avait aucune juridiction sur leur église, y assistait. Le Souverain-Pontife, pour ne pas troubler la fête, envoya trois de ses cardinaux prier l'évêque de se retirer. Maurice de Sully obéit sur le champ et aussitôt la cérémonie commença. Lorsque les autels furent consacrés, le pape sortit processionnellement et quand il fut arrivé dans le pré situé hors de l'enclos du monastère, il adressa au peuple venu pour l'entendre, une prédication, et pour relever la gloire de l'église qu'il venait de dédier si solennellement, il proclama devant tous les assistants qu'elle était du patrimoine de saint Pierre et soumise au seul Pontife romain, à l'exclusion de tout autre évêque ou archevêque.

L'acte de cette dédicace fut ensuite dressé par l'abbé Hugues. Un célèbre critique du XVIe siècle, Jean de Launoy, en a contesté l'authenticité, à cause du fait selon lui invraisemblable de l'exclusion de l'évêque de Paris qui s'y trouve mentionné. Mais ce fait est attesté par Gérard Dubois (2), et d'ailleurs les circonstances, quelqu'extraordinaires qu'elles puissent paraître aujourd'hui, sont tellement conformes aux mœurs du XIIe siècle que l'historien de l'Eglise de Paris que nous venons de citer, ennemi acharné des anciens priviléges monastiques, a mieux

(1) Maurice de Sully était le successeur de Pierre Lombard.
(2) V. Gerardi Dubois Aurelianensis, *Hist. Eccles. Paris.* 2 vol. in-folio, 1690 V. t. II, p. 129.

aimé se récrier sur l'iniquité des temps que de soupçonner l'abbé Hugues d'avoir altéré la vérité. Il raconte
même à ce propos un autre fait assez analogue et que
nous rapporterons ici, parce qu'il montre combien était
grande alors la puissance des moines et avec quelle
ardeur les abbés défendaient leur indépendance vis-à-vis
des évêques. Un jour, saint Louis en compagnie de Gautier Cornu, archevêque de Sens, passant par Villeneuve-
Saint-Georges, au diocèse de Paris, s'arrêta pour dîner
dans une prévôté de l'abbaye de Saint-Germain, et invita
en même temps son compagnon à y venir manger avec
lui. Aussitôt que le prévôt fut informé de la visite du roi
et de l'archevêque, il vint au devant de saint Louis et le
supplia très instamment de ne pas permettre au prélat
d'entrer dans la prévôté ni d'y prendre son repas, parce
que ce serait une violation des priviléges de Saint-Germain-des-Prés. Le roi eut beau insister, le prévôt résista
énergiquement. Cependant l'archevêque ayant donné
l'assurance qu'il ne prétendait acquérir aucun droit sur
l'abbaye, ni sur la prévôté, par le dîner qu'il allait prendre avec le roi, on lui permit d'entrer; toutefois l'on ne
se contenta pas de sa parole, et il fallut que saint Louis
fît immédiatement expédier des lettes patentes confirmant
et garantissant la promesse de l'archevêque de Sens (1).

Revenons à Pierre Lombard. Nous avons dit qu'à
l'époque où il gouverna l'Eglise de Paris, les ordres
religieux jouissaient de très-grands priviléges. Or les
abbayes étaient alors très-nombreuses dans la capitale.
Outre les communautés de St-Victor, de Ste-Geneviève
et de St-Germain-des-Prés, il y avait celles de St-Martin-
des-Champs, de St-Denis de la Chartre (2), l'abbaye de
Montmartre, celle de St-Eloi qui comprenait sous sa
dépendance les églises de St-Martial, de St-Pierre-des-
Arsis (3), de Ste-Croix, de St-Pierre-aux-Bœufs,
renfermées dans la ville et les églises de St-Bonnet et de
St-Paul situées hors des murs (4).

(1) Aux faits que nous avons rapportés l'on peut encore ajouter celui qui se
passa aux funérailles de saint Louis, lorsque Mathieu de Vendôme, abbé de St-
Denis, ferma les portes de son église à l'archevêque de Sens et à l'évêque de Paris,
en présence du roi Philippe-le-Hardi.
(2) Ce surnom de la Chartre venait de ce qu'autrefois dans ce même endroit
était la prison publique où la tradition veut que saint Denis, premier évêque de
Paris, ait été enfermé avant de souffrir le martyre.
(3) Ainsi nommée de la maladie épidémique vulgairement appelée *des Ardents*,
qui sévit sur Paris comme sur le reste de la France en 1129.
(4) Il est fait mention de toutes ces églises dans une bulle du pape Innocent II,
datée de Pise, le 10 des calendes de mars de l'an 1136, sixième de son pontificat.

Quant à Paris proprement dit, il s'étendait déjà en dehors de la cité. Sur cette île fameuse qui partage la Seine au milieu de notre capitale se concentraient toutes les grandes choses, la royauté, l'Eglise, la justice, l'enseignement. C'est là que ces divers pouvoirs avaient leur principal siége. Deux ponts unissaient l'île aux deux bords du fleuve. Le Grand-Pont conduisait sur la rive droite, au quartier du commerce qui devait bientôt après s'appeler le quartier des Lombards (1). Vers la rive gauche, le Petit-Pont menait au pied de la colline dont l'abbaye de Ste-Geneviève couronnait le faîte et sur les flancs de laquelle plusieurs écoles particulières avaient déjà dressé leurs tentes. Les plaines voisines se couvraient peu à peu d'établissements pieux ou savants destinés à une grande renommée. A l'ouest, autour de la vieille abbaye de St-Germain, se trouvait une vaste étendue de prairies. C'est là que la jeunesse de la ville, les écoliers et les clercs venaient prendre leurs récréations et vaquer à leurs jeux.

Dans la cité, vers la pointe occidentale de l'île, s'élevait le palais habité par nos rois, siége de leur puissance et de leur pouvoir judiciaire. Un jardin planté d'arbres entre le palais et le terre-plein, où Henri IV a aujourd'hui sa statue, s'ouvrait en certains jours comme promenade publique au peuple, aux écoles et au clergé. En face du palais, l'église de Notre-Dame, monument assez imposant, quoique bien inférieur à la basilique immense qui lui a succédé, rappelait à tous dans sa beauté massive la puissance de la religion qui l'avait élevé et qui de là protégeait, en les gouvernant, les quinze églises dont on ne voit plus maintenant les vestiges, environnant la métropole comme des gardes rangés autour de leur reine. Là, à l'ombre de ces églises et de la cathédrale,

---

(1) Dès le commencement du xɪɪ° siècle, les quartiers dits de St-Merry et de St-Gervais étaient habités et couverts de maisons. Suger, dans les Mémoires qu'il a écrits concernant son administration (ces Mémoires figurent parmi les *Œuvres complètes de Suger*, recueillies et publiées d'après les manuscrits, par M. Lecoy de la Marche. Paris, 1868, 1 vol. in-8°. V. Renouard, édit.), nous dit qu'au temps où il fut le plus chargé des affaires de l'Etat, n'ayant point de maison à Paris, il en acheta une qui tenait à l'église de St-Merry et à la porte de la ville. Paris avait donc déjà pris des accroissements de ce côté. Ce fait est encore prouvé par des lettres de Louis VII, datées de l'an 1141, par lesquelles, moyennant une somme de 70 livres qu'il a reçue de ses bourgeois de la Grève et du Monceau-St-Gervais, il leur accorde que la place de Grève, près de la Seine, demeurera en l'état où elle était alors, c'est-à-dire vide et sans édifices, pour la commodité du public. Ce quartier était donc habité longtemps avant le règne de Philippe-Auguste.

dans de sombres cloîtres, en de vastes salles, sur le gazon des préaux, s'agitait sous la surveillance des prêtres cette population de clercs à tous les degrés, de toutes les vocations, de toutes les origines, de toutes les contrées qu'attirait la célébrité européenne des écoles de Paris.

Nous ne terminerons pas cette étude biographique sur Pierre Lombard sans mentionner un trait qui nous est rapporté par la chronique de Ricobald de Ferrare, écrivain du commencement du 14e siècle, et qui prouve sa grande sagesse comme sa profonde humilité.

Quelque temps après sa promotion à l'épiscopat, quelques nobles personnages du lieu de sa naissance vinrent à Paris lui offrir leurs félicitations et amenèrent avec eux sa mère. Comme elle n'était pas riche, ils la revêtirent d'habits somptueux, tels que devait, selon eux, en porter la mère d'un si grand prélat. La pauvre femme les laissa faire et leur dit : « Je connais mon fils, ces parures ne lui plairont pas. » Etant donc arrivés à Paris, les nobles Novarrais présentèrent à l'évêque sa mère. Celui-ci, l'ayant vue, « ce n'est point là ma mère, dit-il, car je suis le fils d'une pauvre femme, » et il détourna les yeux d'un autre côté. « Héias! dit-elle à ceux qui « l'accompagnaient, je vous l'avais bien dit, je connais- « sais mon fils, et je savais ce qu'il penserait de votre « manière d'agir. Qu'on me rende mes habits ordinaires « et il me reconnaîtra. » Elle reprit donc ses habits de paysanne, puis revint trouver son fils qui dit alors en la voyant : « Ah! cette fois, voilà ma mère! voilà cette « pauvre mère qui m'a enfanté, qui m'a allaité, entre- « tenu! » Et s'étant levé de son siége il l'embrassa tendrement et la fit asseoir à ses côtés (1).

On voit là un bel exemple de cette victoire de la foi et de l'humilité chrétienne sur l'orgueil humain, si commune dans les annales du christianisme; et c'est le cas de répéter le cri de noble surprise d'un moine de cette époque : Comment se fait-il que dans un cœur si humble il y ait eu un si grand génie? (2)

Pierre Lombard ne jouit pas longtemps de la dignité que lui avaient méritée sa capacité, ses services et ses vertus. Il mourut, suivant les uns, en 1160, suivant les autres, en 1164. Ce qu'il y a de certain, c'est qu'il ne

(1) *Gall. Christiana*, t. VII.
(2) « Est mirum in tam humili corde potuisse inesse tam magnum animum. » V. Digby, *MORES CATHOLICI* — *Vita Hugonis abb.*

vécut pas plus d'un an dans l'épiscopat, puisque son successeur fut fait évêque de Paris en 1160. L'épitaphe qui fut gravée sur son tombeau fixe le jour de sa mort au XIII des calendes d'août, c'est-à-dire au 20 juillet de l'année 1164. S'il faut en croire la *Gallia christiana*, cette inscription tumulaire n'aurait indiqué primitivement que le jour du décès, et ce serait dans les siècles suivants qu'on y aurait ajouté, et cela à tort, la date de 1164. Cette affirmation de la *Gallia* nous paraît absolument dénuée de fondement. Il est vrai que dès l'année 1161, l'on trouve des actes épiscopaux de Maurice de Sully. Mais ces actes ne prouvent qu'une chose, à savoir que Pierre Lombard avait alors un successeur. Or rien ne nous empêche de supposer qu'il vivait encore. Cette hypothèse est d'ailleurs confirmée par ce fait que la plupart des historiens parlant des attaques dirigées par Jean de Cornouailles contre l'auteur des *Sentences,* présentent cet adversaire comme ayant ouvert sa campagne du vivant de Pierre. Ils attribuent même à ce dernier une *Apologie* écrite par lui pour se défendre et se justifier. Cette réponse ne nous est pas parvenue; mais Jean Leland, écrivain anglais du commencement du 16ᵉ siècle, affirme l'avoir eue entre les mains (1). Or, le premier écrit de Jean de Cornouailles remonte tout au plus à l'année 1163. L'*Apologie* composée par Pierre Lombard est évidemment d'une date postérieure, et vient ainsi à l'appui de l'opinion qui place sa mort en 1164. Au milieu des honneurs et des travaux de sa charge pastorale, il n'avait pas tardé à regretter le temps où l'étude était sa seule occupation. Il avait sans cesse présentes à l'esprit ces belles questions de la science théologique auxquelles il avait consacré les plus belles années de sa vie. On ne doit donc pas s'étonner qu'il se soit dérobé au monde pour reprendre ses habitudes studieuses et qu'il se soit retiré dans la solitude pour y finir ses jours.

Quand Pierre Lombard mourut, l'Eglise était troublée par la lutte impie de Frédéric Barberousse contre le pape Alexandre III, l'homme qui au moyen – âge, d'après le jugement de Voltaire, mérita le plus du genre humain. Le Souverain Pontife, chassé de Rome en 1162 par un anti-pape qui avait pris le nom de Victor III, était venu demander l'hospitalité à la France, l'asile ordinaire des papes persécutés. Il y avait reçu du roi Louis VII un

(1) V. J. Leland. *Commentarii de Scriptoribus Britannicis.* — Oxford, 1709. — T. I, cap. 200, p. 227.

accueil triomphal. Enfin, le 22 avril de l'année 1164, l'anti-pape étant mort à Lucques, une députation du clergé et du peuple romain s'était rendue à Sens pour supplier le Pontife légitime de revenir au milieu de ses fidèles sujets. Alexandre III était donc reparti en Italie où son retour était attendu comme celui d'un libérateur. La Lombardie surtout avait souffert du joug allemand et sa capitale n'était plus qu'une immense ruine. Le chef de l'église, quoique usé par l'âge et les infirmités, alla se mettre à la tête des peuples du nord de la Péninsule et travailler avec eux au relèvement des cités détruites. Bien des alternatives de triomphes et d'épreuves lui étaient encore réservées, mais la paix de Venise (23 juillet 1177) devait finalement couronner sa lutte vaillante en faveur de la liberté de l'Italie.

Pendant ces événements, une autre lutte était engagée entre un roi cruel, Henri II d'Angleterre, et un héroïque Pontife, Thomas Becket; et celle-ci devait quelques années plus tard se dénouer par le martyre.

A cette même époque se rapporte aussi un événement qui devait avoir pour la France des conséquences désastreuses : nous voulons parler du divorce du roi Louis VII avec la reine Eléonore d'Aquitaine et de son mariage avec Alix, fille de Thibaud, comte de Champagne. La princesse répudiée épousa en 1152 Henri, duc de Normandie et futur roi d'Angleterre, et elle le rendit par sa dot plus puissant en France que le roi lui-même. Ce fut là la source de cette funeste division entre les Anglais et la France qui devait durer plus de 300 ans, et mettre plusieurs fois notre pays à deux doigts de sa ruine. Du second mariage de Louis le Jeune, devait naître en 1165, l'un des plus grands princes qui aient régné sur la France, Philippe-Auguste.

Nous ne connaissons rien des dernières années du Maître des Sentences; tout ce que nous savons, c'est que le corps du saint prélat fut inhumé dans le chœur de l'église collégiale de St-Marcel, près de Paris; et l'on grava sur sa tombe cette inscription :

*Hic jacet magister Petrus Lombardus Parisiensis episcopus, qui composuit librum Sententiarum, glossas Psalmorum et Epistolarum, cujus obitus dies XIII calendas augusti, anni MCLXIV* (1).

----

(1) Ci-gît Maître Pierre Lombard, évêque de Paris, qui composa le Livre des Sentences, ainsi que des gloses sur les Psaumes et les Épîtres; il mourut le XIII des calendes d'août de l'année 1164.

Comme nous l'avons dit, le siége épiscopal fut occupé, après lui, par Maurice de Sully, ainsi appelé du nom de la petite ville de Sully-sur-Loire, au diocèse d'Orléans, où il était né de parents pauvres et obscurs. Une destinée presque semblable unissait d'avance Pierre Lombard et son successeur. Ce fut leur seul mérite qui les éleva l'un et l'autre à l'épiscopat. Parlant de Maurice de Sully, une chronique du temps dit que sa prudence et son éloquence l'élevèrent du dernier degré de la misère aux honneurs de la dignité épiscopale (1). Les contemporains ne durent-ils pas faire un curieux rapprochement en voyant successivement ces deux enfants du peuple, de naissance obscure et de pauvre condition, le front ceint de la mitre pontificale et investis des plus hautes dignités de l'Eglise ?

Il n'était pas rare alors de voir ainsi élever aux plus grands honneurs des sujets qui n'avaient pas de naissance. Quand aux derniers confins de l'Italie, de la Bretagne insulaire, de la Germanie, de l'Espagne, de la Pologne, un jeune clerc manifestait quelque inclination pour les hautes études et semblait à ses supérieurs promettre un savant, aussitôt on l'envoyait en France, et parmi les écoles de France, le plus souvent à celle de Paris. Il partait seul, à pied, traversant les fleuves, les montagnes, les mers sous la protection des gens de guerre qu'il rencontrait sur sa route. C'était une vie d'aventures et de périls qui le disciplinait d'avance aux agitations et aux rudes épreuves de l'école. Chaque soir il trouvait un asile dans le plus prochain monastère; si la nuit le surprenait loin d'une bourgade, il allait frapper au seuil de quelque maison isolée, et pour obtenir le plus cordial accueil, il lui suffisait de décliner son titre d'écolier. L'hospitalité lui était partout accordée et la loi municipale punissait comme un délit toute infraction à cet article de la coutume : les écoliers ont partout le droit d'asile (2).

Protégés par les lois, encouragés par l'espoir de conquérir une position élevée dans l'Etat ou dans l'Eglise, une foule de jeunes gens accouraient de tous les points de la France et de toutes les contrées de

---

(1) V. *Hist. litt. de la France*, t. XV, p. 150. « Floret Mauritius episcopus qui ob industriam et dissertitudinem linguæ præcipuam, de infimo magnæ paupertatis ad pontificalis evectus est apicem dignitatis. *(Chronique de Robert, chanoine de St-Marien d'Auxerre.)*

(2) V. J.-B. Pacichellii, *De jure hospitalitatis universo.* (Cologne, 1675) lib. II, c. VI.

l'Europe sur les bords de la Seine, venant y chercher la science; et dans ce XIIᵉ siècle, si calomnié sous ce rapport par tant d'historiens, l'humilité de la naissance n'empêchait nullement d'arriver à la réputation et aux honneurs. C'est ainsi que l'on vit en 1108 Baudri devenir archevêque de Dol, Guillaume de Champeaux, évêque de Châlons-sur-Marne en 1113, Ulger, évêque d'Angers en 1124, Gilbert d'Auxerre surnommé l'Universel, évêque de Londres en 1127, Albéric de Reims, archevêque de Bourges en 1136, et la même année Geoffroy de Loroux, archevêque de Bordeaux, Gilbert de la Porrée, évêque de Poitiers en 1141, Gautier de Mortagne, évêque de Laon en 1153, Jean de Salisbury, évêque de Chartres en 1172. Nous passons sous silence ceux qui parvinrent par leur seul mérite à des dignités moins élevées, comme celles d'abbé, de chancelier de cathédrale, d'écolâtre. Il serait trop long d'en faire ici l'énumération.

Quant à Pierre Lombard en particulier, nos lecteurs savent ce qu'il fut à l'origine. Nous l'avons vu d'abord humble clerc venant frapper à la porte des moines de St-Victor, sans autre bagage qu'une courte lettre de recommandation de saint Bernard, ensuite simple étudiant, inconnu hors des murs de l'école, puis professeur aussi savant qu'applaudi, enfin évêque de Paris et occupant désormais dans l'histoire une place illustre.

Il y a des hommes qui s'élèvent au dessus des autres, servis par le hasard de la naissance et l'heureux concours des événements. Pour d'autres, c'est le génie et le talent plus que les circonstances qui contribuent à la célébrité de leur nom. Le Maître des Sentences fut un de ces derniers. Il ne dut qu'à lui-même, à son intelligence, au travail, l'autorité qu'il exerça sur son temps et la haute situation où il parvint; il leur doit la gloire qu'il s'est acquise dans les siècles.

# CHAPITRE III

———

Pierre Lombard a beaucoup écrit. Outre le *Livre des Sentences* qui est, on peut le dire, son œuvre magistrale, nous avons de lui plusieurs *Commentaires* sur différents livres de l'Ecriture sainte, et de nombreux ouvrages manuscrits, notamment 25 *Sermons* pour les dimanches et principales fêtes de l'année.

Ce travail étant surtout théologique, nous devons étudier plus particulièrement dans les œuvres du Maître ce qui se rattache à la science sacrée. C'est pourquoi le *Livre des Sentences* sera de notre part l'objet d'un examen plus approfondi. Avant d'en faire l'appréciation, il nous a paru convenable de l'analyser d'abord. Quelque fastidieuse que soit une étude de ce genre, nous avons pensé qu'elle serait agréable à plus d'un lecteur désireux de connaître dans le détail ce livre fameux ; nous en donnerons donc ici un résumé complet, en suivant fidèlement l'ordre des pensées de l'auteur. Dans un chapitre subséquent, nous nous occuperons, mais d'une façon plus rapide, des *Commentaires sur l'Ecriture,* des *Sermons* et des autres ouvrages manuscrits.

## LE LIVRE DES SENTENCES

### ANALYSE DE CET OUVRAGE

Le Livre des Sentences est précédé d'une courte préface et divisé en quatre parties composées chacune d'un certain nombre de chapitres nommés *distinctions.* Chaque distinction est consacrée à l'étude d'un point particulier de la théologie et se subdivise à son tour en paragraphes où sont successivement présentés les différents aspects de la question.

Dans la préface, Pierre Lombard nous fait connaître avec une admirable simplicité le sujet de son livre, son but et sa méthode. Défendre la foi catholique contre les attaques de l'erreur, montrer la vérité appuyée sur des fondements inébranlables, en pénétrer, autant que possible, les profondeurs cachées, telle est la tâche immense et laborieuse qu'il entreprend, pressé par les sollicitations de ses nombreux écoliers et par le désir de les seconder dans leurs nobles études. Il y a des hommes qui s'efforcent de détruire les dogmes de l'Eglise, parce que ceux-ci contrarient l'orgueil de leur esprit et répriment les passions de leur cœur. Le Maître des Sentences se propose de renverser leurs détestables enseignements et d'élever sur une sorte de candélabre le flambeau sublime de la vérité. C'est pour cela qu'il a écrit à la sueur de son front ce livre qu'il compare modestement à l'obole déposée par la veuve dans le trésor du temple (1), et dans lequel, à l'appui de ses propres démonstrations, on trouvera la doctrine des anciens Pères et les témoignages de la sainte Ecriture.

*Livre premier.* — Après ce court prologue, Pierre Lombard entre immédiatement en matière. Toute science, selon lui, a pour objet les *choses* ou les *signes*. Les signes sont de deux sortes : les uns ne font que signifier et ne confèrent pas ce qu'ils signifient, tels sont les sacrements de l'ancienne loi ; les autres donnent ce qu'ils signifient, tels sont les sacrements de la loi nouvelle. Les choses sont de trois sortes : il y a celles dont on doit jouir et qui nous rendent heureux, ce sont les trois personnes divines ; celles dont il est seulement permis d'user et qui nous aident à parvenir au bonheur, ce sont le monde et les créatures ; celles enfin qui jouissent et qui font usage des autres, c'est nous, et avec nous les anges et les saints.

User d'une chose, c'est la faire servir à l'accomplissement de notre volonté. En jouir, c'est s'y attacher par amour et pour elle-même. Nous ne jouirons de Dieu

---

(1) Le Dante fait allusion à ce passage dans sa *Divine Comédie* où il représente Pierre Lombard comme l'une des plus brillantes lumières du Paradis.

*Quel Pietro fu, che con la povrella*
*Offerse a santa Chiesa il suo thesoro.*

Parad. chant X⁰.

parfaitement et pleinement que dans le ciel, parce que là seulement nous le verrons face-à-face. Ici-bas, nous n'en jouissons que d'une manière imparfaite, parce que nous ne le voyons pour ainsi dire qu'à travers des ombres et comme dans un miroir; cette jouissance nous soutient dans notre pèlerinage sur la terre, elle nous en fait plus courageusement supporter les labeurs et plus ardemment désirer le terme. Dieu seul doit être aimé pour lui-même, parce que lui seul peut nous rendre heureux; nous pouvons aimer aussi les créatures, mais à la condition de ne pas nous y fixer et de rapporter cette affection à la sainte Trinité qui est le bien souverain et immuable.

Pierre Lombard se demande s'il n'est pas permis de jouir de la vertu pour elle-même, et il répond négativement. Il montre d'après saint Ambroise que la vertu peut être aimée pour elle-même, parce qu'elle procure à ceux qui la possèdent une sainte délectation et des joies spirituelles; mais il prouve en même temps d'après saint Augustin que l'on ne doit pas s'arrêter là, qu'il faut tendre à un but plus élevé et rapporter la vertu à Dieu comme fin dernière.

Après ces considérations préliminaires, Pierre Lombard nous fait connaître la marche qu'il va suivre. Il résume ce qu'il a dit plus haut de la distinction des choses et des signes. L'étude des signes viendra plus tard; il commencera donc par traiter des choses, et parmi les choses, de celles dont on doit jouir, c'est-à-dire de la sainte et indivisible Trinité.

Il établit d'abord la vérité de ce mystère par l'autorité des Écritures. S'inspirant de saint Ambroise, de saint Augustin et de saint Hilaire, il déduit du texte de la Genèse : *Faisons l'homme à notre image*, une démonstration de la pluralité des personnes et de l'unité de nature au sein de l'adorable Trinité; il cite également à l'appui de sa thèse plusieurs passages des Psaumes, du prophète Isaïe et du livre de la Sagesse; il se sert aussi du Nouveau Testament, sur lequel toutefois il insiste beaucoup moins, par cette raison, dit-il, que presque chacune de ses syllabes annonce cet ineffable mystère.

Dans la 3e distinction, notre auteur examine comment Dieu a pu et peut être connu par les créatures. Le monde, dit-il, a nécessairement un auteur; mais comme un tel ouvrage surpasse la puissance de tout être créé, l'esprit humain en conclut avec raison l'existence d'un Être supérieur qui a fait toutes choses. La grandeur de l'univers nous révèle la toute puissance du Créateur; l'harmonie qui règne partout nous fait comprendre sa sagesse; le gouvernement qui préside à la destinée de tous les êtres nous montre sa bonté. Ainsi donc la création porte en elle des signes certains de l'existence de Dieu; mais n'y trouve-t-on pas également des indices et des images de la Trinité? Oui, répond Pierre Lombard toujours d'après saint Augustin, son inspirateur favori. Dans l'ensemble de la nature d'abord nous trouvons, dit-il, trois choses, l'unité, la beauté et l'ordre. L'unité nous représente Dieu le Père, celui de qui tout procède, même le Fils et le Saint-Esprit. La perfection et la beauté du monde sont une image du Fils, si bien appelé par saint Paul *la splendeur du Père*. L'ordre enfin qui règne dans l'univers, est une manifestation du Saint-Esprit qui est dans l'adorable Trinité le lien sublime et harmonieux des deux premières personnes.

L'âme humaine porte aussi en elle des vestiges de la Trinité. Cette âme en effet se connait elle-même, et par suite de cette connaissance, elle s'aime. N'y a-t-il pas une sorte de Trinité : l'âme, premier principe, l'intelligence et l'amour? Et ces trois choses qui sont distinctes sont en même temps inséparables, elles ne constituent qu'une seule vie et une seule substance. L'analogie toutefois n'est pas complète; car les facultés de notre âme n'appartiennent en nous qu'à une seule personne, tandis que la sainte Trinité en renferme trois. Cependant, conclut Pierre Lombard, tout imparfaites que soient ces images, elles nous aident à comprendre en Dieu le mystère de l'unité dans la Trinité et de la Trinité dans l'unité.

La 4<sup>e</sup>, la 5<sup>e</sup>, la 6<sup>e</sup>, et la 7<sup>e</sup> distinctions sont consacrées à la question de la génération du Verbe. L'auteur expose très au long ce mystère. Dieu le Père en engendrant son Fils qui est Dieu n'engendre pas pour cela un autre Dieu, parce que Dieu est un. On ne peut pas dire non plus qu'il s'engendre lui-même. Cette génération ne diminue point son essence. Il demeure en lui-même tout entier. Le Fils engendré est une personne distincte du Père qui l'engendre; mais ils ne forment ensemble qu'un seul et même Dieu. Le Père n'a pas engendré l'essence, c'est-à-dire, la nature divine; car celle-ci est commune aux trois personnes et se trouve toute entière en chacune d'elles. Ce qu'est le Père, le Fils l'est; mais il n'en faut pas conclure que celui qui est le Père, celui-là est le Fils (1). On

(1) Dist. V, 4. — Cette distinction entre le neutre et le masculin se trouve

ne doit pas dire que l'essence divine a engendré le Fils,
car celui-ci étant cette même essence, cela reviendrait à
dire qu'une chose s'est engendrée elle-même, ce qui est
absurde (1).

Suivent des considérations très-subtiles sur l'essence
divine et l'unité des trois personnes de la Trinité. Le Maître
des Sentences montre, d'après saint Augustin et saint
Hilaire, que cette unité subsiste, nonobstant la génération
du Verbe et la procession du Saint-Esprit. Au dilemme
présenté par Orose à saint Augustin, à savoir si le Père
a engendré son Fils volontairement ou par nécessité, il
répond que le Père a voulu la génération du Verbe, mais
non pas d'une volonté qui ait précédé la génération elle-
même, car le Fils de Dieu a toujours été avec son Père,
et dès lors la volonté de celui-ci n'a pu précéder l'existence de la Sagesse éternelle (2).

Mais si le Père a eu le pouvoir et la volonté d'engendrer
son Fils, demande ensuite Pierre Lombard, ne s'ensuit-
il pas qu'il y a dans le Père un pouvoir et une volonté
que le Fils n'a pas ? Il résout cette difficulté en disant que
la génération, toute volontaire qu'elle ait été, n'est point
un effet de la volonté, mais de la nature. Car Dieu est
Père de la même manière qu'il est Dieu. Or sa divinité
n'émane point de sa volonté, et il faut en dire autant de
sa paternité. Et d'ailleurs à ceux qui objectent que le
pouvoir d'engendrer qui appartient au Père manque au
Fils, ne peut-on pas répliquer que le Père à son tour est
dépourvu du pouvoir d'être engendré, qui est particulier
au Fils (3)?

Notre auteur explique ensuite d'après un admirable
commentaire de saint Jérôme et de saint Augustin l'*Ego
sum qui sum* de l'Exode ; puis il traite de la simplicité et
de l'immutabilité de Dieu. Il enseigne que, seul parmi les
êtres, Dieu ne peut subir de changement ni de la part des
lieux, ni de celle du temps, que seul il possède une absolue et véritable immortalité. Seule immuable, l'essence
divine est seule aussi parfaitement simple, c'est-à-dire
qu'elle n'est sujette à aucun accident; ainsi Dieu est bon,
mais sans qualité, il est grand sans quantité, il crée sans
avoir de besoins, il est tout entier partout, sans occuper
de lieu, il est éternel sans le temps, il change toutes

dans St Grégoire de Nazianze (Ep. i ad Cledon. — Orat. li), dans St Hilaire
(De Trinit., l. II et l. VII), dans St Augustin (tract. xxxvi in Johann.), dans
St Ambroise (De dignit. condit. humanæ, c. ii). Cfr. St Anselme (Monolog.,
c. xlv), St Thomas (Summa I, q. xxxi, 2).
(1) Dist. V, 5. — (2) Dist. VI, 1, 2, 3. — (3) Dist. VII, 1, 6, 7.

choses sans changer lui-même. C'est même à tort que l'on dit de lui qu'il est une substance, puisqu'il n'y a rien en lui qui ne soit Dieu et que le mot *substance* ne se dit proprement que des créatures. En parlant de Dieu, il vaut mieux se servir du mot *essence* (1).

L'essence du Père, du Fils et du Saint-Esprit est une, c'est pourquoi ils ne sont qu'un seul Dieu, bien que personnellement ils soient distincts l'un de l'autre. Le Fils est engendré du Père, toutefois le Père n'est pas avant le Fils et les trois personnes sont coéternelles. Arius disait : Tout ce qui est né, a un principe ; or le Fils est né, il a donc un principe, et par conséquent, il a commencé d'être. St Augustin répond que le Fils de Dieu est né, mais qu'il est né de toute éternité, et qu'il est dès lors coéternel au Père, comme la splendeur qui naît du feu existe en même temps que le feu lui-même, et lui serait coéternelle, si le feu était éternel (2).

Le Saint-Esprit est l'amour mutuel du Père et du Fils, c'est pourquoi il ne procède pas du Père seul, ni du Fils seul, mais des deux. Comme on appelle le Fils de Dieu la Sagesse, bien que ce nom convienne à la Trinité toute entière, de même on donne au Saint-Esprit le titre de Charité, qui convient également au Père et au Fils. Ainsi la sagesse et la charité qui sont des attributs communs à la nature divine, sont attribués particulièrement la première au Fils, et la seconde au Saint-Esprit (3).

Pierre Lombard prouve par l'autorité de l'Ecriture, des Conciles et des Pères, même des Pères grecs, saint Athanase, saint Cyrille d'Alexandrie et saint Jean Chrysostôme, que le Saint-Esprit procède également du Père et du Fils, sans aucune priorité de temps (4). Il convient cependant avec saint Augustin que le Saint-Esprit procède *principalement* du Père, parce que le Fils dont il procède aussi, reçoit du Père en même temps que sa nature le principe de la procession du Saint-Esprit, tandis que le Père a ces choses de lui-même. C'est en ce sens, dit Pierre Lombard, qu'il faut entendre la doctrine des Pères, lorsqu'ils enseignent que le Père envoie le Saint-Esprit par son Fils (5).

Il examine ensuite, en s'aidant des lumières de saint Augustin et de saint Jérôme, quelle différence il y a dans la Trinité entre procéder et naître, entre la génération et la procession. Les explications qu'il donne à ce sujet sont loin de le satisfaire lui-même, et, tout en cherchant à

(1) Dist. VIII. — (2) Dist. IX. — (3) Dist. X. — (4) Dist. XI. — (5) Dist. XI et XII.

approfondir cette mystérieuse question, il s'avoue découragé et impuissant. Qui pourra, répète-t-il après le prophète Isaïe, qui pourra expliquer la génération du Verbe, *Generationem ejus quis enarrabit* (1) ? Qui pourra, ajoute-t-il, expliquer la procession l'Esprit saint, *Processionem ejus quis enarrabit* (2) ?

Il y a dans le Saint-Esprit deux sortes de procession, l'une éternelle par laquelle il procède du Père et du Fils, l'autre temporelle par laquelle il est envoyé aux hommes pour leur sanctification. Le Fils et le Saint-Esprit n'ont pas seulement été envoyés, mais ils se sont donnés eux-mêmes à l'humanité, et leur mission ne les rend point inférieurs au Père, parce qu'ils sont Dieu comme lui et que les opérations de la Sainte-Trinité sont indivisibles (3). Deux longues distinctions sont consacrées par l'auteur à nous expliquer qu'il y a dans le Saint-Esprit deux missions temporelles différentes, l'une invisible, et l'autre visible ; la première se produit, lorsqu'il se communique aux âmes des fidèles, et l'autre lorsque, comme au jour de la Pentecôte, il vient sur la terre en se manifestant aux regards des créatures (4).

Le Maître des Sentences traite ensuite de l'égalité des trois personnes divines. Tous les attributs de la Divinité, dit-il, leur conviennent également, parce qu'elles n'ont qu'une seule et même essence. Le Fils est égal au Père, le Saint-Esprit égal au Père et au Fils. Ils sont distincts et indivisibles ; le Père est seul Père, le Fils est seul Fils, le Saint-Esprit est seul Saint-Esprit; mais l'on ne doit pas dire : Le Père seul est Dieu, le Fils seul est Dieu, ni, le Saint-Esprit seul est Dieu ; car ils ne sont tous trois qu'un seul et même Dieu (5). En ce qui concerne les termes dont on doit se servir en parlant de Dieu, Pierre Lombard dit que tous ceux qui ont rapport à la substance ou à la nature divine, doivent toujours être mis au singulier, lorsqu'on parle des trois personnes. Ainsi l'on dit : le Père est tout-puissant, etc., mais on ne peut pas dire qu'il y a trois tout-puissants; il y a des termes qui ne conviennent qu'aux trois personnes réunies, comme le mot Trinité: il en est d'autres qui s'appliquent à chacune d'elles, tels sont les termes de Grand, d'Infini (6). Tous ces termes d'unité, de Trinité ont été mis en usage moins pour nous faire connaître ce que Dieu est en lui-même que ce qu'il n'est pas. Lorsque nous disons que les trois

(1) Is. LIII. — (2) Dist. XIII, 4. — (3) Dist. XIV et XV. — (4) Dist. XVI et XVII. — (5) Dist. XIX, XX, XXI. — (6) Dist. XXII et XXIII.

personnes sont distinctes l'une de l'autre, c'est pour indiquer qu'il n'y a point entr'elles de confusion ni de mélange. Le mot de Personne vise tantôt la substance divine elle-même, et tantôt ce qui est propre à chacune des personnes qui la composent. Il s'emploie dans le premier sens, lorsque nous disons : le Père est personne, le Fils est personne, etc.; c'est-à-dire, le Père, le Fils ont l'essence divine. Le second sens sert à distinguer le Père, le Fils et le Saint-Esprit par leurs propriétés relatives; ainsi l'on dit la personne du Père, parce qu'elle se distingue de la personne du Fils par la propriété de Père ; on dit la personne du Fils, parce qu'elle se distingue des autres par sa propriété de Fils; on dit enfin la personne du Saint-Esprit, parce qu'il se distingue du Père et du Fils par sa propriété de procéder de l'un et de l'autre (1).

Outre les propriétés résultant des rapports qui règnent entr'elles de toute éternité, les trois personnes en ont d'autres par suite de leurs rapports dans le temps avec les créatures : telles sont celles de créateur, de seigneur, de refuge, de sanctificateur. Mais ces relations n'apportent aucun changement dans la nature divine ; elles sont des accidents, non point en Dieu qui est immuable par essence, mais simplement dans les créatures pour lesquelles un état nouveau se produit (2).

Peut-on dire que le Père et le Fils s'aiment par le Saint-Esprit ? Oui, disent les saints Pères qui tous enseignent que le Saint-Esprit est l'amour mutuel et réciproque du Père et du Fils. Mais s'il en est ainsi, objecte Pierre Lombard, il s'ensuit que le Père et le Fils sont un par le Saint-Esprit, car, dit-il, en Dieu être et aimer sont une même chose. Saint Augustin résout cette difficulté en disant que les trois personnes ne sont entr'elles qu'une seule substance et un même amour. Notre auteur se pose une autre question, celle de savoir si le Père est sage par la sagesse qu'il a engendrée, et il répond, encore avec saint Augustin, que le Père est la sagesse même, et que cette sagesse, tout comme l'amour, est commune aux trois personnes (3). Il se demande enfin si les propriétés des personnes sont distinctes des personnes elles-mêmes, et par conséquent de l'essence divine. Avec saint Augustin et saint Hilaire, il explique que les propriétés, bien que distinguant les personnes, ne sont distinctes ni des personnes qu'elles déterminent, ni de la nature divine,

---

(1) Dist. XXIV, XXV et XXVI. — (2) Dist. XXX· — (3) Dist. XXXII.

et il condamne comme hérétiques ceux qui enseignent une doctrine contraire (1).

La fin du premier livre, depuis la 35ᵉ distinction jusqu'à la 48ᵉ, est consacrée à l'étude de certains attributs appartenant à la nature divine ; ce sont la science de Dieu et sa prescience, sa providence et sa prédestination, sa volonté et sa puissance. Le Maître des Sentences montre que ces attributs sont relatifs aux créatures et aux choses futures, que la science divine toutefois regarde et comprend non-seulement les choses du temps, mais aussi les choses éternelles, de sorte que, lors même qu'il n'y aurait rien de futur, il n'y en aurait pas moins une science en Dieu, car il connaissait en lui-même ce qu'il a fait, avant de le faire (2). Tout lui est connu, le passé, le présent et l'avenir, le bien et le mal, avec cette différence cependant que le bien est en lui, puisqu'il en est l'auteur et s'y complaît, tandis que le mal est hors de lui et l'objet de sa réprobation (3). Bien que Dieu soit d'une nature incorporelle, néanmoins il est présent partout par son essence et par sa puissance, mais il habite plus particulièrement en Jésus-Christ par l'union d'une personne divine avec la nature humaine, et dans les saints par la grâce sanctifiante. Présent en toutes choses, Dieu n'est point atteint par les souillures des êtres créés, car il est comme le soleil qui répand ses rayons sur des lieux impurs, sans se souiller lui-même. Mais quand on dit que Dieu est partout, il ne s'agit point d'une présence locale; présente en tout lieu, son essence divine n'est renfermée dans aucun, elle ne peut être circonscrite dans un espace, et lorsqu'on dit que tel ou tel édifice est son temple, c'est une façon impropre de parler. Il n'en est pas de même des esprits créés ; ceux-ci en effet, bien qu'ils ne soient pas susceptibles de dimension, sont néanmoins circonscrits dans un lieu, et si nombreux qu'ils soient, ils ne le remplissent jamais (4).

Pierre Lombard traite ensuite, en suivant pas à pas saint Augustin, le point si fertile en discussions de la prescience de Dieu.

Si par prescience, dit-il, nous entendons simplement parler de la connaissance que Dieu a des choses futures, *si præscientiam ad notitiam tantùm referamus*, on ne doit pas dire qu'elle soit la cause des évènements qu'elle prévoit, car ce serait dire qu'elle est la cause du mal. Mais

(1) Dist. XXXII et XXXIV. — (2) Dist. XXXV. — (3) Dist. XXXVI. — (4) Dist. XXXVII.

5

si dans l'intelligence de ce mot, nous ajoutons à l'idée de connaissance, celle de bon vouloir, *si verò nomine scientiæ includitur etiam beneplacitum*, alors il est permis de dire que la prescience divine est la cause des choses à venir. C'est ainsi que Dieu détermine, en même temps qu'il le connaît, le bien qu'il doit faire dans les élus. Quant au mal, il le prévoit sans en être l'auteur. Bien qu'il soit vrai de dire que les choses de l'avenir ne seraient pas futures si Dieu n'en avait pas la prescience, cependant, ce n'est point parce qu'elles sont futures que cette prescience existe ; car, s'il en était ainsi, la science incréée du Créateur serait dépendante des créatures. La doctrine catholique de la prédestination avait alors des adversaires qui formulaient ainsi leur objection contre la certitude de la prescience divine : Dieu, disaient-ils, a prévu que Pierre lirait ; or il peut se faire que Pierre ne lise pas ; donc il peut arriver quelque chose de contraire à ce que Dieu a prévu. Le Maître des Sentences pour répondre à cet argument emploie la distinction, si connue dans les écoles scholastiques, du sens composé et du sens divisé, ou du conjonctif et du disjonctif ; c'est-à-dire qu'il ne peut se faire que Dieu ait prévu une chose et qu'elle n'arrive pas, mais il est possible que la chose n'arrive pas, et alors Dieu ne l'aura pas prévue (1).

Comme il n'y a point en Dieu de succession de temps, il sait immuablement toutes les choses, bonnes ou mauvaises, qui ont été, qui sont, et qui seront, de sorte que sa science est toujours la même, et ne peut ni augmenter ni diminuer. La prescience divine comprenant aussi tous les événements futurs, quels qu'ils soient, même ceux qui sont mauvais et auxquels Dieu est absolument étranger, il est facile de voir comment elle diffère de la prédestination ; celle-ci en effet a seulement pour objet les choses que Dieu veut faire, et on peut la définir la préparation de la grâce par laquelle sont sauvés ceux qui doivent l'être ; elle ne peut pas exister sans la prescience, mais celle-ci embrasse aussi les choses que Dieu ne doit pas faire, et elle peut exister sans la prédestination. La prédestination regarde les élus ; c'est un décret éternel par lequel Dieu a choisi ceux qu'il a voulu et leur a préparé les grâces nécessaires au salut. La réprobation regarde ceux dont Dieu a prévu qu'ils encourraient par leurs péchés la damnation éternelle, et elle consiste dans la prescience du mal en conséquence duquel Dieu a préparé aux pécheurs les pei-

(1) Dist. XXXVIII.

nes de l'enfer. Il résulte de là que le nombre des Prédestinés comme celui des Réprouvés ne peut être ni accru ni restreint. Quelques-uns faisaient cette objection : s'il en est ainsi, il est impossible qu'un prédestiné soit damné, donc la prédestination nécessite les hommes. Pour la solution de cette difficulté, dit modestement notre auteur, j'aimerais mieux entendre les autres que parler moi-même. Puis, après avoir fait observer que la même objection pent se faire contre la prescience par laquelle Dieu prévoit la damnation des réprouvés, Pierre Lombard répond en distinguant : Il n'est pas possible, dit-il, que celui qui a été prédestiné de toute éternité, ne le soit pas maintenant, cela est vrai dans le sens composé ; mais cela est faux dans le sens divisé, car il aurait pu se faire que celui qui a été prédestiné *ab œterno,* ne le fût pas. On raisonne de même en ce qui concerne la réprobation. Parlant des causes de la prédestination, le Maître des Sentences prouve qu'elle est purement gratuite, et à l'appui de son sentiment il cite ces paroles de saint Augustin : « Dieu nous a choisis non parce qu'il a prévu que nous serions saints, mais afin que nous le fussions, par l'élection de sa grâce dont il nous a gratifiés dans son Fils bien-aimé (1). » Il nous dit que ce grand Docteur avait d'abord pensé que la prédestination avait pour cause les mérites prévus, mais qu'ayant étudié la question plus à fond, il avait reconnu avec l'apôtre saint Paul que les élus sont prédestinés par suite du bon plaisir de Dieu qui l'a ainsi voulu afin que personne ne puisse se glorifier de son salut (2).

La toute-puissance de Dieu fournit matière à plusieurs questions dont voici la plus remarquable. Quelques théologiens, qui avaient pour chef Abailard, enseignaient que Dieu ne peut faire que ce qu'il fait, et cherchaient ainsi à mettre des bornes à la puissance divine. P. Lom-

---

(1) S. Aug. In libr. I de Prædestinatione sanctorum, c. XVIII.

(2) Dist. XLI. La prédestination est la disposition divine en vertu de laquelle certains hommes sont de toute éternité destinés au salut. Elle est toujours une grâce; mais parmi les théologiens, les uns considèrent cette grâce comme absolument gratuite, et pensent qu'aucune prévision du mérite de ceux à qui elle s'applique n'entre dans le décret divin qui les a choisis. Les autres enseignent que Dieu, en prédestinant les élus, a prévu leurs mérites, c'est-à-dire a tenu compte du bon emploi qu'ils feraient des grâces qu'il accorde à tous les hommes. D'après la première opinion, Dieu par sa grâce justifie les prédestinés parce qu'il les a élus ; d'après la seconde, il ne les élit que parce qu'il sait qu'ils seront justifiés par sa grâce. Aucune de ces deux opinions n'est interdite. La première, la plus sévère, qui est celle de saint Augustin, n'est point un article de foi ; elle fut professée au IXe siècle par le moine Gothescalc, que l'archevêque de Reims, Hincmar, fit condamner au fouet. Pierre Lombard est plutôt du côté de Gothescalc.

bard montre que Dieu peut faire une infinité de choses
qu'il ne fait pas, qu'il peut, par exemple, changer l'ordre
des créatures, en produire de nouvelles, anéantir celles
qui existent. L'on objecte que l'homme parle, qu'il marche, qu'il pèche, qu'il meurt, et Dieu, dit-on, ne fait rien
de tout cela. Mais c'est Dieu, répond notre auteur, qui
donne à l'homme la faculté de parler et de marcher, et
par conséquent l'absence en lui de ces deux actions ne
marque aucune impuissance. Quant au péché et à la mort,
ce ne sont pas des preuves de la puissance de l'homme,
mais de son infirmité. L'on demande si Dieu peut faire les
choses meilleures qu'elles ne sont. Oui, dit P. Lombard,
et il oppose à ceux qui sont d'un avis contraire le raisonnement suivant : Pourquoi dites-vous qu'une créature particulière, ou même la totalité des créatures, ne peut être
meilleure qu'elle n'est ? Est-ce parce qu'elle est si souverainement bonne qu'il ne lui manque aucune perfection ?
Mais alors, vous égalez la créature au Créateur. Est-ce
parce qu'elle n'est pas susceptible d'admettre le bien plus
grand qui lui manque? En ce cas, elle pourrait être meilleure, si Dieu la rendait susceptible d'un plus grand bien.
Dieu peut donc faire une chose meilleure et plus parfaite
qu'elle ne l'est. Il peut aussi la faire autrement, ou mieux
qu'il ne la fait, pourvu que nous considérions ici la chose
elle-même ; car si nous rapportons le mode d'opération,
non pas à l'ouvrage, mais à la sagesse de l'ouvrier, il est
certain qu'il n'y a pas de manière meilleure que celle qu'il
emploie (1).

Les quatre dernières distinctions roulent sur la volonté
de Dieu. L'auteur en distingue plusieurs sortes, bien
qu'au fond il n'y en ait qu'une, à savoir la volonté de bon
plaisir, qui est la cause première et souveraine de toutes
choses. Les autres volontés de Dieu ne sont, à proprement
parler, que des termes métaphoriques, et prennent le nom
des signes par lesquels elles nous sont manifestées. Il y en
a cinq, qui sont le précepte, la défense, le conseil, la permission, l'opération ; et c'est dans ce sens que l'Ecriture
nomme quelquefois au pluriel les volontés du Seigneur.
P. Lombard se propose quelques difficultés sur l'efficacité
souveraine de la volonté proprement dite : 1° Il est dit
dans l'Ecriture que Dieu a fait tout ce qu'il a voulu au ciel
et sur la terre. Comment donc Jésus-Christ a-t-il pu dire
à Jérusalem qu'il a souvent voulu rassembler ses enfants

---

(1) Dist. XLII, XLIII, XLIV.

comme une poule rassemble ses poussins sous ses ailes, et qu'elle ne l'a point voulu (1). 2° L'apôtre saint Paul déclare que Dieu veut le salut de tous les hommes (2), et cependant, objecte-t-on, tous ne sont pas sauvés. Il semble dès lors que Dieu ne fait pas tout ce qu'il veut, et que sa volonté est quelquefois dominée par la volonté humaine. Notre auteur répond à cette double objection par les explications que donne saint Augustin dans son *Manuel de la foi.* Ces paroles, dit-il, « Dieu veut que tous les hommes soient sauvés » signifient qu'aucun des hommes n'est sauvé, si ce n'est ceux dont Dieu veut le salut ; lorsqu'il le veut, c'est par miséricorde; lorsqu'il ne le veut pas, c'est par un équitable jugement. Quant au mal qui arrive en ce monde, Dieu ne le veut jamais, mais il ne l'empêche pas toujours. Quelquefois il laisse agir les méchants, à cause du bien qui résulte de leurs mauvaises actions ; c'est ainsi qu'il permit que Judas livrât Jésus-Christ aux juifs pour le mettre à mort, afin que par là le genre humain fût racheté (3).

Tout ce que Dieu veut, arrive infailliblement, et rien n'arrive que par sa volonté. Elle s'accomplit toujours en nous ou par nous. Elle s'accomplit en nous, lors même que nous lui résistons en commettant le péché ; car alors Dieu veut ou nous pardonner pour que nous fassions pénitence, ou nous punir si nous nous obstinons dans le mal ; elle s'accomplit par nous, quand nous faisons le bien, parce qu'en le faisant nous sommes sûrs de lui plaire (4). Quelquefois la bonne volonté de Dieu s'accomplit par la mauvaise volonté des hommes, comme cela est arrivé dans le crucifiement de Jésus-Christ. Dieu a voulu, comme les juifs, que son Fils souffrît et mourût, parce que sa passion et sa mort étaient pour nous un bien et la source de notre salut ; mais il ne voulait point l'acte des juifs qui firent mourir le Sauveur, parce que cet acte fut une mauvaise action et un péché.

Ainsi finit le premier livre des Sentences.

*Livre second.* — Le second livre des Sentences traite de la création en général, des anges, de la chute originelle, et comprend 44 distinctions.

Dans la première, P. Lombard montre qu'il n'y a qu'un seul principe de toutes choses, et il examine la fin pour laquelle l'homme et l'ange ont été créés. Quelques philo-

(1) S. Matth. XXIII. — (2) I Tim. II. — (3) Dist. XLVI. — (4) Dist. XLVII.

sophes, comme Platon et Aristote, ont pensé que le monde avait plusieurs principes, que la matière qui le compose était incréée et éternelle, et que Dieu en avait été non point le créateur, mais simplement l'organisateur. La doctrine catholique, au contraire, nous enseigne que Dieu, seul principe de toutes choses, a tout créé de rien, les choses visibles et invisibles, le ciel et la terre. Souverainement bon, il a voulu faire part de sa félicité éternelle à deux de ses créatures, à l'ange et à l'homme : c'est pour cela qu'il les a créés raisonnables, afin qu'ils connussent le souverain bien, qu'ils l'aimassent, qu'ils le possédassent en l'aimant, et qu'ils fussent heureux en le possédant. L'ange, d'une nature incorporelle, et l'homme, composé d'un corps et d'une âme, sont créés pour louer et servir Dieu, non que celui-ci ait besoin de leur service, mais il a voulu qu'en le servant ils jouissent de lui, car le servir c'est régner. Comme l'homme a été fait pour Dieu, le monde a été fait pour l'homme; il est même dit des anges, en plusieurs endroits des Ecritures, et notamment dans l'Epître de saint Paul aux Hébreux, qu'ils sont nos serviteurs et nos ministres (1). On lit dans la Bible que l'homme a été créé pour réparer la chute et l'apostasie des esprits célestes; il n'en faut pas conclure que la création de l'homme n'eût pas eu lieu, si les anges n'avaient pas prévariqué. Dieu a uni une âme au corps de l'homme, afin que celui-ci, en le servant dans cette double substance, méritât et reçût une plus belle couronne.

Telle est en résumé la doctrine contenue dans la première distinction. Les dix suivantes concernent les anges.

Créés en même temps que le monde, on dit cependant qu'ils ont été créés les premiers, à raison de la dignité de leur nature. Libres et doués d'une substance immatérielle, leur volonté pouvait, sans violence ni contrainte, se tourner vers le bien ou vers le mal, persévérer dans la justice ou en déchoir. Les uns demeurèrent fidèles à Dieu qui, en récompense, les confirma dans leur état d'innocence, les autres, sous la conduite de Lucifer, se révoltèrent contre Dieu et voulurent, comme le dit Isaïe, lui devenir semblables (2). En punition, ils furent chassés du ciel et précipités dans ce que l'apôtre saint Pierre appelle l'air ténébreux (3). Ce n'est qu'au jour du jugement, dit P. Lombard, qu'ils seront envoyés dans les abîmes de l'enfer. Notre auteur enseigne cependant que les démons y des-

---

(1) Epist. ad Hebr. I, 14. — (2) Is. XIV, 14. — (3) B. Petri II⁴ ; II, 17.

cendent tour à tour, soit pour y conduire les âmes des
damnés, soit pour les y tourmenter ; il pense aussi qu'il y
a parmi eux, comme entre les bons anges, une hiérarchie,
que Lucifer, relégué en enfer depuis la victoire remportée
sur lui par Jésus-Christ, n'a pas aujourd'hui autant de
pouvoir qu'il en aura au temps de l'Ante-Christ ; il croit
enfin avec Origène, qu'un démon qui a été une fois vaincu
par un saint ne peut plus en tenter ni en vaincre
d'autres (1).

Les bons anges, confirmés en grâce, ne peuvent plus
faire le mal ; les anges déchus au contraire, ne peuvent
plus faire le bien. Néanmoins ils ont encore, les uns et les
autres, le libre arbitre, mais tandis que chez les premiers,
celui-ci ne peut plus devenir esclave du péché, il est chez les
autres corrompu et sans cesse déterminé au mal. Les
démons n'ont point perdu, avec leur état de justice, leur
intelligence, et la subtilité de leur nature jointe à leur longue expérience leur permet de deviner bien des choses et
d'accomplir bien des prodiges. C'est Dieu qui leur a donné
cette science et ce pouvoir, afin d'exercer la vertu des fidèles et d'éprouver la patience des justes ; mais ils ne
peuvent en faire usage et nuire aux hommes que dans la
mesure où Dieu le veut (2).

Le Maître des Sentences expose ensuite, mais sans le
partager, le sentiment de quelques anciens qui, s'appuyant
sur certaines paroles de saint Augustin, prétendaient que
les mauvais anges, après leur chute, avaient reçu de Dieu
des corps moins subtiles et plus épais que ceux qu'ils
avaient auparavant ; il montre que d'après la doctrine catholique, les anges sont incorporels, et que s'ils apparaissent quelquefois sous une forme humaine, c'est Dieu qui
la leur donne momentanément, attendu qu'ils la quittent
aussitôt qu'ils ont rempli leur mission. À cette occasion,
Pierre Lombard examine de quelle manière Dieu se manifeste aux hommes, et comment les démons entrent dans
les corps. Dieu, dit-il, ne s'est jamais montré aux hommes,
tel qu'il est en substance, parce que l'essence divine est
immuable et par conséquent invisible ; toutes les appari-
tions de Dieu à nos pères se sont faites par le ministère
des créatures et surtout des anges. Quant aux démons,
ils n'entrent pas substantiellement dans les corps ni dans
le cœur des hommes ; ils y pénètrent seulement par le mal
et par les effets qu'ils y produisent, et quand nous disons

(1) Dist. VI. — (2) Dist. VII.

qu'on les chasse, cela signifie qu'on met fin à leur funeste empire. *Pelli dicuntur, cùm nocere non sinuntur* (1).

Après avoir parlé de la nature angélique, l'auteur s'occupe des différents ordres qui la composent. L'Ecriture en indique neuf : au sommet de la hiérarchie se trouvent les Séraphins, les Chérubins et les Trônes ; au milieu, les Dominations, les Principautés et les Puissances ; et dans un rang inférieur, les Vertus, les Archanges et les Anges. Dans cette triple série comprenant chacune trois ordres, P. Lombard voit une image de la Sainte-Trinité. Il croit que dès leur création, les anges ont été distingués entre eux, les uns ayant reçu des natures plus subtiles et une sagesse plus profonde, les autres ayant été créés moins intelligents et moins parfaits. Il expose différentes opinions sur la mission des Esprits célestes ; la sienne est que les trois ordres supérieurs sont très rarement envoyés dans le monde, parce qu'ils se tiennent toujours aux pieds du trône de Dieu ; ce sont les autres, et principalement les Anges dont le nom signifie *Envoyés*, qui sont le plus souvent chargés de missions extérieures (2). Il enseigne que tout homme ici-bas a un bon ange qui le garde, et un ange mauvais qui a pour mission d'éprouver sa vertu. Examinant enfin si les mérites et la béatitude des anges augmentent, depuis qu'ils ont été confirmés en grâce, il se prononce, d'après saint Jérôme, pour l'affirmative. Quoi qu'en ait pensé saint Augustin, il est certain, dit-il, que les Esprits bienheureux, après l'accomplissement du mystère de l'Incarnation, en ont eu une connaissance plus parfaite qu'auparavant ; en connaissant mieux ce mystère, ils ont mieux connu la Divinité. On a donc raison de dire que leur science et leur félicité se sont accrues avec le progrès des temps, et qu'elles pourront grandir jusqu'à la fin du monde (3).

La douzième distinction et celles qui suivent, jusqu'à la quinzième, ont pour objet la création du monde et principalement l'œuvre des six jours.

Nous ne nous arrêterons pas à analyser le commentaire que donne P. Lombard du récit de la Genèse. Les explications qu'il présente sont empruntées aux anciens Pères, parmi lesquels on voit surtout figurer saint Ambroise, saint Augustin, saint Grégoire, saint Jérôme, le vénérable Bède et saint Jean Chrysostôme. A côté d'aperçus élevés et profonds, l'on rencontre dans cette partie du

(1) Dist. VIII. — (2) Dist. X. — (3) Dist. XI.

Livre des Sentences quelques théories que le progrès des
sciences naturelles a depuis lors définitivement condam-
nées. Nous citerons notamment la théorie des quatre éléments, et celle du firmament considéré comme une immense voûte solide à laquelle sont attachés les astres. On
n'est pas en droit d'exiger de notre auteur plus de lumières que n'en possédait son temps (1). Du reste il y a place
dans le texte biblique pour bien des hypothèses, et le
Maître fait observer lui-même avec raison, en parlant de la
figure du ciel, que le Saint-Esprit n'a rien voulu préciser
que ce qui importe à notre salut (2).

Depuis la seizième distinction jusqu'à la fin du second
Livre, P. Lombard s'occupe de la création de l'homme.
Commentant ces paroles de Dieu dans l'Écriture : Faisons
l'homme à notre image et à notre ressemblance, il fait remarquer que le mot *faisons* indique l'opération des trois
personnes, tandis que l'emploi au singulier des deux mots
*image* et *ressemblance* implique dans la Trinité l'unité et
l'égalité de substance. L'homme, dit-il, n'ayant été fait
qu'à l'image de Dieu, ne lui est point égal, il lui est seulement semblable sous certains rapports, *secundum quid,*
c'est-à-dire par son âme qui est raisonnable, indissoluble
et immortelle (3).

L'âme n'est pas une émanation, ni une partie de la substance de Dieu, comme l'ont pensé certains hérétiques se
fondant sur le passage de la Genèse, où il est dit que Dieu
*souffla* sur le visage d'Adam un souffle de vie ; car s'il en
était ainsi, elle serait incapable de pécher et de souffrir.
Ce souffle qui anima le corps de l'homme, dit Pierre
Lombard, fut produit par Dieu, et non de Dieu ni de la
matière, mais du néant (4). Relativement à la formation de
la femme, le Maître des Sentences nous dit que Dieu ne l'a
créée qu'après Adam, et de la substance même de ce dernier, afin que le genre humain descendît d'un seul prin-

---

(1) Il est des hommes qui relevant dans l'Écriture des inexactitudes scientifiques, en concluent brutalement que les dogmes qu'elle contient sont des absur-
dités. Mais le plus humble élève en théologie est en état de résoudre ces difficultés ;
il sait que la révélation n'est pas un cours de physique, d'astronomie ou de géologie ; que les écrivains sacrés, quand l'occasion s'en présentait, parlaient de ces
choses en se conformant aux idées et au langage qui avaient cours à leur époque.
Quant à Pierre Lombard, il est tout naturel qu'il ait accepté les théories universellement reçues de son temps, et nous ne devons pas rire de lui, sous prétexte
qu'il a eu le malheur de n'en pas savoir plus que son siècle et qu'il n'a pas eu la
science du dix-neuvième.

(2) Dist. XIV.

(3) Dist. XVI.

(4) Dist. XVII. « Flatus factus est a Deo, non de Deo, nec de aliquâ materiâ, sed
de nihilo. »

cipe, et qu'ainsi tous les hommes se sachant issus du même Père n'eussent entre eux qu'un cœur et qu'une âme. Dieu, dit-il, la forma non point de la tête de l'homme, car elle ne devait pas être sa dominatrice, ni de ses pieds, car elle ne devait pas être son esclave, mais il la forma de son côté et de la région de son cœur, car elle doit être sa compagne et son amie. Il réfute enfin ceux qui prétendent comme Origène que les âmes ont toutes été créées au commencement du monde, et ceux qui enseignent, à l'exemple des Luciferiens, que l'âme se communique des parents aux enfants par la génération et de la même manière que le corps lui-même (1).

L'homme, avant de pécher, était sujet à la mort par la condition de sa nature ; mais un bienfait particulier du Créateur l'avait rendu immortel. Cette immortalité a été perdue par le péché. Si nos premiers parents fussent demeurés dans l'état d'innocence, la propagation de la race humaine se serait faite comme elle se fait maintenant, avec cette différence que l'on n'aurait connu ni les désordres de la volupté ni les labeurs de l'enfantement (2). Mais le démon voyant que l'homme par le mérite de l'obéissance pouvait s'élever jusqu'au rang dont il était lui-même tombé par son orgueil, fut jaloux de ce bonheur ; il se présenta donc à la femme sous la forme d'un serpent, la séduisit elle et son mari, en leur faisant croire que le fruit défendu les rendrait semblables à des dieux. Ils mangèrent du fruit, et un terrible châtiment suivit aussitôt cette désobéissance criminelle. P. Lombard fait observer toutefois que la femme fut plus coupable que l'homme ; puis il se demande pourquoi Dieu, sachant que l'homme tomberait, permit qu'il fût tenté. L'homme, répond-il, pouvait avec l'aide de Dieu ne pas consentir à la tentation, et Dieu lui a donné le pouvoir de pécher, parce que la résistance au démon eût été plus glorieuse pour Adam que l'impuissance de mal faire. D'autres s'étonnent que Dieu ait créé des êtres qu'il savait devoir être mauvais. La volonté mauvaise, dit notre auteur, est le fait des hommes, et Dieu après leur avoir donné une bonne nature, les a justement punis de n'être pas restés ce qu'ils étaient d'abord. Sans doute, si Dieu l'avait voulu, ils seraient demeurés bons ; mais il a préféré les créer libres, se réservant de récompenser les bons et de châtier les méchants (3).

L'homme avant la chute avait reçu de Dieu la connais-

(1) Dist. XVII. — (2) Dist. XIX et XX. — (3) Dist. XXIII, 1.

sance de la vérité et la faculté de distinguer entre le bien et le mal. Il connaissait son Créateur, il se connaissait aussi lui-même. Il avait la science des choses créées, la preuve nous en est fournie par les noms qu'il donna à tous les animaux. Se connaissant lui-même; il savait ce qu'il devait faire ou éviter ; autrement, il n'aurait pas été responsable de la faute dans laquelle il tomba (1).

Adam fut créé avec un libre arbitre exempt de toute mauvaise inclination, avec une volonté droite, et une âme douée de toutes les perfections de sa nature. Par la seule force de sa liberté, il pouvait persévérer dans son état primitif, mais il avait besoin d'une autre grâce pour mériter la vie éternelle. Le Maître des Sentences définit le libre arbitre une faculté de la raison et de la volonté, par laquelle on choisit le bien, moyennant le secours de la grâce, ou le mal, si cette même grâce nous abandonne. Mais cette définition, ajoute l'auteur, ne convient pas à Dieu, ni aux saints glorifiés, lesquels pour être incapables de pécher, n'en ont le libre arbitre que plus parfait. Le libre arbitre de Dieu, c'est sa volonté très-sage et toute-puissante qui fait sans nécessité et librement tout ce qui lui plaît. Celui des anges et des saints ne peut plus se porter vers le mal, parce qu'ils sont confirmés dans la béatitude et dans la grâce. L'homme depuis le péché a aussi conservé le sien, mais pour qu'il veuille le bien, il lui faut la grâce du Rédempteur (2).

Pierre Lombard s'occupe ensuite, d'après les principes de saint Augustin, de la grâce opérante et coopérante, de la grâce persévérante et subséquente. La grâce opérante prévient la bonne volonté, et nous dispose à vouloir efficacement le bien. La grâce coopérante suit la volonté déjà bien disposée, afin que son vouloir ne soit pas inutile, et l'aide à accomplir le bien. Mais comment la grâce prévient-elle la volonté ? En lui inspirant une foi accompagnée d'amour. Certains scholastiques discutaient alors la question de savoir si la grâce opérante et la grâce coopérante sont deux grâces réellement différentes. P. Lombard pense qu'elles ne sont qu'une même grâce et que toute la distinction consiste simplement dans les effets. Quant au mérite des bonnes œuvres que Dieu récompense, il dit que nos actes de vertu ne sont point de nous, mais qu'ils sont formés en nous par la grâce, ce qui a fait dire à saint Augustin écrivant au prêtre Sixte : « Lorsque Dieu cou-

(1) Dist. XXIII, 2, 3, 4, 5, 6. — (2) Dist. XXV.

ronne nos mérites, il ne couronne rien autre chose que ses dons. » Cependant, dit-il, nos mérites, tout en provenant de la grâce, n'en proviennent pas sans le libre arbitre. Il réfute enfin, en se servant des mêmes arguments que saint Augustin et saint Jérôme, la triple hérésie de Jovien, de Manès et de Pélage (1).

La question du péché originel est une de celles que le Maître des Sentences traite avec le plus d'étendue et de soin. Dans les quatre distinctions consacrées à l'étude de ce point de doctrine, il prouve d'abord par divers passages des saintes Ecritures, notamment de l'Epître aux Romains, le fait de la transmission du péché d'Adam à toute sa postérité ; il se transmet, dit-il, par la loi de la propagation, c'est-à-dire selon la chair, en sorte que si l'âme des enfants qui viennent au monde est coupable, ce n'est que par son union à un corps vicié par le foyer de la concupiscence (2). Examinant ensuite la nature de ce péché héréditaire, il montre, d'après saint Augustin, qu'il est la concupiscence elle-même, appelée par l'Apôtre la loi du péché. Cette concupiscence est imputée à péché à tous ceux qui ne sont pas baptisés, et elle les place dans un état de culpabilité aux yeux de Dieu. Par le baptême, toute culpabilité disparaît, et le lien du péché (reatûs vinculum) à l'aide duquel le démon retenait l'âme séparée de son Créateur, est rompu. Toutefois, la concupiscence n'est pas complètement détruite en nous par ce sacrement ; elle demeure, tant que nous sommes sur la terre (manet in certamine) ; seulement elle n'est plus alors un péché (non imputatur in peccatum), mais simplement la peine du péché (sed tantùm pœna peccati est) ; et d'ailleurs, la grâce du baptême l'affaiblit au point qu'elle ne peut plus régner en souveraine dans les âmes de bonne volonté (3).

Après avoir parlé du péché originel, l'auteur s'occupe du péché actuel. Il le définit, toute parole, toute action, tout désir contraires à la loi de Dieu. Les actions de l'homme sont bonnes ou mauvaises suivant l'intention de celui qui les fait. C'est une bonne action de nourrir les pauvres, si on le fait par un motif de compassion et de miséricorde ; cette action devient mauvaise, si on la fait par vanité. Il y a cependant des choses qui sont mauvaises en elles-mêmes, et que l'intention ne peut rectifier : tels sont le mensonge et le blasphème. Tout acte, en ce qu'il a de positif, est bon (1). Le péché n'est que la privation ou la corruption du bien ; il est dès lors quelque chose d'essentiellement négatif, et ainsi tombe l'objection de ceux qui prétendent que Dieu étant l'auteur de tout ce qui existe, est par là même l'auteur du péché (2).

Discutant ensuite la question de savoir si toutes les actions faites sans la foi sont mauvaises, P. Lombard expose deux opinions professées, à ce sujet par les Pères et les théologiens. Il réfute la première qui est l'opinion affirmative, après avoir donné les preuves alléguées en sa faveur par saint Augustin, et il conclut ainsi : « Seules, dit-il, les œuvres de ceux dont l'intention est dirigée par la foi, sont dignes de la récompense éternelle ; mais ces sortes d'actions ne sont pas les seules bonnes. Si un juif, par exemple, ou un hérétique, guidé par un sentiment naturel d'humanité, soulage le prochain dans sa détresse, il fait une œuvre qui, sans être inspirée par la foi, est bonne cependant et digne de louanges, considérée en elle-même (3). » Il enseigne que la volonté de faire le mal et l'action mauvaise ne sont pas deux péchés différents, mais le péché est plus grand lorsque l'acte est joint à la volonté. Puis il parle des sept péchés capitaux, et montre que tous les maux d'ici-bas ont leur racine dans la cupidité et dans l'orgueil (4).

La 42e distinction traite du péché contre le Saint-Esprit. L'auteur rapporte ce qu'en ont dit saint Augustin et saint Ambroise, et il pense que ceux-là en sont coupables qui persuadés que leur malice est plus grande que la bonté de Dieu, refusent de faire pénitence de leurs péchés.

Dans la 43e et dernière distinction, il prouve par l'autorité de l'Ecriture et des Pères que le pouvoir de faire le mal comme le pouvoir de faire le bien nous vient de Dieu, mais que la volonté de faire le mal vient de l'homme seul. Il se fait en terminant cette objection : Le pouvoir de nuire aux hommes a été donné au démon par Dieu lui-même ; or on lit dans l'épître aux Romains que celui qui résiste aux puissances établies de Dieu, résiste à l'ordre de Dieu ; donc il ne faut pas résister au démon. Il répond qu'il ne faut pas résister aux puissances établies de Dieu dans les choses où Dieu veut qu'on leur obéisse, mais que la résistance devient une obligation et un devoir dès que

(1) « Omne quod est, in quantum est, bonum est. » Dist. XXXVI-XXXVII. — (2) Dist. XXXV. — (3) Dist. XLI. — (4) Dist. XLII.

ce qui nous est commandé est contraire à la loi de Dieu.

*Livre troisième.* — Les mystères de l'Incarnation et de la Rédemption, les trois vertus théologales, les quatre vertus cardinales, les dix commandements de la Loi, les caractères distinctifs des deux alliances, tels sont les objets qui fournissent la matière du troisième livre des Sentences, composé de 40 distinctions.

Le mystère de l'Incarnation est traité avec de grands développements. Pierre Lombard montre d'abord qu'il devait s'accomplir plutôt dans la personne du Fils que dans celles du Père et du Saint-Esprit, parce que Dieu ayant créé toutes choses par sa Sagesse devait encore par sa Sagesse réparer notre innocence perdue ; néanmoins, dit-il, le Père et le Saint-Esprit auraient pu, et ils peuvent encore s'incarner (1).

Le péché avait corrompu la nature humaine toute entière, et l'âme et le corps ; le Fils de Dieu s'est uni à l'un et à l'autre pour les guérir et les sanctifier. Cette union s'est opérée au moment où l'âme de Jésus-Christ a été unie à son corps conçu dans le sein de la Vierge (2). La chair du Verbe a toujours été exempte de la corruption du péché, et la Vierge en a été elle-même préservée par une grâce insigne de Dieu (3). Quand on dit que Jésus-Christ est né du Saint-Esprit, il n'en faut pas conclure que les deux autres Personnes n'aient point concouru au mystère de l'Incarnation ; mais comme le Saint-Esprit est charité, on veut dire par là que c'est par une ineffable charité que le Verbe s'est fait chair. Que si l'on demande pourquoi saint Paul dit que Jésus-Christ a été formé d'une femme (4), au lieu de dire qu'il en est né, la réponse est que Jésus-Christ n'est pas né suivant les voies ordinaires, mais par l'opération et la vertu du Saint-Esprit (5). C'est pour le même motif que Jésus-Christ, bien qu'il soit né de l'Esprit-Saint, n'est en aucune manière son fils ; l'incarnation du Christ, dit en effet saint Ambroise, s'est faite dans le sein de la Vierge Marie, non point de la substance du Saint-Esprit, mais par sa puissance et son opération (6). Il est donc l'auteur du mystère de l'Incarnation, sans être pour cela le père du Verbe incarné.

(1) Dist. I. — (2) Dist. II. — (3) Dist. III. — (4) Epist. ad Galat., IV, 4. — (5) Dist. IV, 4. — (6) Dist. IV, 2, 3.

Ce n'est pas à la personne, mais à la nature humaine que le Verbe s'est uni ; telle est la doctrine des Pères et des conciles. En effet, la conception de l'humanité n'ayant pas précédé d'un seul instant son union avec le Verbe, la personne humaine n'a jamais existé ; l'on ne peut donc pas dire que le Fils de Dieu se soit uni à elle. Pierre Lombard fait connaître la doctrine de saint Augustin sur l'unité de personne et la dualité de nature en Jésus-Christ. Viennent alors plusieurs remarques sur la manière de parler correctement de Notre-Seigneur. Il approuve qu'on dise : Dieu est fait homme, l'homme est fait Dieu, mais il n'admet pas qu'on appelle le Christ *Homo Dominicus*, parce qu'en qualité de médiateur entre Dieu et les hommes, il est véritablement Seigneur (1). Il ne croit pas qu'il soit permis de dire que la nature divine du Verbe est née de la Vierge, mais on doit dire que celle-ci a donné naissance à la personne divine de Jésus-Christ. L'on peut dire aussi que le Fils de Dieu est né deux fois, et dans l'éternité et dans le temps. Comme né du Père, il est le Verbe de Dieu ; comme né de la Vierge, il est Homme (2).

Quelques théologiens prétendaient qu'on ne doit pas rendre à l'humanité de Jésus-Christ le culte de latrie que l'on rend à sa divinité et qui n'est dû qu'au Créateur, mais seulement un culte de dulie. Cette doctrine que Geoffroi d'Auxerre dans une lettre à Henri, cardinal évêque d'Albano (3), attribue à Gilbert de la Porrée, avait du temps de P. Lombard beaucoup de partisans. D'autres voulaient qu'on ne rendît qu'une seule et même adoration aux deux natures, et que le culte de latrie s'adressât à l'humanité, non pas à cause d'elle-même, mais à cause de la divinité à laquelle elle est unie. Le Maître des Sentences explique d'après saint Jean Damascène et saint Augustin, les raisons qui militent en faveur du second sentiment, vers lequel il incline, laissant toutefois au lecteur le soin de trancher la question.

L'on discutait alors très vivement dans les écoles pour savoir si Jésus-Christ en tant qu'homme est une personne ou même s'il est quelque chose. Les arguments pour et contre se balancent, dit P. Lombard. Puis il expose l'argumentation d'ailleurs très subtile par laquelle on veut prouver que le Christ en tant qu'homme est une personne. Si en tant qu'homme il est quelque chose, il est ou une personne ou une substance raisonnable. S'il

(1) Dist. V, VI, VII. — (2) Dist. VIII. — (3) V. cette lettre dans les *Annales* de Baronius. Ann. 1148, n. **xx**.

est une substance raisonnable, il est en même temps une personne. En effet la personne se définit la substance raisonnable d'une nature individuelle. Donc si l'on accorde que Jésus-Christ est quelque chose, comme homme, on est forcé de conclure qu'en cette qualité il est une personne. Mais, observe notre auteur, cette conclusion entraîne des inconvénients graves. Car si comme homme Jésus-Christ est une personne, il forme ainsi une quatrième personne dans la Trinité, et par conséquent il est Dieu par son humanité. C'est pour échapper à cette conséquence, ajoute P. Lombard, que certains théologiens soutiennent que J.-C. en tant qu'homme n'est ni une personne, ni quelque chose. Mais, dit-il, de ce que Jésus-Christ comme homme soit une substance raisonnable, il ne s'ensuit pas qu'il soit une personne; en effet son âme est une substance raisonnable, et cependant elle n'est pas une personne, car elle n'est pas *per se sonans,* mais unie à une autre substance dont on ne peut pas la séparer; or le même raisonnement peut s'appliquer à l'humanité du Verbe. Revenant alors au sentiment qui voit une personne en Jésus-Christ considéré comme homme, l'auteur cite pour l'appuyer un argument tiré de ce que Jésus-Christ en tant qu'homme a été prédestiné pour être Fils de Dieu. Mais il combat aussitôt cette preuve, en disant que ce n'est point à raison de son humanité qu'il est Fils de Dieu. *Non enim quò homo est, eò Dei Filius est* (1). C'est ainsi qu'il termine cette discussion, sans se prononcer d'une manière claire et catégorique.

Quoi qu'il en soit de cette question : Jésus-Christ, considéré comme homme, est-il ou n'est-il pas quelque chose? il est certain qu'en cette qualité il n'est pas une personne; il ne peut donc, sous ce même rapport, être appelé Fils adoptif de Dieu, car il est Fils de Dieu par nature. Si l'on dit de la personne du Fils qui est éternelle, qu'elle a été prédestinée, cela doit s'entendre de son union à l'humanité; on peut dire également que la nature humaine, elle aussi, a été prédestinée pour être unie au Verbe divin (2). Jésus-Christ, quoi qu'en ait dit le perfide Arius, ne peut être appelé créature que selon son humanité, et l'on ne doit pas dire que comme homme il a toujours été, car ce n'est que comme Verbe de Dieu qu'il est éternel (3). Il pouvait prendre une autre chair et une autre âme que celles qu'il a choisies; il pou-

(1) Dist. X, 3. — (2) Dist. X. — (3) Dist. XI.

vait même se créer pour lui une autre nature, qui n'eût
rien de commun avec celle d'Adam ; mais il a mieux
aimé, comme le dit saint Augustin, prendre son humanité dans la race qui avait été vaincue, afin de vaincre
par cette humanité même l'ennemi de l'homme (1).

Le Maître des Sentences traite ensuite de la puissance
de Jésus-Christ comme homme. Il fut, dit-il, dès sa conception, rempli de la plénitude de la grâce. Le passage de
l'Évangile où il est dit qu'il croissait en sagesse, en âge
et en grâce devant Dieu et devant les hommes (2), doit
s'interpréter des marques extérieures que Jésus-Christ
donnait de la sagesse et de la grâce qu'il possédait en
lui. Il faut distinguer dans le Christ, la sagesse qu'il avait
comme Dieu, et celle qu'il avait comme homme. La première, qui n'est autre que le Verbe lui-même, est infinie
et égale à celle du Père ; la seconde lui a été donnée dès
sa conception et n'est pas égale à celle de Dieu (3).

La 14e distinction roule sur la science de Jésus-Christ.
Hugues de St-Victor prétendait que la science humaine
était égale dans la personne de l'Homme-Dieu, à la
science divine. D'autres théologiens soutenaient que
l'âme du Christ ignorait quelque chose. Pierre Lombard
prend le juste milieu entre ces deux opinions. Par la
sagesse qu'elle a reçue de son union avec le Verbe, l'âme
de Jésus-Christ, dit-il, sait tout ce que Dieu sait, mais
elle le sait moins clairement et le comprend moins parfaitement que Dieu lui-même, d'où cette parole de saint
Paul : Nul ne connaît ce qui est en Dieu, que l'Esprit de
Dieu (4). On objectait que si l'humanité de Jésus-Christ
sait tout, il s'ensuit qu'elle peut tout. Le Maître nie la
conséquence, par cette raison que la toute-puissance est
un attribut incommunicable de la Divinité, tandis que la
connaissance de toutes choses peut être accordée à la
créature, et l'a été effectivement à l'âme de Jésus-Christ,
suivant le témoignage de l'Écriture (5).

Comme homme, Jésus-Christ a pris les faiblesses et
les infirmités de notre nature ; il faut toutefois en excepter
celles qui répugnant à son adorable sainteté auraient été
un déshonneur pour sa personne divine. Les ténèbres de
l'ignorance, l'inclination au mal, la difficulté pour le bien,
tout ce qui, en un mot, porte l'empreinte du péché, tout
cela a été écarté de la très pure nature du Christ. Mais

(1) Dist. XII. — (2) S. Luc. II. — (3) Dist. XIII. — (4) 1 Cor. III, 11. —
(5) Dist. XIV. Cfr. Epître de saint Paul aux Colossiens, ch. II, 3 et 9.

toutes les faiblesses qui assujettissent notre âme à la
tristesse, à la souffrance ou à la crainte, toutes les forces
passives qui rendent notre corps sensible aux coups de
la douleur et de la mort, il les a généreusement prises et
acceptées (1). Pierre Lombard réfute l'erreur de ceux qui
prétendent que Jésus-Christ n'a ressenti aucune douleur et
il prouve par l'Ecriture et par l'autorité de saint Augustin, de saint Ambroise et de saint Jérôme que l'Homme-
Dieu a réellement souffert dans son âme aussi bien que
dans son corps (2). Il y a cependant entre lui et nous cette
différence, qu'il a souffert parce qu'il l'a voulu, tandis
que pour nous la douleur est un esclavage que nous
subissons malgré nous-mêmes. Jésus-Christ a adopté
nos misères par un libre dessein de sa miséricorde, mais
il ne les a point subies par nécessité. Tout a été voulu
dans ses souffrances, et il s'y est lui-même librement
abandonné (3).

L'auteur parle ensuite de la volonté dans le Christ. Il y
a en lui, dit-il, deux volontés comme il y a deux natures,
la volonté divine et la volonté humaine. Dans cette dernière, on peut encore distinguer la volonté des sens et
celle de la raison. Par la première, Jésus-Christ redou-
tait la mort, comme le prouvent ces paroles de l'Evangile : *Que ce calice s'éloigne de moi, que votre volonté,
ô mon Père, s'accomplisse et non la mienne.* Par la
volonté de sa raison, le Sauveur a toujours voulu ce qu'a
voulu Dieu son Père, c'est-à-dire souffrir et mourir
pour le genre humain (4).

Une question assez vivement débattue entre les théologiens était de savoir si Jésus-Christ avait mérité pour
lui-même en même temps que pour nous, et en quoi consistait ce mérite. Pierre Lombard enseigne qu'il nous a
mérité la délivrance de la servitude du démon et du
péché, et l'entrée au ciel. Pour lui-même il a mérité la
gloire de l'impassibilité et de l'immortalité, son exalta-
tion, et un nom qui est au-dessus de tous les noms (5).
Ses vertus lui suffisaient pour mériter; s'il a voulu souffrir et mourir, c'est afin de nous servir d'exemple et
d'expier en détail tous les péchés des hommes (6). Il est
mort, afin que voyant Dieu faire pour nous de si grandes
choses, nous éprouvions pour lui dans nos cœurs un

(1) Dist. XV, 1. — (2) Dist. XV, 4. — (3) Dist. XVI. — (4) Dist. XVII. —
(5) Ep. de saint Paul aux Philippiens, ch. ii, 8, 9, 10, 11. — (6) Dist. XVIII.

plus grand amour (1). Il partage avec le Père et le Saint-Esprit le titre de Rédempteur, car c'est par la puissance de la divinité qui lui est commune avec les deux autres personnes, qu'il a opéré notre justification ; mais le titre de Médiateur lui appartient à lui seul, parce que seul il tient le milieu entre l'homme et Dieu, touchant au premier par sa nature humaine et à Dieu par sa nature divine (2). Dieu aurait pu nous sauver autrement que par l'Incarnation et la mort de Jésus-Christ; mais ce moyen lui a paru le plus convenable pour guérir notre misère. Car, dit P. Lombard, quoi de plus propre à relever nos âmes et à nous remplir d'espérances immortelles, que la vue de ce Dieu qui nous estime et nous aime jusqu'à quitter le séjour de son immuable félicité pour venir partager notre sort et mettre fin par sa mort à nos malheurs (3). La Passion du Christ peut être appelée tout à la fois l'ouvrage de Dieu et des Juifs : de Dieu, parce qu'il l'a voulue et qu'il en a été ainsi le véritable auteur; des Juifs parce qu'ils ont fait souffrir et mourir le Rédempteur (4).

Notre auteur pense avec les meilleurs théologiens que le Verbe est demeuré uni au corps comme à l'âme de Jésus-Christ, après sa mort. Il enseigne également que pendant les trois jours de sa sépulture, le Christ fut toujours homme, par suite de l'union permanente du Verbe avec le corps et l'âme séparés l'un de l'autre.

J.-C. ayant possédé la plénitude des vertus et des grâces, a-t-il eu la Foi, l'Espérance et la Charité? C'est à l'occasion de cette question, et pour la traiter plus à fond que l'auteur, dans les dix distinctions qui suivent, s'occupe des trois vertus théologales. Il définit la foi une vertu par laquelle nous croyons tout ce qui dans le domaine de la religion ne tombe pas sous nos sens. Il y a, dit-il, plusieurs manières de croire par rapport à Dieu. *Credere Deo,* c'est croire à la vérité de sa parole; *credere Deum,* c'est croire qu'il existe véritablement; *credere in Deum,* c'est croire à Dieu en l'aimant, c'est tendre vers lui et s'attacher à lui en croyant. Cette dernière sorte de foi est la seule qui nous justifie, parce qu'elle est accompagnée de la charité. Les deux premières constituent ce qu'on appelle la foi *informe,* c'est-à-dire dépourvue de charité; cette foi est commune aux mauvais chrétiens et aux

(1) Dist. XIX. — (2) Dist. XIX, 5 et 6. — (3) Dist. XX, 1. — (4) Dist. XX, 4.

démons, et bien qu'elle soit un don de Dieu, elle ne réunit pas en elle les conditions d'une vertu.

Dans la 25ᵉ distinction, P. Lombard, après avoir expliqué qu'il y a dans la foi des degrés divers et des progrès, établit dans quelle mesure elle a été dans tous les temps nécessaire au salut. Saint Paul dans l'Epître aux Hébreux dit que pour pouvoir s'approcher de Dieu, il faut croire qu'il existe et qu'il récompensera ceux qui espèrent en lui. Cela ne suffit pas, tout le monde le sait, sous la loi de grâce, car nous devons croire tout ce qui est contenu dans le symbole; mais cela suffisait-il avant la venue de J.-C.? Non, car sans la foi à un Médiateur, nul n'a jamais pu être sauvé. Cette doctrine est celle de saint Augustin, de saint Grégoire et de tous les Pères; elle ressort clairement de l'Epître à Timothée et du livre des Actes des Apôtres où il est dit qu'il n'y a pas sous le ciel d'autre nom que celui de J.-C. dans lequel nous puissions être sauvés (1).

L'espérance est une vertu par laquelle nous attendons avec confiance les biens spirituels et éternels.

J.-C. a eu la foi et l'espérance. Il a cru par exemple qu'il ressusciterait le troisième jour, il a espéré en Dieu; et cependant la foi et l'espérance du Christ ne peuvent pas être appelées des vertus, car il a eu des choses invisibles une connaissance très-claire et nullement énigmatique, et il n'a pas connu d'une manière plus parfaite les évènements accomplis, qu'il ne les avait connus, quand ils étaient encore à venir.

P. Lombard passe à la vertu de charité dont il étudie très-longuement les différents préceptes d'après les principes de saint Augustin. « J.-C., dit-il, a eu dans son cœur cette vertu, et il l'a manifestée dans ses œuvres, afin de nous l'enseigner par son propre exemple. » Il se demande en finissant si Dieu de toute éternité a aimé les réprouvés. « Il les a aimés, dit-il, en tant qu'ils devaient être son ouvrage, c'est-à-dire tels qu'il devait les créer; mais non en tant que réprouvés (2). »

La 33ᵉ distinction a pour objet l'étude des quatre vertus cardinales qui sont la justice, la force, la prudence et la tempérance. Le 34ᵉ et la 35ᵉ traitent des sept dons du St-Esprit. Ces dons, dit P. Lombard, ont été en J.-C., comme ils sont dans tous ceux qui possèdent la charité, mère et génératrice de toutes les autres vertus.

(1) Act. apost. IV, 12. Cfr. Ep. ad Tim. II, 5. — (2) Dist. XXXII, 5.

Le troisième livre des Sentences se termine par des considérations touchant les dix commandements de Dieu. L'auteur explique en finissant pourquoi le Décalogue, dans la deuxième Epître aux Corinthiens, est appelé la *lettre qui tue, littera occidens.* Ce n'est pas, dit-il, que la loi qu'il contient soit mauvaise en elle–même, mais en défendant le péché, cette loi multipliait les prévarications, parce qu'avant l'Evangile la grâce n'était pas donnée aux hommes en abondance. *Gratia deerat, et ideò littera occidens erat* (1).

*Livre quatrième.* — Le quatrième Livre des Sentences, composé de quarante distinctions, comprend tout ce qui concerne les sacrements de l'ancienne et de la nouvelle loi, le jugement dernier, la résurrection des morts, le bonheur des saints dans le ciel, et les peines de l'enfer.

Le sacrement est le signe d'une chose sacrée ou, en d'autres termes, la forme visible d'une grâce invisible. Dieu a institué les sacrements pour nous humilier, en nous obligeant à nous soumettre avec respect à des choses insensibles, pour nous instruire, en nous révélant par des effets extérieurs la vertu invisible opérée en nous par la grâce, enfin pour procurer à notre corps comme à notre âme des exercices éminemment utiles et salutaires.

Deux éléments constituent les sacrements, des paroles, par exemple l'invocation de la Sainte-Trinité, et des choses, telles que l'eau et l'huile. La Loi ancienne avait ses sacrements, mais ils n'étaient que des figures de ceux de la Loi nouvelle, et tandis que ceux–ci donnent la grâce, ceux-là ne faisaient que la figurer et la promettre. Pierre Lombard croit cependant que la circoncision avait la même efficacité que le baptème, et remettait, comme lui, le péché originel ; mais, dit-il, elle ne conférait aucune grâce. Avant l'institution de la circoncision, c'était la foi des parents qui justifiait les enfants ; quant aux adultes, ils obtenaient le salut par leur foi et leurs bonnes œuvres ou par la vertu des sacrifices (2).

Le Maître des Sentences, passant aux sacrements de de la Loi nouvelle, en compte sept, qui sont le Baptème, la Confirmation, la bénédiction du pain, c'est-à-dire l'Eucharistie, la Pénitence, l'Extrême-Onction, l'Ordre et le Mariage. Il se demande tout d'abord pourquoi ils n'ont pas été institués immédiatement après la chute de l'homme.

(1) Dist. XL, 2. — (2) Dist. I.

C'est que, dit-il, empruntant leur vertu salutaire à la
passion et à la mort du Christ, ils ne pouvaient pas être
donnés au monde avant sa venue ; or le Rédempteur n'a
pas voulu venir sur la terre avant que l'homme fût bien
convaincu de l'impuissance à laquelle il se trouvait réduit
sous l'empire de la loi naturelle et de la Loi écrite.

La deuxième et la troisième distinctions ont pour objet
le sacrement du Baptême. Le baptême de saint Jean ne
fit que préparer les hommes à celui de Jésus-Christ, et il
était sans efficacité pour le salut. Au contraire, le Baptême que le Sauveur a établi, remet les péchés originel
et actuels, et il produit en nous la grâce, pourvu qu'il
soit conféré avec les paroles de l'institution. Mais ne
suffit-il pas de baptiser au nom des trois Personnes divines ? P. Lombard cite en faveur de l'affirmative un passage de saint Ambroise, et il enseigne que si en donnant
le Baptême on croit pleinement le mystère de la Sainte-
Trinité, le sacrement administré au nom de Jésus-Christ
seul, est bon et valide, parce qu'en invoquant Jésus-Christ
l'on est censé nommer les trois personnes ; néanmoins,
dit-il, il est plus sûr de les nommer toutes les trois. Après
avoir exposé les différentes opinions des théologiens sur
l'époque de l'institution du Baptême, il paraît adopter celle
qui place cette institution avant la passion de Notre-Seigneur. « Bien qu'on ne lise nulle part comment les apôtres baptisaient, il est probable, dit-il, qu'avant la mort
de Jésus-Christ comme après, ils baptisaient au nom de
la Sainte-Trinité. »

A l'époque où enseignait P. Lombard, on ne baptisait
que par immersion, et l'usage de l'Eglise en France était
de répéter cette immersion trois fois, en l'honneur de la
Trinité. Notre auteur croit qu'il est permis de s'en tenir à
une seule, pourvu que la coutume de l'Eglise où l'on se
trouve ne s'y oppose pas.

Il y a plusieurs manières de recevoir le Baptême ; il y
en a qui le reçoivent avec la grâce, quelques-uns qui le
reçoivent sans la grâce, d'autres enfin qui reçoivent la
grâce sans le sacrement. Tous les enfants qui sont baptisés et purifiés ainsi du péché originel, reçoivent le Baptême et la grâce du Baptême ; ceux qui s'approchent de
ce sacrement n'ayant ni la foi ni la douleur de leurs péchés, le reçoivent sans la grâce ; ceux qui souffrent le
martyre pour Jésus-Christ, ou qui, désirant être baptisés,
en sont empêchés par quelque obstacle, reçoivent la grâce
sans le sacrement. D'après saint Jérôme et saint Ambroise, P. Lombard montre que les adultes qui reçoivent

avec foi et charité le Baptême, sont absous par sa vertu de tous leurs péchés, dispensés de toute satisfaction temporelle, et investis d'une grâce opérante et coopérante qui fait d'eux des hommes vraiment nouveaux. Il se demande, sans se prononcer, si Dieu accorde immédiatement aux enfants, dans le sacrement du Baptême, une grâce semblable, afin qu'ils en usent, lorsqu'ils auront atteint l'âge de raison, ou si, au contraire, cette grâce ne leur est donnée que quand ils sont parvenus à l'adolescence (1). Il prouve ensuite par plusieurs passages de saint Augustin que le Baptême conféré par un bon ou un mauvais ministre est également saint, parce que c'est toujours Jésus-Christ qui baptise; il en a confié l'administration à des créatures, mais il s'est réservé à lui seul le pouvoir de baptiser (2). Les ministres qu'il a établis sont les Prêtres seuls; les Diacres ne peuvent conférer ce sacrement sans l'Evêque ou sans le Prêtre, à moins que ceux-ci ne fassent défaut et qu'il y ait une nécessité pressante; mais dans ce cas, les fidèles laïques des deux sexes peuvent baptiser. Le Baptême administré par les hérétiques est valide, pourvu qu'ils aient conservé la forme donnée par Jésus-Christ, et la rebaptisation est inadmissible. Saint Cyprien paraît avoir enseigné le contraire et être ainsi tombé dans l'erreur. Mais saint Augustin a expliqué comment le grand évêque de Carthage avait de bonne foi embrassé cette opinion, et nous savons que s'il y a eu faute de sa part, la gloire de son martyre et la lumière de sa charité ont effacé cette tache et fait évanouir cette ombre (3).

L'enfant qui est encore dans le sein de sa mère ne peut être baptisé, parce que n'étant pas encore né en Adam, il ne peut être régénéré en Jésus-Christ. C'est par exception à cette dernière loi que Jérémie, saint Jean-Baptiste, et suivant quelques-uns, Jacob, ont été sanctifiés avant leur naissance.

L'auteur termine par quelques considérations sur les cérémonies du Baptême. Rien n'a changé depuis le XIIe siècle, si ce n'est qu'alors ce sacrement devait être conféré la veille de Pâques ou de la Pentecôte; il fallait qu'il y eût danger de mort, pour pouvoir baptiser à d'autres époques de l'année (4).

P. Lombard parle très brièvement de la Confirmation. Ce sacrement a pour effet de fortifier le chrétien, en lui donnant le Saint-Esprit avec la plénitude de ses grâces.

(1) Dist. IV. — (2) Dist. V. — (3) Dist. VI, 1. — (4) Dist. VI, 6.

L'évêque seul peut validement l'administrer. La forme consiste dans les paroles qu'il prononce au moment où il fait avec le saint-chrême l'onction sur le front du baptisé. Il en est de la Confirmation comme du Baptême et de l'Ordre ; elle ne doit point se réitérer.

Six distinctions sont consacrées à l'importante matière du sacrement de l'Eucharistie.

Le Baptême nous purifie, l'Eucharistie nous nourrit spirituellement, car elle nous donne Celui qui est la source, et l'origine de toute grâce. La manne que Dieu fit pleuvoir dans le désert pour alimenter les Israëlites, le pain et le vin offerts par Melchisédech furent des figures de l'Eucharistie. La forme de ce sacrement consiste dans les paroles par lesquelles Notre-Seigneur l'institua au jour de sa dernière cène : *ceci est mon corps, ceci est mon sang.* C'est donc au moment où le prêtre les prononce, que s'opère le changement du pain et du vin au corps et au sang de Jésus-Christ. La coutume générale de l'Eglise veut que l'on reçoive à jeun le sacrement de l'autel, par respect pour cette céleste nourriture qu'il faut, selon l'Apôtre, bien distinguer des aliments ordinaires.

Pierre Lombard, après avoir rappelé la définition générale du sacrement qni est, dit-il, la forme visible d'une grâce invisible, distingue un double élément dans l'Eucharistie, la figure et la chose. La figure, c'est-à-dire les apparences du pain et du vin, demeure après la consécration comme le signe visible d'une sainte et invisible réalité. Les espèces du pain et du vin représentent en effet avec une parfaite analogie les salutaires effets produits dans l'âme par la chair et le sang du Christ. Quant à la chose, elle est double dans ce sacrement : l'une y est contenue et signifiée tout à la fois, l'autre y est seulement signifiée et non contenue. La première est la chair de Jésus-Christ, celle-là même qu'il a empruntée à la Vierge Marie, et le sang qu'il a répandu pour nous. La chose non contenue mais siguifiée est l'unité de l'Eglise ou la société des fidèles, c'est-à-dire la chair mystique du Sauveur (1).

Il y a deux manières de manger le corps de Jésus-Christ, l'une sacramentelle, qui est commune à tous ceux qui le reçoivent, aux bons et aux méchants ; l'autre spirituelle, qui est particulière aux bons ; ceux-ci en effet, en recevant le corps du Christ, demeurent en lui, et il de-

(1) Dist. VIII.

meure en eux, tandis que les méchants ne le reçoivent que pour leur condamnation (1).

Dans la dixième distinction, le Maître des Sentences combat vigoureusement l'hérésie de Bérenger qui prétendait que le corps de Jésus-Christ n'était sur l'autel qu'en figure. Il prouve qu'il y est réellement présent, et démontre que le pain et le vin sont véritablement changés au corps et au sang de Notre-Seigneur. Il cite, touchant ce point de la doctrine catholique, les témoignages de saint Ambroise, de saint Augustin et d'Eusèbe d'Émèse, et il conclut ainsi : « Il est certain que le vrai corps et le vrai sang du Rédempteur sont dans le sacrement de l'autel, que le Christ y est tout entier sous chacune des deux espèces, et que la substance du pain est convertie en son corps comme celle du vin en son sang (2). »

Pour approfondir davantage cette question de la présence réelle, Pierre Lombard examine quelle est la nature de la conversion du pain et du vin. Cette conversion, dit-il, n'est pas formelle, car les espèces demeurent, ainsi que la saveur et le poids; mais elle est substantielle, c'est-à-dire qu'après la consécration il ne reste plus sur l'autel ni la substance du pain ni celle du vin, mais uniquement la substance du corps et du sang de Jésus-Christ. Et le corps auquel le pain et le vin sont changés, est le même qui a été conçu et formé dans le sein de la Vierge Marie, qui est ressuscité et monté aux cieux. L'auteur explique d'après saint Ambroise pourquoi l'on communie sous les deux espèces, et montre en même temps que Jésus-Christ étant tout entier sous l'une et l'autre, on ne le reçoit pas plus sous les deux que sous une seule (3).

Les accidents, c'est-à-dire les apparences, la saveur et le poids demeurent dans l'Eucharistie, sans sujet, parce qu'il n'y reste plus d'autre substance que celle du corps de Jésus-Christ. Ce sont les accidents et non la chair et le sang du Sauveur, qui sont rompus, divisés et partagés. On appelle sacrifice l'offrande et la consécration qui sont faites par le prêtre sur l'autel, parce qu'elles nous rappellent le souvenir et qu'elles sont la représentation du vrai sacrifice et de l'immolation sainte faite par le Christ sur la croix. Ce sacrifice a pour effet de remettre les péchés véniels, de perfectionner nos vertus et de guérir nos infirmités. On le renouvelle chaque jour, parce que chaque

(1) Dist. IX. — (2) Dist. X, 4. — (3) Dist. XI.

jour de nouvelles fautes nous rendent nécessaire ce remède divin (1).

En ce qui concerne la communion fréquente, Pierre Lombard est de l'avis de saint Augustin qui n'ose ni louer ni blâmer la réception quotidienne de la sainte Eucharistie. Il engage à communier tous les dimanches, à moins que le cœur n'ait de l'affection au péché et que la conscience ne soit chargée de fautes mortelles. En tout cas, il est bon, selon lui, de communier au moins trois fois chaque année, à Pâques, à la Pentecôte et à Noël, à moins que l'on ait de grands crimes à se reprocher (2). Remarquons que tout ce qui est dit sur ce sujet dans le *Livre des Sentences*, ne l'est que sous forme de conseil et d'exhortation ; à l'époque en effet où ce livre a été écrit, l'Eglise n'avait pas encore imposé aux fidèles le précepte de la communion annuelle, laquelle, comme on le sait, ne devint obligatoire qu'à partir du concile de Latran, tenu en 1215.

La consécration étant l'effet de la parole du Créateur et non du mérite de celui qui consacre, il résulte que les mauvais prêtres peuvent consacrer le sacrement de l'Eucharistie. Notre auteur jusqu'ici est dans le vrai, mais il tombe ensuite dans une grave erreur, quand il dit que ce pouvoir de consacrer n'appartient pas aux prêtres hérétiques ou schismatiques qui ont été retranchés de la communion de l'Eglise (3).

Les distinctions comprises entre la 14° et la 22° traitent de la Pénitence.

P. Lombard en distingue deux sortes, l'une extérieure, l'autre intérieure ; la première n'est autre que le sacrement de Pénitence, la seconde est une vertu de l'âme par laquelle nous pleurons et nous détestons nos péchés, avec la résolution de nous en corriger. La première, d'après une coutume particulière de l'Eglise, était quelquefois solennelle, c'est-à-dire que le pénitent la faisait publiquement, ceint d'un cilice et couvert de cendres. Cette forme de pénitence ne s'imposait que pour des crimes très graves, on ne la réitérait pas de peur qu'elle ne tombât dans le mépris ; enfin elle n'existait que dans un certain nombre d'églises. Toute autre est la pénitence proprement dite ; en usage partout dans l'Eglise catholique, elle s'impose secrètement et elle se réitère suivant les besoins des pécheurs. Le Maître des Sentences en démontre la néces-

(1) Dist. XII, 8. — (2) Dist. XII, 8. — (3) Dist. XIII.

sité, et il explique comment elle ne peut être sérieuse et véritable si elle n'embrasse tous les péchés sans exception. Il distingue en elle trois parties distinctes, la contrition, la confession et la satisfaction. Mais ces trois actes sont-ils également essentiels au sacrement? Deux opinions divisaient alors les théologiens sur cette question. Les uns pensaient que sans la confession orale et sans la satisfaction, nul ne pouvait être purifié de ses péchés. Les autres prétendaient qu'avant de se confesser, le pécheur obtenait de Dieu son pardon par la contrition du cœur, pourvu qu'il se proposât de faire ensuite l'aveu de ses fautes. Notre auteur adopte ce dernier sentiment, et il enseigne que le pénitent qui n'a pas le loisir de se confesser de vive voix, reçoit néanmoins de Dieu la rémission de ses péchés, s'il est vraiment contrit, parce que, dit-il, il y a alors confession de cœur, ce qui suffit pour purifier l'âme et pour effacer la dette de la peine éternelle. Mais, objecte-t-on, si les péchés d'un pénitent ont été remis par la contrition, qu'est-ce que le prêtre lui remet au tribunal de la pénitence? Quelques-uns, répond P. Lombard, pensent que le pécheur étant enchaîné par un double lien, à savoir, par la souillure de l'âme et par la dette de la peine éternelle, Dieu le dégage du premier, et le prêtre du second. Mais, ajoute-t-il, d'autres pensent que Dieu seul remet la peine éternelle comme seul il purifie l'âme intérieurement. Et appuyant cette dernière opinion sur l'autorité de saint Augustin, de saint Jérôme et de Cassiodore, il conclut ainsi : Ces témoignages établissent que Dieu absout lui-même le pénitent, en lui inspirant la contrition du cœur, car personne n'est vraiment contrit, sans avoir la charité ; or celui qui a la charité, mérite la vie éternelle. Il ne s'ensuit pas que nous refusions aux prêtres le pouvoir de lier et de délier, de remettre et de retenir les péchés ; car ils lient en imposant la satisfaction pénitentielle, et ils délient en admettant les pénitents purifiés à la participation des sacrements (1).

On voit par ce qui précède, que Pierre Lombard n'admettait dans le sacrement de Pénitence qu'une seule espèce de contrition, c'est-à-dire la contrition parfaite à laquelle il attribuait la vertu de justifier le pécheur pourvu qu'elle fût accompagnée chez celui-ci de l'intention de se soumettre au pouvoir des clefs, c'est-à-dire de recourir au sacrement. Cette contrition parfaite étant, dans l'opi-

(1) Dist. XVIII.

nion du Maître des Sentences, toujours nécessaire, il en concluait que seule elle est la véritable cause de la justification, et que l'absolution sacramentelle est simplement un acte juridique par lequel le prêtre déclare les péchés remis. Cette opinion, qui a eu d'ailleurs d'illustres et assez nombreux défenseurs, n'est pas formellement hérétique, mais elle est en opposition avec les principes du concile de Trente. Celui-ci en effet a condamné une proposition de Calvin déclarant que la sentence de l'absolution n'était pas un acte judiciel, mais simplement un ministère déclaratoire consistant à prononcer que les péchés sont remis. La théorie de Pierre Lombard n'est pas atteinte directement par cette condamnation, car pour lui l'absolution est un acte judiciel, et la Pénitence un véritable sacrement. Les prétendus réformateurs du xvie siècle niaient ces deux points et c'est pourquoi ils ont été anathématisés par les Pères de Trente. Le sentiment de notre auteur n'est donc pas précisément condamné, mais il est contraire, sinon à la foi, du moins à l'esprit du concile, et du reste, à partir de la fin du xvie siècle il a été universellement abandonné.

Le pouvoir des clefs est donné par le ministère de l'Evêque à celui qui est ordonné prêtre. Tous les prêtres, les mauvais comme les bons, exercent validement ce pouvoir; mais ceux-là seuls l'exercent dignement, qui suivent la vie et la doctrine des apôtres (1).

On peut faire pénitence jusqu'au dernier moment de la vie; c'est pourquoi, dit le pape saint Léon, il ne faut désespérer d'aucun homme, tant qu'il vit; mais les pénitences trop tardives sont suspectes et ne donnent guère de sécurité (2).

Les péchés véniels qui n'ont pas été effacés en cette vie par la prière, le jeûne, l'aumône, la douleur ou la confession (3), le sont dans l'autre par le feu du Purgatoire. Les âmes y séjournent plus ou moins longtemps, selon qu'elles ont été plus ou moins attachées aux biens de ce monde. Il est nécessaire de confesser tous les péchés mortels que l'on a commis, autant du moins que notre mémoire nous le permet. Quant aux péchés véniels, comme ils sont innombrables, il suffit de les confesser en général; il est mieux cependant de faire connaître en détail ceux que l'on a commis plus fréquemment. Aucun prêtre, dit le 2e concile de Carthage, ne doit réconcilier les excommuniés

(1) Dist. XIX. — (2) Dist. XX. — (3) Dist. XVI et XVII.

et les pécheurs publics, sans l'avis de l'Evêque, à moins que celui-ci ne soit absent et le pénitent à l'article de la mort (1). Saint Grégoire condamne le confesseur qui aura révélé les fautes de son pénitent, à être déposé et à mener jusqu'à la fin de ses jours une vie errante. Urbain II ne permet pas au curé d'une paroisse de juger les paroissiens d'un autre curé, sans que celui-ci y consente (2). Celui qui veut confesser ses péchés doit recourir à un prêtre sérieux et discret qui réunisse en sa personne, avec le pouvoir de lier et de délier, un bon jugement et une grande sagesse. Si l'on ne peut avoir de prêtre, et que l'on soit en danger de mort, il est bon, dit P. Lombard, de faire alors sa confession à un laïque, et à l'appui de cette assertion il invoque les témoignages de saint Augustin, du vénérable Bède, ainsi que ce texte de l'apôtre saint Jacques : « Confessez vos péchés l'un à l'autre, afin que vous soyez sauvés (3). »

Du sacrement de Pénitence, notre auteur passe à celui de l'Extrême-Onction. Il montre qu'il est d'institution apostolique et il y distingue le *sacrement*, c'est-à-dire l'onction extérieure, et ce qu'il appelle la *chose* du sacrement, c'est-à-dire l'onction intérieure qui opère la rémission des péchés et l'augmentation des vertus. Il termine en parlant des effets de ce sacrement qui a pour but d'obtenir aux malades la santé du corps et de l'âme (4).

La 24e et la 25e distinctions traitent du sacrement de l'Ordre. On ne doit le conférer qu'à ceux qui sont à même d'en remplir dignement les sublimes fonctions, et il vaut mieux que l'Evêque ait peu de ministres que d'en avoir beaucoup d'indignes. Pierre Lombard fait connaître les devoirs de chacun des sept degrés du ministère ecclésiastique, qui commence par l'office des portiers et que couronne l'ordre des prêtres. Parlant des sous-diacres, il dit qu'ils sont obligés au célibat. Il distingue dans l'épiscopat une hiérarchie qui se compose des patriarches, des archevêques, des métropolitains et des évêques. Il termine par un exposé de la controverse, si vivement agitée parmi les théologiens, sur les ordinations faites par les hérétiques. Cette question, selon lui, est très compliquée, et il y a des raisons très fortes pour et contre la validité de ces ordinations. Il expose successivement les diverses opinions avec leurs preuves respectives (5), et paraît se rallier au sentiment d'après lequel ceux qui ont été ordonnés dans

(1) Dist. XX. — (2) Dist. XXI. — (3) Dist. XVII, 5. Cfr. Ep. cath. de saint Jacques, ch. v, 16. — (4) Dist. XXIII. — (5) Dist. XXV.

l'Eglise conservent toujours le pouvoir d'ordonner, lors
même qu'ils sont tombés dans l'hérésie ; mais, dit-il,
ceux qu'ils ordonnent n'ont plus le même pouvoir. Il considère comme valides les ordinations faites par des simoniaques non connus comme tels ; mais il regarde comme
nulles celles qu'ils confèrent après leur dégradation. Il
termine en réfutant les divers prétextes de ceux qui achè-
tent des bénéfices (1).

Dans les seize distinctions qui suivent, il est question
du sacrement de Mariage. Son institution, son essence,
ses avantages, ses empêchements dirimants, ses devoirs,
son indissolubilité, tels sont les principaux articles que
traite l'auteur.

Le mariage fut institué par Dieu avant le péché, et il
avait alors pour unique fin la propagation du genre humain ; depuis la chute, il est devenu aussi pour l'homme un
remède ayant pour but de réprimer la concupiscence de la
chair. Ce sacrement est la figure de l'union de Jésus-Christ
avec son Eglise, et le mutuel consentement des deux
parties en est la cause efficiente. L'union matrimoniale
rend les époux inséparables, et il n'est pas permis à l'un
d'entrer dans un monastère sans l'approbation de l'autre (2).

Une des conditions essentielles du mariage est que le
consentement réciproque des deux époux soit libre et volontaire ; il ne doit pas y avoir d'erreur sur la personne, ni
sur la condition ; autrement le mariage serait nul. L'erreur sur la fortune n'est pas une cause de nullité (3). Les
devoirs principaux de ceux qui ont reçu le sacrement du
mariage sont la fidélité mutuelle et l'éducation chrétienne
des enfants (4).

Les Patriarches ne péchaient pas en épousant en même
temps plusieurs femmes, et les raisons qu'en donnent les
théologiens sont multiples. D'abord c'était à leur époque
un usage général ; cet usage n'avait encore été défendu
par aucune loi ; enfin il avait un but très légitime, à savoir la multiplication du genre humain. Mais la polyga-
mie ayant été interdite par la loi de Moïse, ce qui était
permis aux Patriarches ne l'est plus maintenant (5).
Pierre Lombard s'occupe ensuite des empêchements du
mariage. Il enseigne, d'après saint Augustin, que celui
qui a commis un adultère avec une femme peut l'épouser

(1) Dist. XXV. — (2) Dist. XXVII et XXVIII. — (3) Dist. XXIX et XXX. —
(4) Dist. XXXI et XXXII. — (5) Dist. XXXIII.

après la mort de son mari, pourvu qu'il n'ait pas contribué à la mort de ce dernier, et qu'il ne se soit pas engagé avec serment, du vivant de l'époux, à contracter mariage avec sa complice. Il dit que les jeunes gens ne peuvent validement se marier avant l'âge de quatorze ans et les jeunes filles avant l'âge de douze ans ; quant aux fiançailles, on ne peut, selon lui, les célébrer avant l'âge de sept ans accomplis (1).

Il parle ensuite de la loi du célibat, imposée aux Evêques, aux Prêtres, aux Diacres, aux Sous-Diacres, aux Religieux, à tous ceux en un mot qui ont fait vœu de chasteté. Il cite sur ce sujet plusieurs passages des conciles, des Papes et des Pères, et montre la nullité des mariages contractés par tous ceux qui se sont engagés par vœu à garder la continence. Un chrétien ne doit pas épouser une infidèle ni une juive, et une chrétienne ne doit pas non plus épouser un païen ni un juif, à cause de la différence de religion. Une femme chrétienne mariée avec un infidèle, peut convoler à de secondes noces, si son mari l'abandonne; mais non, tant qu'il demeure avec elle. Le Maître des Sentences expose enfin les empêchements de consanguinité et d'affinité. D'après ce qu'il dit, l'on voit qu'au xiie siècle, la parenté constituait un obstacle au mariage, jusqu'au sixième degré inclusivement, et en certains lieux jusqu'au septième (2).

Dans les dernières distinctions du 4e livre, Pierre Lombard traite de la résurrection, de l'état des bienheureux et des damnés après la mort, de la prière pour les défunts, et de la sentence du jugement dernier. Parlant de la résurrection, il dit que tous les hommes ressusciteront sans aucun défaut corporel et que Dieu rassemblera les parties éparses de leurs corps, comme un statuaire lorsqu'il veut refondre une statue informe. Après l'avoir brisée, il en jette tous les morceaux dans un moule plus régulier où ils se transforment et prennent une nouvelle configuration. C'est la même statue quant à la substance; elle ne diffère de la première que par la forme (3).

Les âmes des réprouvés sont consumées par un feu matériel, même avant la résurrection des corps ; car la mort, en séparant l'âme du corps, ne la prive point de sa sensibilité et elle continue, comme pendant la vie, à ressentir en elle l'espérance, la tristesse, la crainte et mille autres sentiments.

(1) Dist. XXXIV, XXXV, XXXVI. — (2) Dist. XXXVII et suiv. — (3) Dist. XLIII.

Il est certain, d'après les Pères et la coutume de l'E-
glise, que les morts peuvent être secourus par la prière,
par le saint-sacrifice et par les aumônes offertes à leur
intention. Toutefois ces choses ne sont d'aucune utilité à
ceux qui ont quitté la terre sans avoir en eux la foi et la
charité.

Les saints dans le ciel entendent les prières qu'on leur
adresse sur la terre, et cela n'a rien de surprenant, car
ils connaissent dans la lumière du Verbe qui les éclaire,
les choses d'ici-bas. Ils intercèdent pour nous de deux
manières, et par leurs mérites qui ajoutent un grand prix
à nos supplications, et par leur affection qui les porte
à unir leurs vœux et leurs demandes à nos propres
prières (1).

Le supplice des damnés sera éternel ; l'Ecriture ne permet pas de doute à cet égard ; mais on peut dire que les
réprouvés ne souffriront pas des peines aussi grandes
que celles qu'ils auront méritées, et que Dieu, sans cependant y être obligé, leur fera sentir quelques effets de
sa miséricorde (2).

C'est Jésus-Christ qui en qualité de Fils de l'homme,
ressuscitera les morts et les jugera. Il apparaîtra aux bons
et aux méchants sous une forme glorieuse et pleine de
majesté, terrible pour les uns, bienveillant pour les autres.
Il ne faut pas prendre trop à la lettre le passage de Joël
disant que le jugement de tous les hommes se fera dans
la vallée de Josaphat, à côté du mont des Oliviers (3). Josaphat, dit notre auteur, signifiant le jugement du Seigneur, le prophète a voulu dire simplement que tous
comparaîtront devant le Seigneur pour être jugés (4).

Après que le jugement universel aura été prononcé, les
deux cités, celle du Christ et celle du démon, seront par-
venues à leur fin suprême. Dans la première, les bons
vivront heureux dans une vie éternelle ; dans l'autre, les
méchants souffriront, sans pouvoir jamais mourir, une
mort éternelle. Mais il y aura des degrés dans la glorification et dans le bonheur des élus, comme dans les tour-
ments des réprouvés. Les premiers jouiront tous de Dieu,
mais les uns en seront plus rapprochés et le verront plus
clairement que les autres. Car il y a plusieurs demeures
dans le royaume des cieux. Il y en a aussi plusieurs dans
l'enfer, et les supplices, tout en étant tous éternels, va-
rieront suivant les démérites de chacun des damnés (5).

(1) Dist. XLV. — (2) Dist. XLVI. — (3) Joël III, 4. — (4) Dist. XLVIII. —
(5) Dist. XLIX.

A propos de ces derniers, Pierre Lombard se demande si tous les hommes veulent être heureux. Il répond, d'après saint Augustin, qu'en réalité nous avons tous la volonté de conquérir et de posséder le bonheur, mais que beaucoup ne savent pas prendre la seule voie qui y conduit, c'est-à-dire la foi et la pratique de la vertu (1).

Il termine en montrant que les méchants une fois condamnés aux peines de l'enfer, ne pourront plus pécher, de même que les élus, une fois arrivés au ciel, n'en auront plus la volonté. Les ténèbres extérieures où habiteront les réprouvés signifient qu'après le jugement ceux-ci ne recevront plus aucune lumière de Dieu. Un abîme infranchissable, comme le dit saint Luc, les séparera à tout jamais du séjour des bienheureux (2). Quant à ceux-ci, ils pourront voir éternellement le supplice des impies ; mais ce spectacle n'excitera point leur compassion et ne troublera en rien leur béatitude ; car ils verront dans ces inénarrables calamités l'œuvre de la justice divine, et ils se réjouiront à la pensée de leur délivrance et de leur salut. *Lœtabitur justus, cùm viderit vindictam* (3).

---

(1) Dist. XLIX. — (2) Luc, XVI, 26. — (3) Ps. 57. Cfr. Dist. L.

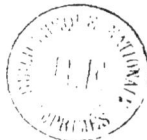

# CHAPITRE IV

---

## LE LIVRE DES SENTENCES

### APPRÉCIATION

Le caractère distinctif des théologiens du moyen-âge est d'avoir synthétisé les vérités de la foi.

La révélation n'a pas de plan ; elle est une simple confidence de Dieu à l'homme. Dieu la fait quand, comme, et jusqu'à quel point il veut la faire. Parcourez l'Ecriture sainte : l'ensemble des livres qui la composent vous apparaîtra comme une suite de communications bienveillantes du Créateur à la créature pour l'instruire, la menacer, l'avertir, l'encourager et la conduire à sa fin. Ces communications se suivent ordinairement sans se rattacher l'une à l'autre par aucun lien logique. Chacune d'elles nous donne des lumières nouvelles, la connaissance de vérités inconnues ou entrevues seulement jusqu'à elle ; mais nulle part Dieu ne nous prescrit ni ne nous conseille aucun plan, aucune méthode, aucun système particulier.

Or l'homme cherche toujours à ramener ses connaissances à l'unité et à les élever ainsi à l'état de science. Pour cela, il étudie les rapports des vérités entr'elles ; cette étude lui fait découvrir dans leur ensemble une liaison et une subordination ; il s'aperçoit que les unes sont la conséquence et l'explication des autres, il les range alors d'après un plan régulier et logique, et c'est ainsi que se forme la science.

Ce travail qui s'est effectué de tout temps sur les vérités rationnelles, a été fait également sur les vérités révélées, et cela par les théologiens du moyen-âge. C'est à eux que revient l'honneur d'avoir les premiers rassemblé dans un ordre logique les enseignements de la foi. Quelques Pères avaient bien essayé de composer une synthèse régulière de toutes les vérités religieuses ; mais leurs efforts n'avaient point été couronnés de succès. Parmi les essais de ce genre, nous citerons le traité *de Principiis* d'Origène, les *Institutions divines* de Lactance, et le livre *des Origines* de saint Isidore de Séville. L'idée d'une synthèse des dogmes chrétiens se trouve dans ces écrivains ecclésiastiques ; seulement l'état où se trouvaient les études à leur époque, ne leur permit pas de donner au développement de cette idée l'étendue et la profondeur qu'elle devait recevoir entre les mains des théologiens du xiiᵉ et du xiiiᵉ siècles. Quant aux autres Pères, qu'on ouvre le premier venu, la *Préparation évangélique* d'Eusèbe par exemple, ou l'*Explication de l'œuvre des six jours* par saint Basile, ou *les Stromates* de Clément d'Alexandrie, ou *la Cité de Dieu* de saint Augustin, on les verra tous disserter admirablement sur Dieu, sur le ciel, sur l'univers créé, sur les devoirs de l'homme envers le Créateur. Toutefois nul d'entr'eux n'était parvenu à élever l'édifice total de la théologie. « Après douze cents ans « de travaux, leurs écrits épars dans le passé ressem- « blaient aux ruines d'un temple qui n'a pas été bâti, « mais à des ruines sublimes, attendant avec la patience « de l'immortalité la main de l'architecte (1). »

Ce fut assurément une grande pensée et une sublime entreprise que celle de classer en un ordre scientifique toutes les données de la foi chrétienne. L'un des premiers qui entreprirent cette tâche fut Pierre Lombard. Il se proposa de résumer dans un corps unique les matériaux épars de la théologie, et ce qui pouvait n'être qu'une compilation, il en fit un chef-d'œuvre dont après lui tout le monde parla et qui devint dans la suite le manuel de tous les théologiens. Nous avons nommé le *Livre des Sentences.*

Il ne fut point toutefois le premier auteur de ce genre d'écrits. Anselme de Laon au xiᵉ siècle avait laissé un ouvrage ayant pour titre : *Fleurs des Sentences.* En 1120, Hugues de Saint-Victor qui était regardé comme le plus savant théologien de son temps, avait fait paraître

(1) Lacordaire. *Mémoire pour le rétablissement en France de l'Ordre des Frères-Prêcheurs*, p. 70.

un livre appelé *Somme des Sentences*. Quelques années
plus tard, Robert Pullus, contemporain de Hugues de
Saint-Victor et restaurateur de l'Université d'Oxford
en Angleterre, avait publié une somme de théologie, intitulée : *Les huit Livres des Sentences*, et divisée, ainsi que
l'indique le titre, en huit parties. Comme on le voit, Pierre
Lombard eut des prédéeesseurs ; mais les travaux dont
nous venons de parler sont tous très imparfaits, la classification des matières théologiques n'y est pas toujours
naturelle, et ils manquent d'ordre dans leur ensemble. La
division de Robert Pullus notamment en huit livres est
tout-à-fait arbitraire, elle ne correspond à aucune division naturelle et ne fait qu'établir dans l'ouvrage huit
parties égales. Cependant l'on ne peut nier que ces différentes œuvres aient influé sur celle de Pierre Lombard, et
il est même très probable qu'elles lui ont servi de modèle.
Son livre a surtout beaucoup d'analogie avec celui d'Abailard qui a pour titre *Sic et Non* (Le Pour et le Contre). Il
est fait sur le même plan. Aussi, avant de connaître
l'ouvrage d'Abailard, lui a-t-on quelquefois attribué le
*Livre des Sentences,* et même plusieurs ont cru que Pierre
Lombard le lui avait dérobé. Mais une étude attentive des
deux auteurs fait bien vite comprendre quelles profondes
différences les séparent et combien est peu fondée l'assertion de ceux qui osent présenter le Maître des Sentences
comme le continuateur et comme le plagiaire de son ancien maître.

Le *Sic et Non* d'Abailard est une vaste collection de
textes empruntés à l'Ecriture et aux Pères. Par cet assemblage d'opinions, il s'était proposé de prouver que sur
maintes questions théologiques, les évangélistes, les apôtres, les pères et les docteurs avaient donné des réponses
différentes. D'un côté se trouve l'affirmation, de l'autre la
négation, et toutes deux sont appuyées sur des autorités
considérables. De là le titre de cette singulière compilation. La conclusion était qu'il n'y a rien de certain dans
la tradition. Tel était le sens de ce livre.

Quant à celui des *Sentences,* il est divisé en chapitres
intitulés distinctions, c'est-à-dire que chaque question y
est successivement posée ; puis viennent les autorités et
les arguments contraires, et enfin la solution. Les citations, il est vrai, sont souvent celles du *Sic et Non* ; et il
est permis de supposer que Pierre Lombard en a emprunté quelques-unes au recueil de son maître. L'ordonnance du livre premier qui roule sur la Trinité et la Providence est absolument celle de l'*Introduction à la*

*théologie.* C'est, si l'on veut, la même méthode ; mais il y a entre ces deux hommes une grande différence. L'esprit philosophique domine dans les écrits d'Abailard l'esprit dogmatique, et il professe hardiment le rationalisme au risque d'altérer la foi et d'en ébranler les fondements. Le titre seul de son ouvrage dut alarmer les défenseurs de la vérité catholique, car il semblait dire que la révélation était en contradiction avec elle-même, et il était ainsi une atteinte portée à l'Ecriture sainte, au texte de l'Evangile, aux décisions des Pères, c'est-à-dire à tout ce qui était alors le fondement de la vie intellectuelle et morale. Pierre Lombard, lui, maintient dans de justes limites cet esprit d'examen appliqué à la théologie. Sa méthode est celle d'Abailard, mais épurée et perfectionnée. L'esprit investigateur de ce dernier se trouve admirablement concilié en lui avec l'esprit conservateur et l'orthodoxie de saint Bernard.

La conséquence du système d'Abailard, c'était que le christianisme n'était plus qu'une opinion. Or, le christianisme, c'est un dogme, et par conséquent plus qu'une opinion, mais c'est un dogme souverainement raisonnable. Il a apporté à l'esprit humain non pas des problèmes, mais des certitudes. Il permet seulement de vérifier les dogmes qu'il déclare certains ; il détermine le but et c'est la route seule qu'il laisse chercher. Et c'est là précisément ce qui fait sa force et son mérite. Il a apporté au monde la certitude, et avec elle il a donné la liberté pour choisir entre les voies diverses qui doivent y conduire. La foi qui prime la raison ne la détruit pas; au contraire, elle lui donne des ailes plus fortes et plus puissantes. C'est en ce sens qu'il faut entendre le *Fides quærens intellectum* de saint Anselme, et la parole de saint Augustin : Aimez beaucoup l'intelligence. *Intellectum valde ama* (1).

C'est ce que comprit Pierre Lombard. Il avait trop de bon sens pour repousser la méthode scolastique, mais il sut voir aussi les abus qui pouvaient en résulter. Autant que les théologiens de son époque, il fut possédé de ce besoin qu'éprouve toute intelligence élevée de scruter la vérité, de s'illuminer de ses lumières, et de se rendre compte de sa foi. Les dogmes étaient pour lui des principes certains, mais des principes sur lesquels pouvait s'exercer librement l'activité intellectuelle de l'esprit humain. Malheureusement, il se trouva parmi les partisans

_____

(1) S. Aug. Epist. cxx *ad Consentium.*

de cette méthode des esprits plus ardents que solides, plus curieux que profonds. Au lieu d'étudier patiemment le dogme, d'en déduire les conséquences, d'en pénétrer les mystérieuses profondeurs et d'en découvrir les harmonies sublimes, ils le dénaturèrent, en remettant tout en question. C'était renverser les fondements pour élever l'édifice, c'était asseoir celui-ci sur le sable mouvant, c'était remplacer la vérité immuable par des conceptions imaginaires. Pierre Lombard s'éleva contre ces imprudents dialecticiens, dont les excès tendaient à perdre la théologie, et ce fut principalement pour la prémunir contre ce danger qu'il écrivit son *Livre des Sentences*.

On nommait alors *sentences* ce que nous appelons aujourd'hui sentiments, pensées, maximes. Un livre des sentences était donc un recueil de ce qui avait été pensé et écrit sur un sujet déterminé ; c'était un extrait des écrits de plusieurs Pères ou même d'un seul. Quelquefois ces sentences étaient rapportées sans ordre et sans enchaînement ; d'autres fois, elles étaient reliées les unes aux autres et embrassaient le domaine entier de la théologie. Pour bien se rendre compte de l'origine de ces sortes d'ouvrages en général, et de celui de Pierre Lombard en particulier, il est nécessaire de comprendre quelle était au XIIᵉ siècle la méthode dialectique. Son procédé dans les questions épineuses consistait à exposer les diverses opinions, et à les soumettre ensuite à un examen analytique sous le double contrôle du raisonnement et de l'autorité. Cette méthode exigeait une connaissance détaillée des auteurs que l'on citait et des passages de leurs écrits qui pouvaient être invoqués en faveur de telle ou de telle solution. Ces solutions soutenues en thèses s'appelaient des sentences, *sententiœ*. L'art de la controverse étant d'opposer les autorités aux autorités, et de déconcerter une proposition par une citation imprévue, tout esprit qui voulait briller dans cette sorte d'escrime devait se faire un arsenal complet de textes empruntés à l'Ecriture ou aux Pères. Des recueils de citations étaient donc indispensables aux théologiens et leur permettaient de donner autant de soudaineté à leurs objections que d'à-propos à leurs réponses.

Il suffit de parcourir l'étude analytique du chapitre qui précède pour voir que le *Livre des Sentences* embrasse le domaine tout entier de la théologie. L'ouvrage, avons-nous dit, est partagé en quatre livres. Cette division devait être adoptée après Pierre Lombard par tous les théologiens. Observons toutefois que le Maître n'a pas été heu-

reux dans le choix du principe qui sert de base à sa dis-
tribution des matières. Saint Augustin dans son livre *de
la Doctrine chrétienne* dit que toute science a pour objet
les choses et les signes. Pierre Lombard appliqua cette
remarque de l'évêque d'Hippone à la théologie et voulut
tout réunir sous cette double distinction de signes et de
choses. Cette classification n'est pas naturelle, et la meilleure preuve, c'est que notre auteur a besoin de neuf chapitres pour l'expliquer. Sans doute, la doctrine chrétienne
se rapporte à des choses et à des signes; mais cette
distinction de signes, de choses dont nous devons jouir
et de choses dont il faut simplement user, est trop subtile;
elle ne montre pas l'ensemble de la doctrine, les parties
principales et l'enchaînement des parties. L'idée de Dieu
est introduite dans ce plan d'une manière indirecte. L'idée
de Jésus-Christ qui est l'idée-mère chez Hugues de Saint-
Victor n'est amenée ici qu'incidemment, parce qu'il fallait
bien l'amener et la traiter avec étendue. Les fins dernières
ne sont certes pas des signes, mais des choses, et cependant elles occupent une partie du livre qui traite des
sacrements. La division adoptée par Pierre Lombard
laisse donc beaucoup à désirer, et assurément, elle ne
doit être comptée pour rien dans le mérite du *Livre des
Sentences*.

« Deux méthodes, disent les auteurs de l'*Histoire littéraire de la France*, régnaient dans les écoles de théologie,
lorsque Pierre Lombard se mit sur les rangs pour enseigner. La première qui était celle de l'antiquité, consistait
à expliquer par ordre la doctrine renfermée dans l'Ecriture, d'après l'Ecriture elle-même et d'après la tradition.
Méthode simple, mais sûre, pacifique, lumineuse, qui
maintenait dans sa pureté le dépôt de la révélation, édi-
fiait en instruisant et fixait à l'esprit humain le terme où
il devait s'arrêter dans la recherche du salut. La seconde,
que le XIIe siècle avait presque vue naître, était de traiter
les matières de la religion comme celles de la philosophie,
d'une manière contentieuse et par la voie du raisonnement. Embarrassée, pointilleuse, plus propre à satisfaire
la curiosité qu'à nourrir la piété, elle rompait la barrière
qui sépare la raison de la foi, ouvrait la porte à
des questions sans fin, et moins occupée du principal que
de l'accessoire, elle jetait des nuages sur le premier de
ces objets par les efforts que ses partisans faisaient pour
répandre des lumières sur le second. Tout était matière
de problème dans cette nouvelle théologie qu'on a depuis
nommée scolastique, parce tout s'y traitait contradictoi-

rement, depuis l'existence de Dieu jusqu'aux plus sublimes mystères. La carrière élargie de la sorte ouvrait un
vaste champ où chaque école élevait ses opinions particulières, souvent absurdes, quelquefois dangereuses et
presque toujours inutiles, s'occupait à les étayer par des
sophismes captieux et travaillait en même temps à détruire par de semblables moyens celles qui leur étaient
opposées. »

Ce tableau signale les excès de la méthode scolastique
beaucoup mieux qu'il n'en fait connaître la nature et les
avantages. Quoi qu'il en soit, Pierre Lombard entrevit
lui-même ces excès et voulut y porter remède. Effrayé des
suites fâcheuses que pouvait entraîner l'étrange manie
de tout examiner et de raisonner sur les choses les plus
inexplicables, il entreprit, comme le dit son prologue, de
donner sur tous les points de la doctrine catholique, le
sentiment et le texte même des Pères. Après cet aveu, on
croirait ne devoir trouver dans son livre qu'une simple
exposition des dogmes appuyée sur l'Ecriture et les
Pères, mais l'on est bien vite détrompé ; car à peine
a-t-on commencé la lecture de l'ouvrage qu'on se trouve
en présence d'une véritable discussion ; les textes sont
opposés aux textes, les autorités aux autorités, et sur
chaque point la lumière se fait non pas seulement à l'aide
de citations, mais aussi par le raisonnement ; bref, c'est la
méthode scolastique. L'auteur, loin de la rejeter comme
mauvaise, en fait constamment usage ; ce qu'il s'est uniquement proposé, c'est d'en combattre les écarts et les
abus.

Un écrivain aussi judicieux que Pierre Lombard ne
pouvait pas agir autrement. En effet, un élément nouveau
venait de conquérir une place définitive et importante
dans l'enseignement public, c'était la métaphysique et la
dialectique étudiées d'après Aristote. Dès lors il devenait
impossible de s'en tenir dans les leçons de théologie à la
simple exposition de l'Ecriture et aux témoignages tirés
des Pères. L'Ecriture enseigne clairement l'existence de
Dieu ; mais qu'est-ce que l'existence ? qu'est-ce que l'être ?
qu'est-ce que la vie ? L'Ecriture reste muette sur ces
questions. Dieu existe en trois personnes ; mais qu'est-ce
qu'une personne, une nature, une substance ? Jésus-
Christ est Dieu et homme tout à la fois ; mais en quoi
consiste la nature humaine, la personnalité ? Une fois
entré dans cette voie, l'esprit humain est exposé à ne plus
s'arrêter devant aucune barrière ; chaque solution devient
la source d'une série de questions nouvelles. Aussi, le

*Livre des Sentences* eut-il pour but dans la pensée de Pierre Lombard de modérer et de retenir dans de justes limites la curiosité de ses contemporains.

Sur chaque question, l'auteur cite un ou plusieurs passages des Pères. Ces derniers n'ont cependant à ses yeux qu'une valeur secondaire, et il ne leur accorde pas une autorité absolue. Ce qui le prouve, c'est que la plupart du temps l'objection et la réponse sont présentées avec l'appui de graves témoignages, et il faut alors faire appel au raisonnement pour chercher et pour établir la véritable solution. En général les solutions que donne Pierre Lombard sont légitimes, et même sur les points abandonnés à l'appréciation des docteurs, sur les questions restées libres, il se prononce ordinairement pour le sentiment le plus correct et le mieux autorisé.

Dans les citations qui remplissent le *Livre des Sentences*, saint Augustin tient à lui seul une plus large place que tous les autres Pères réunis ensemble. Pourquoi cette préférence si marquée du Maître des Sentences à l'égard du grand évêque d'Hippone? C'est que des Pères latins il est celui qui surpasse tous les autres par sa science, ses travaux et l'autorité qui s'attache à son nom. Il est théologien et philosophe au suprême degré. Dans sa vie de doutes et d'inquiétudes, il a médité sur toutes les questions de philosophie ; dans sa lutte perpétuelle contre les hérétiques, il a scruté et analysé tous les dogmes de la foi ; enfin dans ses méditations non moins savantes que pieuses il a jeté de grandes lumières sur les problèmes de la plus haute métaphysique et sur tous les mystères les plus profonds de l'enseignement catholique. Il n'y a donc pas lieu de nous étonner de la vénération de Pierre Lombard pour saint Augustin. Cette vénération s'explique par l'universalité des connaissances de ce dernier. Il serait facile en effet d'extraire de ses œuvres une véritable somme de théologie. Il est le modèle du philosophe chrétien, le type de l'orthodoxe qui raisonne. Aussi est-ce une preuve nouvelle du grand esprit du Maître des Sentences d'avoir choisi cet incomparable docteur pour inspirateur et pour guide, et d'avoir mis presque toutes ses opinions sous la protection de son illustre nom.

Au point de vue de l'orthodoxie, le *Livre des Sentences* est à peu près irréprochable. C'est à peine si l'on pourrait relever dix articles vraiment contraires à l'enseignement universel ; ce qui constitue un grand mérite dans un ouvrage où se trouvent traitées presque toutes les questions de la théologie.

En racontant la vie de Pierre Lombard, nous avons dit qu'il avait été dénoncé en 1163 par un de ses disciples nommé Jean de Cornouailles au pape Alexandre III, comme professant sur l'humanité du Verbe une opinion erronée (1). Cette accusation fut renouvelée contre lui, quelques années après sa mort, par le même théologien et par Gautier de Saint–Victor. L'histoire nous dit que le Souverain–Pontife ému de ces attaques dirigées contre le Maître des Sentences, publia en 1180 à la suite du 3ᵉ conseil de Latran, un rescrit portant défense à tous les professeurs d'enseigner que *Jésus-Christ en tant qu'homme n'est pas quelque chose.* Telle était en effet la doctrine attribuée à notre auteur par ses adversaires. Il est à remarquer toutefois qu'en réprouvant cette proposition, le chef de l'Eglise s'abstint de condamner l'ancien évêque de Paris. Si au fait de la conduite du pape en cette circonstance, l'on ajoute cet argument que dans le catalogue des erreurs du Maître dressé un siècle plus tard par les professeurs en théologie de l'Université de Paris, il n'est nullement question de celle qui lui fut tant reprochée par plusieurs de ses contemporains, l'on arrive déjà, sans qu'il soit besoin de discuter le fond de la question, à soupçonner dans ces derniers ou des personnages mal informés ou des calomniateurs. Mais il importe de bien préciser ici quelle a été la véritable pensée de Pierre Lombard, telle qu'elle résulte d'un examen attentif de son livre.

Son seul tort est de n'avoir pas eu une conception parfaite de ce qui constitue la personnalité. Les anciens partaient de ce principe énoncé par Boëce que la personne est la substance individuelle d'une nature raisonnable. Ils disaient donc : Partout où nous trouvons une substance individuelle dans l'espèce humaine, nous trouvons une personne. Or d'un autre côté, d'après le dogme, il n'y a pas dans le Christ une personne humaine; donc il ne doit pas y avoir en lui de nature humaine individuelle. Mais puisqu'il a à la fois une âme et un corps, comme nous, comment échapper à cette conclusion qu'il est une personne humaine ? Ici trois hypothèses seulement sont possibles. L'une consiste à dire que dans le Christ il n'y a que l'apparence de l'humanité : c'est le docétisme ; la seconde, qu'il n'y a en lui que la réalité partielle et incomplète de la nature humaine : c'est l'apollinarisme, l'erreur de ceux

---

(1) V. plus haut notre analyse du *Livre des Sentences*, p. 79 et 80.

qui dans les premiers siècles prétendaient que le Christ
avait pris un corps véritable, mais non une âme raisonnable; la troisième, qu'il y a dans le Christ une âme et
un corps humain, mais non substantiellement réunis
entr'eux. Cette dernière hypothèse était celle de Pierre
Lombard. Il y avait, selon lui, en Jésus-Christ les éléments de l'homme, c'est-à-dire l'âme et le corps ; mais
ceux-ci, ayant été assumés immédiatement et directement
par le Verbe, n'étaient devenus subsistants que par sa
propre subsistance; dès lors la personne était divine
et seulement divine.

· Les docteurs catholiques ont toujours combattu le docétisme, mais tous n'ont pas toujours combattu également
l'erreur apollinariste , et au xıı<sup>e</sup> siècle en particulier
plusieurs ne voyaient que dans un apollinarisme plus ou
moins mitigé la possibilité de sauver le fondement même
du dogme christologique. Le Maître des Sentences vit que
cette explication, tout en sauvant le fondement même de
la doctrine, ne respectait pas toutes les définitions de
l'Eglise relatives à l'Incarnation. D'après ces définitions,
en effet, le Christ a non seulement une chair semblable à
notre chair, mais il a aussi, en toute vérité, une âme
humaine. Pierre Lombard défendit donc le principe de la
coexistence dans le Verbe incarné d'un corps et d'une âme
humaine, et assurément, il fit en cela un grand pas vers
l'orthodoxie complète. Cependant il ne l'atteignit pas parfaitement : car le 3<sup>e</sup> concile de Constantinople a défini que
le *Verbe a pris une chair animée par une âme raisonnable ;* or dans la doctrine de notre auteur, le Christ, à la
vérité, a une chair et une âme raisonnable, mais il n'a pas
une chair *animée* par cette âme.

Que restait-il à faire pour arriver à une parfaite orthodoxie et éviter en même temps l'écueil du nestorianisme,
c'est-à-dire l'erreur de la duplicité dans la personne ? Il
restait à reprendre la tradition dogmatico-rationnelle des
Pères grecs sur la personne, ce que fit saint Thomas. La
personne, dans la doctrine de Boèce interprétée par
l'Ecole, est une nature rationnelle individuelle, complète
par elle-même. D'après saint Thomas, ce qui constitue
la personne, c'est la totalité de la nature rationnelle ;
donc, toutes les fois qu'une nature rationnelle quoique
individuelle, reçoit d'ailleurs sa totalité ou son dernier
complément, elle cesse par là même d'être une personne :
or, dans le mystère de l'Incarnation, la nature humaine,
quoique individuelle, n'a pas en elle-même la totalité, car elle
n'est qu'un des éléments du composé théandrique dans

lequel elle joue le rôle de la partie inférieure, l'autre élément de ce composé étant le Verbe. L'on arrive ainsi à concilier la raison philosophique avec le dogme de l'Incarnation, sans sacrifier aucune donnée de la philosophie, sans sacrifier non plus aucun point de la foi. L'on affirme dès lors dans le Christ non seulement la personne du Verbe et la coexistence d'une chair individuelle et d'une âme individuelle, mais l'union de cette chair à cette âme, et par là même la présence d'une humanité ou d'une nature humaine qui, quoiqu'individuelle, n'est pas une personne.

Des observations qui précèdent, il ressort que Pierre Lombard ne pouvait guère, à l'époque où il vivait, s'exprimer plus justement qu'il ne l'a fait par rapport à l'épineuse question qui nous occupe. Aussi saint Thomas dans la *Somme théologique* le combat-il sur ce point avec beaucoup d'égards et de respect (1). Duns Scot, de son côté, dit qu'il n'a pas été hétérodoxe, et Cajétan dans son commentaire de saint Thomas l'excuse, en faisant valoir cette circonstance atténuante que les définitions antérieures n'étaient pas suffisamment claires et que la décrétale du pape Alexandre III n'avait pas encore vu le jour.

Un siècle plus tard (1277), avons-nous dit, les théologiens de la Faculté de Paris rédigèrent une liste de vingt-six propositions, qu'ils intitulèrent : *Articles sur lesquels le sentiment du Maître des Sentences est en contradiction avec l'opinion générale.* Il faut croire que ce dernier était alors de la part de quelques-uns des maîtres en théologie de l'Université l'objet d'une opposition ardente et systématique; la liste qu'ils dressèrent de ses prétendues erreurs laisserait difficilement des doutes à cet égard. La pensée réelle de Pierre Lombard y est en effet dénaturée sur plusieurs points, et parmi les vingt-six articles incriminés, il y en a neuf tout au plus qui soient vraiment en désaccord avec les données de l'enseignement théologique.

Dans le livre premier, il est dit que la charité par laquelle nous aimons Dieu et le prochain, est le Saint-Esprit lui-même (2), que les termes numériques exprimant l'unité et la trinité, ainsi que les mots signifiant la similitude et l'égalité (3), sont appliqués à Dieu dans un sens simplement *privatif*, et qu'ils ont pour but d'exclure de lui des choses qui ne s'y trouvent pas, plutôt que d'indiquer des·

(1) V. *Somm. théol.*, 3ᵉ partie, quest. 2ᵉ, art. VI. — (2) L. I. Dist. XVII. — (3) L. I. Dist. XXIV et XXXI.

choses réelles, et enfin que Dieu peut toujours tout ce qu'il a pu à un moment donné. (1).

Telles sont les quatre premières propositions reprochées à notre auteur. Or la première est parfaitement orthodoxe, et les trois autres, bien comprises, sont absolument conformes à l'enseignement universel.

1° Dire que la charité est le Saint-Esprit équivaut à dire qu'elle est un don de l'Esprit-Saint présent en nous. L'opinion de Pierre Lombard n'est pas celle de tous les théologiens, nous en convenons, mais elle a pour elle de nombreux partisans parmi lesquels nous signalerons le P. Schrader, qui fut le théologien du pape Pie IX au concile du Vatican. Saint Thomas d'ailleurs l'explique en bonne part dans sa Somme théologique (2).

2° Quand le Maître des Sentences dit que les termes numériques d'un et de trois n'ont en Dieu qu'un sens privatif, il entend par là qu'ils n'ajoutent rien aux personnes divines, mais qu'ils expriment simplement l'indivision de ces mêmes personnes considérées dans leurs relations mutuelles.

3° Les mots de similitude et d'égalité ne signifient pas qne le Père par exemple ressemble au Fils, mais qu'il y a entr'eux unité et identité d'essence. Ils ont donc un sens privatif, car ils sont la négation de toute relation accidentelle entre les personnes divines, cette sorte de relation n'existant qu'entre deux objets différents d'essence.

4° Dieu peut toujours tout ce qu'il a pu, dit Pierre Lombard, c'est-à-dire qu'il retient toujours comme faculté et pouvoir la puissance qu'il a eue une fois. Cependant il y a des choses qui, une fois produites par lui, ne peuvent plus l'être. Ainsi Dieu a toujours le pouvoir de s'incarner, mais l'Incarnation étant un fait accompli, il ne peut plus en opérer le mystère. Il faut distinguer ici la puissance ex parte causæ et la puissance ex parte objecti vel effectûs. La première certainement demeure toujours en Dieu, lors même que la seconde disparaît par suite de l'opération divine elle-même.

Au second livre, nous lisons que les anges n'ont pas mérité leur confirmation dans la béatitude, mais que celle-ci a été en eux le pur effet de la grâce et que leurs seuls mérites leur sont venus des services qu'ils ont ensuite rendus aux hommes d'après les ordres de Dieu (3).

(1) L. I. Dist. XLIV. — (2) V. *Somm. théolog.*, 2a 2æ, q. 23, art. 2. — (3) L. II. Dist. V.

Il y est dit aussi au sujet des anges qu'ils croissent en mérite, par rapport à la récompense essentielle, jusqu'au jugement dernier (1).

Sur le premier point, nous ferons observer que le Maître des Sentences ne se prononce pas d'une manière formelle. Il expose deux opinions différentes sur la question, et il dit en parlant de celle qui place dans les anges la récompense avant le mérite : *hoc mihi magis placere fateor ;* celle-ci, je l'avoue, me plaît davantage. C'est saint Thomas qui a fait prévaloir le sentiment contraire. Il enseigne que le mérite a précédé *naturâ sed non tempore,* la confirmation des anges dans le bonheur. Ceux-ci, d'après l'ange de l'Ecole, ont été créés agissant, et au terme de l'instant même de cette création, ils ont été couronnés.

Pierre Lombard se trompe quand il enseigne que les anges croissent en mérite jusqu'au jour du jugement. « La dernière perfection d'un être, dit saint Thomas, est au terme de sa vie d'épreuve ; or le terme de la vie d'épreuve des anges a été leur confirmation en grâce (2). »

Vient ensuite dans le catalogue des erreurs du Maître sa théorie sur les éléments constitutifs de chaque nature humaine individuelle. Deux questions très graves préoccupaient alors les théologiens : la transmission du péché originel, et la résurrection des corps à la fin du monde. 1° Comment tous les hommes étaient-ils en Adam ? Y étaient-ils de fait ou simplement d'une manière virtuelle ? 2° Tous les hommes doivent ressusciter un jour dans la vérité de leur être. Or, si toute la matière du corps est nécessaire pour la vérité de la résurrection, la même chair, passant successivement par l'assimilation naturelle en plusieurs individus, devra ressusciter pour plusieurs. Pierre Lombard résolvait cette double difficulté en disant que tous nous avons été en Adam *seminaliter,* c'est-à-dire que dans le père du genre humain *semina omnium hominum fuerint actu.* D'après lui, c'est le *semen* de chaque individu qui constitue l'identité de sa nature. Le germe de ce *semen* se trouvait en Adam d'où il est venu en chacun de nous accru et multiplié par la propagation. Il est inassimilable, et malgré toutes les transformations que subit le corps après la mort, il demeure toujours intact ; c'est

---

)1) L. II. Dist. XI. — (2) V. *Commentaire de S. Thomas sur le Maître des Sentences.* Dist. XI, 2ᵉ partie, art. I.

donc avec lui et par lui que nous ressusciterons à la fin des temps (1).

Plus d'un lecteur trouvera étrange cette théorie du Maître des Sentences ; mais il a pour lui l'excuse de l'avoir professée de concert avec un très grand nombre de ses contemporains.

Le livre troisième renferme trois propositions qui ont été mal interprétées par les professeurs en théologie de la Faculté de Paris.

1° L'âme séparée du corps est une personne (2).

2° Il est permis de dire également du Christ qu'il est mort et qu'il n'est pas mort, qu'il a souffert et qu'il n'a pas souffert (3).

3° Le Christ dans la mort était toujours vrai homme (4).

Le premier point est une question de mots où tout dépend de la notion que l'on se fait de la personne. Si par celle-ci l'on entend la totalité de l'être humain, Pierre Lombard a fait erreur ; mais si on la définit un être *sui juris,* s'appartenant à lui-même, il a dit vrai.

Il a également raison dans le second point. Le Christ en effet a souffert et il est mort comme homme ; comme Dieu, il n'a pas souffert et il n'a pas subi la mort.

Enfin, dans la question de savoir si le Christ mort était toujours homme, le Maître des Sentences s'est trompé, il est vrai, en répondant affirmativement ; mais, comme l'explique très bien saint Thomas, il a été de bonne foi, car il croyait que l'union de l'âme et du corps n'était pas nécessaire pour constituer un homme proprement dit (5).

Quinze passages ont été censurés au quatrième livre. Examinons-les successivement, et nous verrons que la plupart ne s'écartent point de la plus pure orthodoxie.

« Les sacrements de l'ancienne loi ne justifiaient pas, « même quand ils étaient accomplis avec foi et dévo-tion (6). » La pensée de Pierre Lombard est que ces céré-monies ne justifiaient pas par la vertu même du rite, comme cela a lieu dans les sacrements de la loi nouvelle, même lorsque ce rite était accompagné de la foi et de la charité, mais par la foi et la charité du Christ dont elles étaient des signes précurseurs.

« L'homme avant le péché voyait Dieu directement et sans intermédiaire (7). » C'est une phrase incidente du

---

(1) V. L. II. Dist. XXX. — (2) L. III. Dist. II. — (3) L. III. Dist. XXI. — (4) L. III. Dist. XXII. — (5) V. *Somme théologique,* 3ᵉ partie, quest. 50, art. 4. — (6) Livre IV des Sentences. Dist. I. — (7) L. IV. Dist. I.

chapitre où l'auteur traite des causes de l'institution des sacrements. *Homo qui ante peccatum sine medio Deum videbat, per peccatum habuit ut nequaquam divina queat capere, nisi humanis exercitatus.* Il ne faut pas prendre ici le mot *videbat* dans un sens rigoureux. L'homme voyait Dieu, c'est-à-dire, était en rapport avec Dieu, sans l'intermédiaire de signes extérieurs et visibles ; il n'avait pas besoin, pour s'unir à Dieu, des moyens sensibles qui sont les sacrements.

« La circoncision ne conférait pas la grâce pour faire le bien, mais elle avait simplement la vertu de remettre les péchés (1). » Saint Thomas réfute le Maître sur ce point en disant que la rémission du péché ne peut se faire que par la grâce. Or, ajoute-t-il, tout le monde admet que la circoncision effaçait le péché originel. Elle ne différait donc pas du baptême, si ce n'est en ce que celui-ci imprime dans l'homme un caractère d'incorporation au Christ et nous confère une grâce plus abondante (2). Tel est l'avis non seulement du Docteur angélique, mais de la grande majorité des théologiens (3). Toutefois, il est certain que la circoncision, à supposer qu'elle conférât la grâce, ne la conférait pas par elle-même, mais par la foi du Christ signifiée dans le rite, foi dont elle était la protestation.

« Les enfants qui sous l'ancienne loi mouraient sans avoir été circoncis, n'étaient pas sauvés *(peribant)* (4). » Cette opinion n'a rien de condamnable. Aux yeux de Pierre Lombard, les enfants morts incirconcis étaient dans les mêmes conditions que les enfants de la nouvelle loi morts sans baptême. *Peribant*, ce n'est pas à dire qu'ils étaient condamnés à l'enfer proprement dit, mais ils n'allaient pas au ciel, conformément à cette parole de l'Evangile : Si quelqu'un ne renaît de l'eau ou de l'Esprit saint, il ne peut entrer dans le royaume de Dieu (5).

« Le mariage se distingue des autres sacrements en ce qu'il a été institué uniquement comme remède contre le péché (6). » Interprétée à la lettre, cette proposition exclut la grâce du sacrement de mariage. Mais saint Thomas explique autrement la pensée du Maître. « Celui-ci, dit-il, a vu surtout dans le mariage un remède ; or ce sacrement n'est un remède que par la grâce sacramentelle dont

----

(1) L. IV. Dist. I. — (2) V. *Somme théologique*, 3ᵉ partie, question 70ᵉ, art. 4.
(3) Nous disons *la majorité*, car il y a des exceptions et d'illustres exceptions, par exemple Bellarmin, Vasquez, Noël Alexandre, Tournély.
(4) L. IV. Dist. I. — (5) Evang. de St Jean, ch. III, v. 5. — (6) L. IV. Dist. II.

il est la source. » Et en effet dans le chapitre où se trouve le passage en question, l'auteur ne parle pas de ce qui est commun à tous les sacrements, mais de ce qui est propre à chacun d'eux, et il insiste sur leurs caractères particuliers. « Quelques-uns, dit-il, ont pour but de nous donner la grâce, la beauté de l'âme ; d'autres, la force pour faire le bien ; d'autres ont pour but de contenir la concupiscence. » Mais ces effets spéciaux n'excluent pas l'effet commun qui est la collation de la grâce ; tous par conséquent la confèrent, et d'ailleurs ce point est parfaitement établi dans la distinction qui précède (1).

« Le baptême de saint Jean accompagné de l'imposition des mains avait la même vertu que celui du Christ, en sorte que ceux qui l'avaient reçu sans y mettre leur espérance n'étaient point tenus de recevoir celui du Sauveur. »

Saint Thomas dit qu'ici Pierre Lombard se trompe, et il enseigne que le baptême de Jean ne dispensait pas du baptême de Jésus-Christ. Le premier pouvait en cas de besoin ou de nécessité majeure obtenir les mêmes grâces que le second, par la foi et l'espérance des baptisés en Jésus-Christ, mais il n'exemptait pas ceux qui l'avaient reçu, de tout autre baptême, et celui du Christ était toujours obligatoire. C'est ainsi que le baptême de désir, en cas de nécessité, remplace le baptême réel, mais il n'en dispense pas. Ainsi encore, la contrition parfaite dispense, en pareil cas, de la réception du sacrement de Pénitence, mais ne fait pas qu'on ne doive ensuite, dès qu'on le peut, recourir à ce sacrement (2).

« Dieu aurait pu donner à la créature la puissance de créer et celle de purifier intérieurement la conscience du pécheur (3). »

Le Docteur angélique dit que l'on peut défendre cette proposition du Maître, si l'on prend le mot *création* dans le sens impropre, c'est-à-dire, si l'on parle d'une création instrumentale. La créature produirait ainsi comme cause immédiate et prochaine ; mais il y aurait toujours, en dehors d'elle, la cause principale qui est Dieu (4). Le même raisonnement s'applique à la question du pouvoir d'effacer les péchés.

(1) L. IV. Dist. I.
(2) V. Commentaire de saint Thomas sur le Maître des Sentences. L. IV. Dist. II, quæst. II, art. 4.
(3) L. IV. Dist. V.
(4) Comm. sur le Maître des Sentences. L. IV. Dist. II, quæst. I, art. 3, Quæstiuncula 3ᵉ.

« Les schismatiques, les dégradés, les hérétiques retranchés du sein de l'Eglise, les excommuniés n'ont plus le pouvoir de consacrer le corps de Jésus-Christ (1). »

C'est là une erreur ; car le pouvoir dont il s'agit est la suite du caractère sacerdotal; or ce caractère demeure toujours, même après l'excommunication.

« La brute qui consomme l'hostie consacrée, bien qu'elle paraisse consommer le corps de Jésus-Christ, ne le consomme pas (2). »

Nouvelle erreur. Quiconque en effet reçoit l'hostie consacrée, reçoit par là-même le corps du Sauveur.

« La science du discernement des consciences devient par l'ordination la clef qui ouvre et qui ferme dans le sacrement de Pénitence. »

Séparée du contexte, cette proposition paraît erronée ; mais rapprochée de celles qui la précèdent et de celles qui la suivent, elle est d'une évidente certitude. En effet, le *Livre des Sentences* dit ceci : Le pouvoir conféré par l'ordination sacerdotale de remettre les péchés, sans la science du discernement, est un pouvoir inutile et impuissant; c'est une clef qui n'ouvre pas. D'un autre côté ceux qui possèdent la science, sans avoir reçu le caractère sacerdotal, sont également impuissants à lier et à délier les consciences. Mais celui qui est promu au sacerdoce après avoir acquis la science convenable, reçoit vraiment le pouvoir de juger, et la science dont il était doué auparavant devient une clef avec laquelle il peut légitimement ouvrir ou fermer la porte du ciel dans le sacrement de Pénitence (3).

« Les évêques simoniaques dégradés ne peuvent conférer les ordres (4). »

Ici Pierre Lombard n'a pas su distinguer entre la validité et la licité, et il a également confondu dans la validité le pouvoir éloigné et lié avec le pouvoir prochain et délié. L'ordination conférée par un évêque simoniaque n'est pas licite, mais elle est valide. D'autre part, celui qui se fait ordonner par un tel évêque, commet une chose illicite, et il est suspendu, *ipso facto,* de l'exercice des fonctions sacerdotales. Le pouvoir qu'il a reçu est un pouvoir éloigné et lié.

« Celui qui épouse une veuve restée vierge, encourt

(1) L. IV. Dist. XIII. — (2) L. IV. Dist. XIII. — (3) L. IV. Dist. XIX. — (4) L. IV. Dist. XXV.

une irrégularité qui lui interdit l'accès aux ordres sacrés (1). »

C'était là une opinion commune au temps du Maître des Sentences. Elle fut réformée au XIIIᵉ siècle par Innocent III. Dans une Bulle intitulée : *De sponsalibus et matrimonio* (2), ce pape déclara que le cas ci-dessus mentionné ne constituait pas une irrégularité rendant impossible la réception des saints ordres.

« *Cognoscens sororem uxoris suæ non tenetur uxori petenti debitum reddere* (3). »

Nous sommes plutôt de l'avis de saint Thomas qui dit : « *Cognoscens..... non potest petere debitum, sed debet reddere, si petatur* (4). »

Vient ensuite un cas de conscience assez étrange, mais qui pouvait très-bien se produire au moyen-âge par suite de la fréquence des expéditions lointaines et de la difficulté des communications. Pierre Lombard suppose qu'un individu, après avoir quitté sa patrie où est restée son épouse, se fixe en pays étranger, et que là, dissimulant son premier mariage, il en contracte un autre. Quelque temps après, le repentir s'empare de cet homme, et revenant à résipiscence, il fait connaître à celle qui se considère comme son épouse la véritable situation ; en même temps il lui annonce sa résolution de mettre un terme à leur union illégitime. L'affaire est déférée au tribunal de l'Eglise, laquelle refuse d'ajouter foi aux déclarations du mari et s'oppose à la séparation des conjoints. L'individu se trouve en face de cette alternative : d'un côté le concubinage, de l'autre l'excommunication, la mendicité, le déshonneur. Que doit-il faire ? Notre auteur répond qu'il est autorisé par le motif de l'obéissance et de la crainte, à demeurer avec celle que l'on croit sa femme, et qu'il peut lui rendre le devoir conjugal, mais non le lui demander.

Saint Thomas dans son commentaire condamne cette solution et enseigne que l'homme en question doit se laisser excommunier et même mourir plutôt que de vivre avec une personne qui n'est pas sa légitime épouse (5).

La dernière proposition rejetée par les théologiens de la Faculté de Paris et imputée par eux au Maître des Senten-

(1) L. IV. Dist. XXVII.
(2) V. Extravagantes. — De sponsalibus et matrimonio; chap. *Præterea*.
(3) L. IV. Dist. XXXIV.
(4) V. Comm. sur le Maître des Sentences. L. IV. Dist. XXXIV, quæst. I, art. 5 (in corpore).
(5) V. Livre IV des Sentences. Dist. XXXVIII. Cfr. Comment. de S. Thomas.

ces est celle–ci : « Les péchés des élus ne seront pas mani-
festés au jour du jugement. » Le Maître ne se prononce
pas en termes aussi formels. Il pose cette question : Les
péchés commis par les élus seront–ils alors publiquement
dévoilés ? Je n'ai rien lu de positif à ce sujet dans l'Ecriture, ajoute–t–il ; *il n'est donc pas déraisonnable de penser*
que les fautes des bienheureux, effacées par la pénitence,
resteront cachées aux yeux des hommes (1). Saint Thomas n'est pas du même avis, et il dit que l'intérêt même
des saints demande qu'au jugement général leurs anciens
péchés soient connus du monde entier, parce que sans
cela on ne verrait pas la parfaite justice de la sentence
qui les aura couronnés, parce que leur pénitence, leurs
mérites et leurs vertus seraient ignorés (2).

On a reproché aussi à Pierre Lombard d'avoir omis
dans sa Somme de théologie des questions importantes,
et de n'y avoir point parlé de l'Eglise, de la primauté du
pape, de l'autorité des saintes Ecritures, de la tradition,
des conciles.

Ce reproche est fondé. Toutefois, il ne faut pas oublier
que ces questions se rattachent aux sources de la théologie *(loci theologici)* plutôt qu'à la théologie elle-même.
Ce sont les négations du protestantisme au xvi⁰ siècle
qui ont surtout attiré sur elles l'attention des théologiens
catholiques, et aucun auteur ne les a traitées d'une
manière sérieuse et approfondie avant Melchior Cano.

Avouons-le, toutes les recherches, toutes les discussions auxquelles amis et ennemis se sont livrés sur le
*Livre des Sentences*, n'ont abouti qu'à y signaler quelques légères imperfections de détail. C'est donc avec
raison qu'il fut considéré par les contemporains de Pierre
Lombard, comme un chef-d'œuvre. D'abord, comme corps
de théologie, il était plus complet et plus méthodique que
tous les ouvrages du même genre qui l'avaient précédé.
En effet, tous les points de la doctrine chrétienne se rattachent facilement aux questions qui y sont posées. Au
point de vue de la méthode analytique, et des divisions
nettes, précises et claires, ce livre surpassait tout ce qu'on
avait tenté jusqu'alors, et il convenait merveilleusement
aux disputes de l'Ecole où tout se traitait par questions,
solutions, distinctions, objections et réfutations. Ajoutez

(1) L. IV. Dist. XLIII.
(2) V. Comment. sur le Maître des Sentences. Dist. XLIII, quæst. 1, art. 5,
quæstiuncula 3ª. In solutione 2ª.

à cela une clarté admirable, une précision rigoureuse dans les termes employés et une brièveté remarquable dans les développements. D'un bout à l'autre du *Livre des Sentences*, on retrouve invariablement le même procédé qui consiste, après avoir posé une question, à la résoudre par l'autorité de l'Ecriture sainte et des Pères ; il en résulte une uniformité qui paraît au premier abord constituer une imperfection dans l'ensemble de l'ouvrage et qui en rend la lecture générale quelque peu fastidieuse; mais cette uniformité du procédé qui serait déplacée dans un livre qu'il faudrait lire sans interruption, est au contraire une qualité dans un ouvrage qui sert pour ainsi dire de programme des matières pour un cours où toutes les leçons se succèdent et se ressemblent.

Dans chaque question l'auteur cite l'autorité des Pères, et sous ce rapport il s'est conformé aux idées de l'époque ainsi qu'aux habitudes de l'Ecole qui ne permettait pas d'avancer une opinion sans l'appuyer de quelque autorité.

Enfin, Pierre Lombard est sobre dans les développements philosophiques; il est philosophe par les questions qu'il pose plus que par les réponses qu'il donne, par le choix des sentences plus que par la manière dont il justifie ses opinions. En se modérant de ce côté, il laissa, il est vrai, à ses contemporains une plus libre carrière, mais il évita aussi bien des écueils et il se tint presque toujours dans la plus parfaite orthodoxie.

C'est pour ces différentes raisons que le *Livre des Sentences* ne tarda pas à jouir d'une vogue immense, qu'il assura d'une manière définitive le triomphe de la théologie scolastique et qu'il devint pendant plusieurs siècles le manuel classique et le texte obligé des leçons de tous les professeurs de théologie.

Plus loin, en traitant de l'influence exercée par Pierre Lombard, nous verrons que son livre, tout en obtenant un immense succès, rencontra néanmoins de nombreuses et violentes contradictions. Disons dès maintenant que le Maître des Sentences a été à différentes reprises et par plusieurs auteurs accusé de plagiat. Les uns ont prétendu qu'en écrivant ses *Sentences*, il avait eu sous les yeux un ouvrage analogue d'Abailard. Ce premier reproche ayant été formulé sans preuve aucune à l'appui, nous ne prendrons pas la peine de le réfuter. *Quod gratis affirmatur, gratis negatur.* D'autres ont dit qu'il s'était approprié le travail d'un certain professeur nommé Bandin, auteur d'un recueil de sentences assez semblable à celui de Pierre Lombard. D'après cette étrange supposition, ce dernier n'aurait été qu'un habile et déloyal plagiaire, il aurait copié maître Bandin en l'amplifiant. Le fait qui a donné lieu à cette accusation fut la découverte que fit au commencement du xvi<sup>e</sup> siècle, dans l'abbaye de Mœlk, en Autriche, le célèbre Jean Eckius, professeur de théologie à l'Université d'Ingolstadt, en Bavière, d'un manuscrit intitulé : *Summa theologica Magistri Bandini,* la Somme théologique de maître Bandin. « Je lus, dit-il, attentivement ce traité, et je m'aperçus bientôt avec surprise que, sauf pour le style, il ne différait presque en rien du *Livre des Sentences* de Pierre Lombard. Je confrontai sur le champ les deux ouvrages, ajoute-t-il, et il me parut que l'un des deux écrivains devait passer pour plagiaire. Mes soupçons toutefois ne se portèrent ni sur l'un ni sur l'autre ; car Pierre Lombard depuis tant de siècles passe si universellement pour l'auteur de la Somme qui porte son nom qu'on ne peut lui en contester la paternité sans les raisons les plus claires et les plus fortes. D'autre part, le manuscrit de Bandin est très-ancien, et il est fait de manière qu'il paraît avoir été plus facile d'y ajouter que d'en retrancher. *Tali formulâ concinnatus ut quis facilius addiderit quam detraxerit* (1). » Chelidonius, abbé des Bénédictins écossais, à Vienne, ayant eu communication du manuscrit découvert par Eckius, le fit imprimer en cette ville l'an 1519 en un volume in-folio, avec une dédicace adressée à l'empereur Maximilien. Cette publication accrédita l'idée que la Somme de Bandin était l'original du *Livre des Sentences* de Pierre Lombard. Ce préjugé subsista longtemps. Ce ne fut que dans les premières années du xviii<sup>e</sup> siècle que la vérité se fit jour, grâce à une autre découverte qui vint compléter celle du docteur Eckius. Bernard Pez, bénédictin de l'abbaye de Mœlk, trouva dans la Bibliothèque d'un autre monastère de son ordre, situé à Ober-Altaich, en Bavière, un manuscrit semblable en tout à celui qu'avait découvert deux siècles auparavant le professeur d'Ingolstadt, et intitulé : *Abbreviatio magistri Bandini de libro sacramentorum Magistri Petri, Parisiensis episcopi,*

---

(1) Cette appréciation a été formulée par Eckius dans un livre qu'il publia au xvi<sup>e</sup> siècle, au sujet d'une discussion théologique qu'il était allé soutenir à Vienne en Autriche. Bernard Pez, à qui nous l'empruntons, affirme l'avoir extraite de ce même livre, lequel est sans doute perdu, car il ne figure pas parmi les œuvres du célèbre controversiste.

*fideliter acta* (1). D'après ce seul titre, il est manifeste que la Somme de maître Bandin a été composée après le livre de Pierre Lombard, dont elle n'est qu'un résumé. Ce Bandin d'ailleurs a été un homme obscur toute sa vie, il n'a commencé à être connu qu'au commencement du xvie siècle, et c'est depuis cette époque seulement que les adversaires de la scolastique l'ont malignement rapproché de Pierre Lombard. Il suffit de les lire l'un et l'autre quelques instants pour se convaincre de la profonde différence de mérite qui les sépare, et pour voir de quel côté est le maître qui parle et qui enseigne de son propre fond, de quel côté au contraire est le disciple qui suit avec une circonspection timide et embarrassée. Au reste, Bandin ne doit pas être non plus accusé de plagiat; en effet, il n'a pas copié le Maître des Sentences, il a fait simplement et sans dissimulation, ce qui est très permis, un abrégé de son ouvrage.

Ce serait peut-être ici le lieu de parler des nombreux commentaires qui ont été faits sur le *Livre des Sentences*; mais cette question se rattachant à celle de l'influence exercée par Pierre Lombard sur la théologie, nous la réservons pour le chapitre où nous traiterons ce sujet.

---

(1) V. B. Pezius. *Thesaurus anecdotorum novissimus.* Dissertatio isagogica in tom. I, p. XLV-XLVII.

# CHAPITRE V

## ÉCRITS DE PIERRE LOMBARD (*suite et fin*)

---

### COMMENTAIRES SUR L'ÉCRITURE. — SERMONS. — OUVRAGES INÉDITS.

### § I. *Commentaires sur l'Écriture.*

Pierre Lombard est l'auteur d'un commentaire sur les Psaumes qui figure dans l'édition de ses œuvres publiée par M. l'abbé Migne, sous ce titre : *Petri Lombardi commentarius in Psalmos Davidicos.* Cet ouvrage est une explication verset par verset et presque mot par mot du *Livre des Psaumes.* C'est dire qu'il n'est pas méthodique. Les questions auxquelles donne lieu l'interprétation du texte sacré y sont traitées dans l'ordre où les présente la Bible, et l'auteur entremêle dans ses développements la théologie, la morale, l'exégèse et les remarques historiques.

Les exégètes du XIIe siècle n'avaient pour étudier l'Ecriture sainte que des recueils connus sous le nom de *Chaînes*, et dans lesquels étaient réunies les explications des Pères que l'on jugeait les meilleures pour chacun des livres saints. La plupart de ces compilations avaient été composées à la fin du huitième siècle et dans la première moitié du neuvième, à la suite de l'impulsion imprimée par Charlemagne à l'étude des Saintes Lettres. Au temps de Pierre Lombard, la plus célèbre de toutes était celle de Walafrid Strabon (1), connue sous le nom de *Glossa ordinaria* et citée dans tous les auteurs du moyen-âge et par saint Thomas lui-même, comme une véritable autorité. Elle se compose de citations choisies de saint Augustin, de saint Ambroise, de saint Jérôme, de saint Grégoire-le-Grand, de saint Isidore de Séville, du V. Bède, d'Alcuin, de Rhaban Maur, et de notes de Walafrid Strabon lui-même. Au commencement du douzième siècle, Anselme de Laon avait inséré des notes nouvelles entre les lignes du texte, et l'on distingua depuis lors la *Glossa interlinearis* et la *Glossa marginalis.*

C'est de la Glose interlinéaire que Pierre Lombard se servit, et son commentaire sur les Psaumes n'en est qu'une explication. Il le composa presque entièrement de citations plus ou moins textuelles de saint Jérôme, saint Augustin, Cassiodore, la Glose d'Alcuin, Rhaban, Remy d'Auxerre, etc. A l'exemple des auteurs qu'il cite, sans rejeter absolument le sens littéral, il s'attache surtout au sens spirituel. Il ne connaissait pas l'exégèse de l'Eglise grecque et les travaux admirables de saint Jean Chrysostôme et de saint Ephrem, si importants pour l'intelligence du sens grammatical et logique. De là, la prépondérance accordée par lui au sens mystique. C'est celui-ci qu'il cherche avant tout, et qu'il a directement et premièrement en vue, dans ses développements,

Les Bénédictins, dans l'*Histoire littéraire de la France,* relatent qu'un certain Gerohus, prévôt des chanoines réguliers de Reichesberg, en Bavière, dans une lettre adressée au pape Alexandre III sur les erreurs du temps, releva dans le commentaire du Maître sur les Psaumes une proposition où celui-ci semblait avancer qu'on ne doit qu'un simple culte de dulie et non point un culte d'adoration à l'humanité de Jésus-Christ. Le passage incriminé n'est pas indiqué, mais les savants historiens concluent que probablement la Glose sur le Psautier avait précédé le *Livre des Sentences* où notre auteur s'exprime avec une parfaite orthodoxie sur la question (2).

Nous ne voyons rien autre chose à dire de cet ouvrage qui est pour ainsi dire de seconde main, mais qui eut l'avantage, à l'époque où il parut, de bien résumer les travaux précédents.

---

(1) Walafrid Strabon, savant bénédictin, naquit en 806 et fut élevé dans le monastère de Fulde, sous la discipline de Rhaban Maur. Il devint ensuite doyen de Saint-Gall, puis abbé de Richenou, dans le diocèse de Constance. Il mourut vers l'an 849. On l'a appelé Strabon, du mot latin *Strabus,* parce qu'il était louche.

(2) V. *Lib. Sent.*, l. III, dist. X.

Outre le commentaire de Pierre Lombard sur les Psaumes, nous en avons de lui un autre sur les *Epitres de saint Paul*, écrit en l'année 1140. Il a été également publié dans l'édition Migne, où il est intitulé : *Petri Lombardi magistri sententiarum collectanea in omnes D. Pauli apostoli Epistolas, ex D. D. Augustino, Ambrosio, Hieronymo, aliisque nonnullis S. Scripturæ interpretibus summâ arte diligentiâque contexta.* Cet ouvrage n'est guère comme la Glose sur le Psautier qu'une simple compilation, et il se compose en grande partie d'extraits des écrits de saint Ambroise, de saint Hilaire, de saint Jérôme, de saint Augustin, de Cassiodore et de Remy d'Auxerre. Il est très clair, comme tout ce qui est sorti de la plume du Maître des Sentences, et un sage esprit de discernement a présidé au choix des nombreuses citations. C'est là le grand mérite du commentaire dont nous parlons, lequel d'ailleurs contient peu de considérations particulières à l'auteur.

On attribue également à Pierre Lombard, mais à tort, selon plusieurs bibliographes, des *Gloses sur le Livre de Job* et un *Commentaire sur la Concorde évangélique.* Quoi qu'il en soit de l'authenticité de ces deux ouvrages, ils sont aujourd'hui perdus. C'est à tort que quelques auteurs (1) ont prétendu que le premier se trouvait parmi les manuscrits de la Bibliothèque d'Avranches.

L'existence des différents écrits du Maître sur l'Ecriture sainte, nous prouve à elle seule qu'au douzième siècle l'étude de la Bible était loin d'être négligée comme on l'a dit quelquefois. Sans doute l'interprétation allégorique et mystique domina d'une manière à peu près exclusive chez les exégètes de cette époque. Le texte hébraïque de l'Ancien Testament et le texte grec du Nouveau n'ayant pas encore été mis à la portée des docteurs catholiques de l'occident, l'interprétation littérale des saintes Ecritures fut alors nécessairement défectueuse. Mais néanmoins, celles-ci ne cessèrent d'être cultivées et étudiées avec ardeur. Témoins, Hugues de Saint-Victor (1145) et Bruno d'Asti (1125) qui commentèrent le Pentateuque et les Psaumes ; Rupert, abbé de Deutsch, auteur de nombreux commentaires ; saint Bernard, le dernier des Pères de l'Eglise (1091-1153), dont les écrits ne sont qu'un tissu de passages de l'Ecriture ; Gilbert de la Porrée, évêque de Poitiers (1070-1154), commentateur de l'Apocalypse et

(1) V. Lelong. *Bibliotheca sacra,* t. II. Cfr. Fabricius, *Bibliotheca mediæ et infimæ latinitatis,* t. V, l. XV, p. 264. *Hist. littéraire de la France,* t. XII, p. 603.

des Psaumes; Honoré d'Autun, écrivain fécond, qui composa une *Elucidatio Psalterii;* Pierre de Blois (1130-1200), auteur du *Compendium in Job ;* Pierre Lombard ; Richard de Saint-Victor, Ecossais, ex-prieur de Saint-Victor, à Paris, mort vers 1173, qui commenta allégoriquement les Psaumes et composa une Explication du temple d'Ezéchiel; Pierre Comestor, ainsi nommé à cause de son avidité insatiable de tout lire, auteur de la *Scolastica historia super Vetus et Novum Testamentum* (1), ouvrage qui fut regardé, pendant plus de trois siècles, comme ce qu'il y avait de plus parfait en ce genre.

On voit par ce qui précède que l'exégèse ne fut pas aussi négligée au douzième siècle qu'on l'a souvent prétendu à tort. Si la plupart des commentateurs n'eurent point alors la connaissance des langues bibliques qu'il était si difficile d'acquérir de leur temps, ils eurent du moins la science des choses divines, et ils n'étaient pas tellement infatués des autorités de seconde main, qu'ils n'éprouvassent le besoin de se retremper sans cesse aux sources pures de la parole divine.

## § II. *Sermons de Pierre Lombard.*

Les sermons de Pierre Lombard sont restés jusqu'à ce jour complètement inédits. La Bibliothèque nationale de Paris en possède deux manuscrits (2) dont l'un est du commencement du XIII° siècle, et l'autre du XIV°. Ces deux volumes renferment, sauf quelques variantes, un texte absolument identique, ce qui, tout en en facilitant la lecture, permet de les corriger l'un par l'autre. Les discours sont au nombre de vingt-cinq; en voici les titres :

1er Sermon : *In adventu Domini.*
2·        —        *In adventu Domini.*
3·        —        *In nativitate Domini.*
4·        —        *In natali protomartyris S. Stephani.*
5·        —        *In solemnitate S. Joannis Evangelistæ.*
6·        —        *In Circumcisione Domini.*
7·        —        *In Epiphaniâ Domini.*

(1) Réimprimé dans Migne, *Patrol. lat.*, t. CXCVIII, col. 1049-1721.
(2) Bibliothèque nationale, fonds latin, ms. 18,170 et ms. 3,537.

8e Sermon : *In Purificatione Beatæ Mariæ.*
9· — *In Septuagesimâ.*
10· — *In capite jejunii.*
11· — *In die cineris, ad pœnitentes.*
12· — *In mediâ Quadragesimâ. Lœtare Jeru-*
*salem.*
13· — *In Dominicâ ante Palmas, quando ca-*
*nitur Isti sunt dies.*
14· — *In Ramis Palmarum.*
15· — *In Annuntiatione Dominicâ.*
16· — *In Cœnâ Domini.*
17· — *In Cœnâ Domini, ad receptionem pœni-*
*tentium.*
18· — *In Parasceve, seu, in Passione Domini.*
19· — *In eodem die.*
20· — *In die ressurrectionis Domini.*
21· — *De eodem die* (Ms. 3537), *in Passione*
*Domini, seu in Annuntiatione* (Ms.
18,170).
22· — *De Paschali tempore, sive ante Pas-*
*sionem.*
23· — *In Litaniis.*
24· — *De Trinitate et Paschâ Parvorum.*
25· — *In Ascensione* (1).

Il y a beaucoup d'inégalité dans les sermons de Pierre Lombard. Les uns n'offrent rien de remarquable ; l'on trouve au contraire dans les autres de véritables mouvements d'éloquence. Ils présentent cependant des caractères communs. Ce sont en effet pour la plupart des dissertations régulières, nourries de l'Ecriture sainte et particulièrement des Prophètes. Le latin en est toujours correct, quelquefois même élégant. Ordinairement le Maître des Sentences commente un texte de la Bible sur lequel il épuise tous les sens spirituels De là, un mysticisme parfois. exagéré, et des interprétations très subtiles.

Sa prédication toutefois est en bien des points supérieure à celle d'un grand nombre de sermonnaires du douzième siècle. Chez ceux-ci en effet le plan fait presque toujours défaut ; ils manquent surtout de transitions ; enfin ils sont généralement remplis d'apostrophes de mauvais

---

(1) Celui des deux manuscrits qui porte le n° 18,170 ne contient pas les quatre derniers sermons.

goût et de diatribes violentes contre les vices et les scandales de l'époque. La composition de Pierre Lombard est calme, grave et douce comme l'Evangile. Son exorde fait découvrir nettement l'objet qui sera traité. Les transitions sont naturelles et bien ménagées. Jamais il ne blesse les convenances, jamais il ne choque les oreilles de ceux qui l'écoutent par des peintures emphatiques et indécentes des misères du temps. Chez lui, jamais d'imprécations ni d'injures, mais uniquement des reproches affectueux, une compassion charitable, et de bienveillantes invitations. Il vise plus à instruire qu'à émouvoir. Les mouvements oratoires, il est vrai, sont rares et isolés, et il oublie que la péroraison doit être entraînante et pathétique ; terminer par de simples réflexions, resserrées en quelques lignes, telle est sa méthode ordinaire. Mais il ne faut pas perdre de vue que nous n'avons plus aujourd'hui que la froide lecture. L'action qui animait ces pages n'est plus là, et tel discours qui nous paraît monotone et compassé, a peut-être ému profondément les âmes et produit sur les auditeurs de merveilleux effets.

Il est difficile d'assigner aux sermons de Pierre Lombard une date exacte. L'hypothèse qui nous paraît la plus vraisemblable consiste à croire qu'il les composa durant son épiscopat. Toutefois quelques-uns remontent très probablement à l'époque de son séjour dans l'abbaye de Saint-Victor. Et voici quelles sont les raisons qui militent en faveur de ce sentiment :

1° Certains sermons sont très inférieurs aux autres, tant sous le rapport du style qu'au point de vue de la force du raisonnement et de l'élévation des pensées. L'on sent en les lisant qu'il n'y a pas encore là la science profonde d'un Maître, et il est manifeste que le *Livre des Sentences* a été écrit longtemps après.

2° L'on sait que l'éloquence sacrée était cultivée avec ardeur par les Victorins au douzième siècle. Ils en faisaient un exercice journalier. Leur congrégation jeta même alors un vif éclat dans la chaire et ses prédicateurs jouirent d'une brillante renommée (1). Pierre, durant les longues années qu'il passa au milieu des chanoines, dut s'exercer comme eux à l'art de la prédication, et il est naturel de penser que plusieurs de ses compositions datent de cette époque de sa vie.

(1) V. *La Chaire française au douzième siècle*, par M. l'abbé Bourgain, p. 114. [Paris, V. Palmé, 1879.]

3° Il règne dans quelques homélies un mysticisme très avancé, semblable en tout à celui de Hugues de Saint-Victor ; ce qui donne parfaitement lieu de supposer qu'il les fit à l'école de ce grand homme et d'après ses principes.

Les observations qui précèdent, sont le résultat d'une étude attentive des discours de Pierre Lombard. Notre travail pourrait donc se borner à ces conclusions auxquelles la lecture des documents nous a conduit. Mais nous estimons qu'il convient de faire le lecteur juge de nos propres appréciations. C'est dans ce but que nous donnerons ici quelques citations, aussi variées que possible, et en même temps une analyse des discours les plus importants. L'on pourra ainsi se faire une juste idée du genre de l'auteur.

Disons tout d'abord que ce qui frappe le plus quand on parcourt les sermons du Maître des Sentences, c'est une tendance très caractéristique de ce dernier à voir partout le nombre *trois*. Ce nombre a pour lui quelque chose de fatidique. De là naissent des rapprochements et des oppositions qui pêchent quelquefois par une excessive subtilité. En voici quelques exemples.

Commentant cette parole de Daniel : « Je regardais dans la vision de la nuit » (1), il distingue trois visions, celle de la nuit dans laquelle se sont trouvés les Patriarches et les Prophètes ; celle du jour qui a été accordée aux Apôtres ; enfin celle de la lumière qui nous sera donnée dans la vie future, et où la vérité en personne nous apparaîtra dans toute sa beauté.

« Est triplex visio, scilicet, visio noctis, visio diei, visio lucis. In « visione noctis aspiciebant patriarchæ et prophetæ... Apostolis « verò concessa est visio diei... In futuro autem erit visio lucis, ubi « Veritas in specie suâ videbitur. » (Ms. lat. 18,170, fº 3.)

Dans le 6e sermon, intitulé : *In circumcisione Domini*, il explique ce texte du livre de la Sagesse : « Lorsque tout reposait dans le silence et que la nuit était au milieu de sa course, votre parole toute-puissante, Seigneur, vint du ciel, le séjour de votre gloire » (2).

Il y a trois silences, dit-il. Le premier précéda la loi ; le second la suivit ; le troisième aura lieu dans la gloire. Avant la loi en effet l'homme ne comprenait pas sa maladie, et c'est pourquoi il restait silencieux, ne cherchant pas de médecin. Survint la loi qui lui donna

(1) Dan. vii, 13. — (2) Livre de la Sagesse, xviii, 14.

la connaissance du péché et lui montra ses blessures. L'homme alors sortit de son silence et commença à demander le remède du salut; mais le salut n'étant pas dans les œuvres de la loi, il ne put trouver dans celle-ci la guérison qu'il cherchait. A la fin, voyant son impuissance, fatigué de ses longues clameurs et désespérant de son salut, il cessa une seconde fois de parler. C'est alors que le Verbe tout-puissant s'incarna et vint sur la terre pour faire entendre des paroles de paix, pour nous donner la grâce, nous proposer la miséricorde et nous promettre le pardon. L'humanité sollicita donc de nouveau par de grands cris un remède à ses maux, et c'est là ce que fait dans la vie présente tout homme qui veut être guéri par la grâce de Dieu. Mais lorsque la parfaite santé sera venue et lorsque nous jouirons du bonheur de la future immortalité, nous n'aurons plus rien à demander, selon cette parole de Jésus-Christ : En ce jour vous ne m'adresserez plus aucune prière (1). Alors règnera le troisième silence, le silence de la consommation de toutes choses.

« Tria sunt silentia. Primum fuit ante legem, secundum sub lege, « tertium in gloriâ erit. Primum fuit ignorantia languoris, secun- « dum desperatio curationis, tertium adeptio sanitatis. Ante legem « namque homo non agnoscebat morbum suum, ideoque silebat, « non quærens medicum. Ubi autem lex subintravit per quam est « cognitio peccati (Rom. III. 20) et ostendit languidis vulnera sua, « mox ruptum est silentium, quia cœperunt ægri salutis poscere « remedium; sed per opera legis, ubi non est salus, sanari volentes, « quod quærebant invenire nequibant. Tandem igitur considerans « homo neminem per legem justificari posse, diuturnis clamoribus « fatigatus, rursùm loqui cessavit, de salute desperans, et subse- « cutum est secundum silentium. Tunc igitur omnipotens Sermo « Patris in carne veniens rupit silentium, locutus est pacem, dedit « gratiam, proposuit misericordiam, promisit veniam et cœperunt « ægri accelerare ad medicum, magnisque clamoribus flagitare « remedium. Hoc itaque in vitâ præsenti agit homo ut per Dei gra- « tiam sanitatem recipiat. Sed cùm plena venerit sanitas, et ven- « turæ immortalitatis dabitur felicitas, non erit amplius quod petat, « secundùm illud : In illa die non rogabitis Patrem quidquam ; et « tunc erit tertium consummationis silentium. » (Ms. lat. 18,170, fos 27 et 28.)

Plus loin, Pierre Lombard, continuant l'explication du même texte, nous montre une triple nuit pesant sur le monde avant la venue du Rédempteur, la nuit du démon, la nuit des misères de la vie présente et la nuit du péché.

Ces trois nuits étaient, dit-il, au milieu de leur course, parce qu'elles entraînaient le genre humain presque tout entier, comme un immense troupeau, dans l'abime de la perdition. C'est alors que vint le Verbe de Dieu. Il quitta la droite de son Père, il se dépouilla de sa divine majesté, il abandonna son royal séjour, pour s'incar- ner, pour être crucifié, pour mourir. Il apparut sur la terre comme l'aurore d'un jour nouveau, et sa lumière en se levant sur l'huma- nité fit bientôt fuir devant elle l'obscurité et les ténèbres de la nuit.

(1) Evang. de S. Jean, xvi, 23.

« Triplex nox intelligitur, scilicet, diabolus, præsens vita, pecca-
« tum. Nox ergo in suo cursu medium iter habebat, quia pene uni-
« versum genus humanum tanquam gregem post se trahebat in
« barathrum perditionis... Tunc Sermo Altissimi a regalibus sedibus,
« scilicet, de consessu Patris, de æqualitate majestatis, de sede
« regali ad carnem, ad crucem, ad mortem venit... Nox autem mul-
« tiplex apparente lumine mox in occasum vergere cœpit atque de-
« crescere. » (Ms. lat. 18,170, fos 28 et 29.)

Ailleurs, parlant du péché originel, il dit que l'homme
en fut puni par une triple déchéance et qu'il descendit
de la justice dans l'iniquité, de la béatitude dans le malheur, de la vie dans la mort. Dans la parole adressée par
le serpent à nos premiers parents, il voit une triple tentation, une tentation de concupiscence (si vous mangez de
ce fruit), une tentation de cupidité (vous connaîtrez le
bien et le mal), et une tentation d'orgueil (vous serez
comme des dieux).

L'homme, dit-il, avait été créé à l'image de Dieu et il lui était
attaché par trois facultés, la mémoire, l'intelligence et l'amour. Le
tentateur l'en sépara par une triple séduction, en lui jetant le hame-
çon de la volupté, le filet de la vaine gloire et celui de la cupidité...
Ce fut comme une triple blessure portée à l'humanité dans la personne de son premier représentant.

« Tria tentator proposuit ut hominem qui tribus, scilicet, memo-
« riâ, intellectu, dilectione Deo cohærebat, a Deo elongaret, ut qui
« per trinitatem Trinitati erat similis, per trinitatem vitiorum eidem
« fieret dissimilis. De gulâ siquidem tentavit dicens : Quâcumque
« die comederitis ; de superbiâ, sicut dii ; de avaritiâ, vel concupis-
« centiâ, scientes bonum et malum. Hamum voluptatis, sagenam
« elationis, rete cupiditatis misit... quasi triformi telo humanum
« genus in protoplasto vulneravit... » (Ms. lat. 18,170, fo 47.)

Quelquefois le nombre trois inspire à Pierre Lombard
des rapprochements ingénieux d'où naissent des élans
de haute spiritualité. Ainsi, dans le 17e sermon, qui a
pour titre : In Cœnâ Domini, ad receptionem pœniten-
tium, il nous présente les trois morts miraculeusement
ressuscités par Jésus-Christ, à savoir la fille du chef de
la synagogue, le fils de la veuve de Naïm, et Lazare,
comme la figure de trois catégories de pécheurs. La
fille de Jaïre, dans la maison de son père, c'est l'image
de celui qui s'est rendu coupable secrètement de
quelque péché mortel. Le fils de la veuve dont Jésus
rencontra le convoi à la porte de la ville, ce sont ceux
qui ont péché publiquement par paroles ou par actions.
Lazare enfin couché et déjà en décomposition sous la pierre
du sépulcre figure celui qui, devenu l'esclave d'habitudes
criminelles, empoisonne ceux qui l'entourent par l'odeur

fétide de ses cicatrices morales. Mais le Seigneur rappelle également les trois cadavres à la vie, parce que la grâce divine éclaire et guérit toutes les âmes, même celles qui sont mortes par des iniquités publiques ou qu'écrase la multitude de leurs péchés. Cependant, ajoute notre prédicateur, plus les fautes sont légères, plus la résurrection est prompte et facile. En effet, le Sauveur n'adresse que quelques mots à la jeune fille; elle n'est pas morte, avait-il dit, mais elle dort. Il parle avec plus de force au jeune homme : je te le commande, lui dit-il, lève-toi. Enfin, près du tombeau de Lazare, il frémit, il se trouble, il pleure, et il s'écrie à haute voix : Lazare, sors du sépulcre (1).

Citons encore deux passages où se révèle d'une manière sensible l'affection de Pierre Lombard pour le nombre *trois,* et son talent à manier l'antithèse. Pour ne pas altérer la justesse des expressions, nous donnons, sans le traduire, le texte latin.

Le premier passage a trait au mystère de l'Eucharistie :

« ... Triplex mensa nobis commendatur in Scripturâ. Una in lege, « secunda in Evangelio, tertia in cœlo. Prima Moysis, secunda « Christi, tertia Dei. Prima fuit in figurâ, secunda in veritate, ter- « tia erit in claritate. Prima docet, secunda perficit, tertia glori- « ficat. Prima enim in litterâ, secunda in spiritu, tertia erit in « specie. De mensâ primâ scribit Moyses, Domino dicente ad eum : « Facies et mensam de lignis Cethim et inaurabis eam auro puris- « simo. De secundâ ait Apostolus : Non potestis communicare men- « sæ Christi et mensæ dæmoniorum. De tertiâ loquitur Veritas, in « Evangelio dicens : Ut edatis et bibatis super mensam meam in « regno Dei (2). »

Dans le passage suivant, il s'agit des différentes manifestations de Dieu aux hommes :

« Triplex est visio quâ Deus videtur. Prima est in exilio, secunda « erit in judicio, tertia in regno. De primâ dicitur Thomæ : Quia « vidisti me, credidisti, etc. De secundâ dicitur : Videbit omnis caro « salutare Dei. De tertiâ dicitur : Non videbit me homo et vivet ; et « item : Tolletur impius ne videat gloriam Dei... In primâ apparuit « mansuetus, in secundâ apparebit justus, in tertiâ gloriosus. In « primâ solvit, in secundâ absolvet, in tertiâ perficiet. In primâ « apparuit amabilis, in secundâ apparebit terribilis, in tertiâ admira- « bilis... In primâ seminavit fidem, in secundâ metet, in tertiâ dila- « tabit caritatem... In primâ visione viderunt eum boni et mali, sed « non omnes ; in secundâ visione videbunt tam mali quam boni, et « omnes ; in tertiâ soli boni, et omnes (3). »

(1) V. Ms. lat. 18,170, fᵒˢ 111 et 112. — (2) Sermon *in Cœnâ Domini.* Ms. lat. 18,170, fᵒ 96. — (3) Sermon 21ᵉ, *in die resurrectionis Domini.* Ms. lat. 18,170, fᵒˢ 150 et 151.

9

Nous pourrions multiplier davantage les citations dans le genre de celles qui précèdent ; mais il est temps de passer à un autre ordre d'idées, et d'étudier dans les sermons qui nous occupent ce qui en constitue la subtance, c'est-à-dire le fond même des pensées.

Les deux sermons pour l'Avent, ainsi que celui pour la Nativité du Seigneur, développent, bien qu'avec des considérations différentes, le même sujet : il s'agit du mystère de l'Incarnation. « Mystère admirable, dit Pierre Lombard, dans lequel une Vierge sainte conçut et enfanta de sa propre substance, par l'opération du Saint-Esprit, et sans le concours de l'homme, un Fils consubstantiel au Père ! Mystère étrange et ineffable dans lequel Celui qui est le Fils de Dieu s'est fait aussi le fils de l'homme !... Ce grand évènement, révélé à Daniel en particulier par le ministère d'un ange, est souvent annoncé dans les saintes Ecritures où nous voyons comme dans un miroir, tout à la fois, et la dignité de notre première origine, et l'infortune de notre ruine, et le bienfait de notre réparation par la grâce, et la sainteté de notre future glorification. » Parmi beaucoup de prophéties l'orateur s'attache principalement à celle d'Isaïe : Voilà que votre Dieu viendra et il vous sauvera. Et alors les yeux des aveugles seront ouverts, ainsi que les oreilles des sourds ; alors le boiteux courra avec l'agilité du cerf, et la langue des muets sera guérie (1). Il montre le triste état du monde avant l'avènement du Sauveur.

L'humanité, dit-il, gisait, en proie à de nombreuses maladies. Comme la femme dont parle l'Evangile, elle avait dépensé toutes ses ressources au profit de plusieurs médecins, sans en recevoir aucun soulagement (2). Mais l'Emmanuel est venu, et il a dissipé le nuage du péché et de l'ignorance qui couvrait la terre ; il a ouvert les yeux des aveugles et il a guéri les oreilles des sourds ; il a guéri les boiteux qui ne savaient pas marcher dans la voie de la foi et des bonnes œuvres, en les faisant bondir des abîmes du vice vers les hauteurs de la vertu ; il a délié la langue des muets, paralysée par Satan, afin qu'elle pût chanter à Dieu des cantiques de louanges (3). »

Le second sermon in Adventu nous montre l'accomplissement de la prophétie de Jacob : Le sceptre ne sortira pas de Juda, jusqu'à ce que vienne Celui qui doit être envoyé et qui sera l'attente des nations (4).

Celui qui devait être envoyé, dit Pierre Lombard, le

(1) Isaïe, xxxv, 4, 5, 6. — (2) Evang. de S. Marc, v, 25, 26. — (3) Premier sermon in Adventu. Ms. lat. 18,170, fᵒˢ 4 et 5. — (4) Gen. xlix, 10.

Christ, est venu ; mais d'où est-il venu ? Où et pourquoi
est-il venu ? Tel est le plan de son discours.

Il répond aux deux premières questions par cette parole
de Jésus-Christ lui-même : Je suis sorti de mon Père, et
je suis venu en ce monde (1).

*De toute éternité*, dit-il, il est sorti du sein de Dieu le Père à qui
il est égal en toutes choses, et il est venu *dans le temps* sur la terre.
Cependant, il était déjà dans le monde, lisons-nous dans saint
Jean (2), et l'Evangéliste ajoute : il est venu dans ses propres
domaines et les siens ne l'ont pas reçu (3). Il est donc venu là où il
était ; car étant Dieu, il n'est absent ni de l'orient, ni de l'occident, ni
des montagnes les plus désertes ; et d'un autre côté, il n'est pas non
plus renfermé dans un lieu ni circonscrit dans un espace, mais il
est essentiellement et tout entier partout et toujours, puisqu'il a dit :
Je remplis le ciel et la terre (4). Il est cette Sagesse dont parle Salomon, qui tend et arrive à ses fins avec force et qui dispose tout avec
douceur (5). Elle arrive à ses fins avec force, parce qu'elle meut,
régit et ordonne toutes choses, tout en demeurant toujours la même
dans une immuable éternité. Elle gouverne le monde sans changer
avec les temps et les lieux. Sa subtance en effet est en toutes choses,
puisque toutes choses sont en elle ; elle est plus ancienne que toutes
choses, puisqu'elle était avant que rien ne fût ; elle est en dehors de
tout, car elle est au-dessus de tout ; elle est enfin plus nouvelle que
tout, puisqu'elle est tout et qu'elle a donné à tout le commencement.
Elle est donc temporelle quoique sans durée, toute entière partout
quoique sans lieu, changeant tout sans changer elle-même. Et
pourtant les prophètes ont annoncé que cette même Sagesse, c'est-
à-dire le Christ, devait être envoyée, et l'Evangile nous dit qu'elle
est venue. Que signifie ce langage ? En voici l'explication. Le Christ
a été envoyé, et il est venu sur la terre, lorsqu'il s'est anéanti, prenant la forme d'esclave, lorsqu'il a paru et vécu au milieu des
hommes. Il n'est donc pas venu dans le monde, en changeant de
lieu, car il était déjà dans le monde, mais en se revêtant de notre
chair, et cela, afin de se montrer à nous conforme à nous-
mêmes.

« Ab æqualitate Patris æternaliter est egressus, et in orbem
« terræ temporaliter est introductus. De illo tamen Evangelista
« Joannes ait : In mundo erat et mundus per ipsum factus est, et
« mundus eum non cognovit Et addit : In propria venit et sui eum
« non receperunt. Si autem in hunc mundum venit, et in hoc mundo
« erat. Illuc ergo venit ubi erat ; illuc missus est ubi non deerat ;
« quia neque ab Oriente, neque ab Occidente, neque a desertis monti-
« bus absens est, quoniam Deus est. Si autem Deus, non loco clau-
« ditur nec locali capacitate determinatur, sed ubique et semper
« essentialiter ac totus est qui ait : Cœlum et terram ego impleo.
« Hæc est enim sapientia quæ attingit a fine usque ad finem for-
« titer et disponit omnia suaviter... Attingit a fine ad finem fortiter,
« quia ab æterno usque in æternum immutabiliter manens ubique
« perfectè cuncta agit et disponit... quia omnia movet et regit et

(1) Evang. de S. Jean, xvi, 28. — (2) Ibid., i, 10. — (3) Ibid., i, 11. — (4) Jérémie,
xxiii, 24. — (5) Sagesse, viii, 1.

« permanens omnia innovat. Cùm ergo tale aliquid agit, non debe-
« mus opinari ejus substantiam quæ Deus est, temporibus locisque
« mobilem, cùm sit ipsa et interior omni re quia in ipsâ sunt omnia,
« et antiquior omnibus quia est ante omnia, et exterior omni re quia
« ipsa est super omnia, et novior omnibus quia est omnia et omnium
« initia. Intelligamus eam ergo sine tempore temporalem, sine loco
« ubique totam, sine sui mutatione mutabilia facientem. Hæc tamen
« mittenda atque ventura in prophetis prædicitur, et venisse in
« Evangelio legitur. Quomodo igitur intelligenda est ista missio
« sapientiæ, id est, Christi? Missum vel venisse in mundum intelli-
« gere debemus... cùm se exinanivit formam servi accipiens, et in
« terris visus est et cum hominibus conversatus est. Non igitur
« venit in mundum mutando locum, quia in mundo erat, sed induendo
« carnem ut carnalibus congruenter appareret. » (Ms. lat. 18,170,
fᵒˢ 6 et 7.)

Le prédicateur explique ensuite pourquoi le Christ est
venu, en nous montrant dans la personne du Verbe
incarné et rédempteur, le bon Samaritain qui a pansé les
plaies de l'humanité, le nouvel Elisée qui après avoir rappelé à la vie l'enfant de la Sunamite, c'est-à-dire de l'É-
glise, l'a rendu vivant à sa mère; et enfin l'ange du
grand conseil qui est descendu dans la piscine probatique
de la Synagogue pour guérir l'immense multitude des
âmes malades qui depuis longtemps attendaient sa
venue (1).

Dans le sermon *in Nativitate Domini*, il est surtout
question du mode de l'Incarnation.

Le Christ était un Dieu infiniment riche en Dieu le Père par qui
tout a été créé, et il s'est fait pour nous pauvre et enfant. Il a pris
sur lui notre pauvreté afin de nous communiquer ses richesses... Il
s'est fait humble et petit, pour nous élever ; il s'est fait pauvre afin
de nous donner le royaume des cieux; il s'est fait enfant, afin que
nous devenions ses propres enfants... Dieu sans doute aurait pu
nous sauver d'une autre manière, mais il n'aurait pu trouver un
remède mieux adopté à notre misère, car l'homme qui était tombé
par l'orgueil devait être relevé par l'humilité.

« Cùm esset dives Deus apud Deum Patrem per quem omnia
« facta sunt, factus est pro nobis puer pauper, ut nostram assu-
« mendo paupertatem, nobis suas communicaret divitias... Sicut ergo
« factus est humilis ut nos exaltaret, sic et pauper ut nobis regnum
« cœlorum daret; ita et puer ut suos faceret pueros... Fuit quidem
« et alius modus nostræ liberationis Deo possibilis, sed nullus sa-
« nandæ nostræ miseriæ fuit convenientior, ut homo qui per super-
« biam corruerat, per humilitatem resurgeret... » (Ms. lat. 18,170,
fᵒ 12.)

Citons encore la péroraison qui nous montre la victoire
du Christ sur le démon et sur la mort :

L'enfant pauvre qui nous a sauvés est passé de la prison et des

_____

(1) Ms. lat. 18,170, fᵒˢ 7, 8, 9 et 10.

chaînes au repos et à la gloire. Car injustement saisi, tourmenté et crucifié par les Juifs, il a patiemment souffert ces choses conformément à la volonté de son Père; mais par cette obéissance il a conquis la dignité royale, et, en récompense, Dieu l'a exalté, et il lui a donné un nom qui est au-dessus de tous les noms. Si, en effet, la passion du Christ nous a montré la faiblesse de son humanité, sa résurrection a fait éclater à nos yeux sa divinité. Réjouissons-nous donc et célébrons par d'harmonieux cantiques la naissance de cet enfant, préparons à notre roi dans nos cœurs une habitation digne de lui, en nous purifiant de nos péchés; car aujourd'hui ce Roi, notre Dieu, a pris sur lui notre nature; il a arraché à notre usurpateur ses dépouilles; il a donné la santé aux malades, la liberté aux captifs, aux exilés un héritage, et par sa victoire sur nos ennemis, il nous a rendu la paix.

« Puer pauper et sapiens de carcere catenisque ad requiem venit
« et regnum. Captus est enim injuste a Judæis atque ligatus est,
« patienter hæc omnia secundum voluntatem Patris passus, clavis
« cruci est affixus. Sed per hanc obedientiam regnum est adeptus.
« Propter hoc enim exaltavit illum Deus et donavit illi nomen quod
« est super omne nomen. Qui enim patiendo apparuit infirmus,
« resurgendo innotuit Deus. Jubilemus ergo et psallamus sapienter
« quia talis puer natus est nobis. Jubilemus mente et psallamus
« opere, præparantes regi nostro habitacula peccatorum et lavantes
« inter innocentes manus nostras; quia naturam nostram suscepit
« Deus et rex noster qui velociter spolia prædoni nostro detraxit,
« qui infirmis salutem, captivis libertatem, exulibus hæreditatem
« donavit, atque inimicis destructis pacem nobis fecit. » (Ms. lat.
18170, fᵒ 15.)

Le quatrième et le cinquième sermons ont été prononcés, l'un à l'occasion de la fête de saint Etienne, premier martyr, l'autre à l'occasion de la solennité de saint Jean l'Evangéliste.

Ils n'offrent rien d'intéressant. Ce ne sont pas des panégyriques, car il y est à peine question des saints eux-mêmes. Nous n'en citerons que le très-court passage qui dans le second se rapporte à l'Evangéliste saint Jean en particulier :

Parmi les fils bénis du Seigneur, brille d'un éclat incomparable et par la grâce de la virginité, et par le privilége de la tendre affection dont il fut l'objet, et par le don d'une immense sagesse, le grand saint dont on célèbre aujourd'hui la fête, Jean l'Evangéliste. Celui-ci, en effet, est le disciple que le Seigneur appela du sein de la tourmente orageuse du siècle, afin qu'à son exemple il fût vierge, et à qui, du haut de la croix, il recommanda la Vierge, sa mère... C'est le disciple que Jésus aimait, non pas peut-être avec plus d'ardeur que les autres, mais d'une manière plus intime, parce qu'une certaine affinité de nature et leur commune virginité établissaient entr'eux des rapports plus étroits... C'est le disciple qui mérita de reposer à la cène sur la poitrine de Jésus, qui puisa à cette source divine la plénitude de la sagesse spirituelle, et qui, jeté par celle-ci dans une sorte d'ivresse, fit entendre au monde sa voix de profond théologien avec tant de force et de majesté, quand il dit : Au commencement était le Verbe. C'est pourquoi on le compare avec raison à l'aigle qui, dans son vol, fixe d'un hardi regard l'éblouissante clarté du soleil. Ainsi, en effet, saint Jean, grâce à l'invincible pénétration de son esprit, a contemplé la lumière du soleil de vérité, c'est-à-dire la divinité du Verbe, son éternité et son égalité substantielle avec le Père. Son Evangile, semblable au son éclatant d'une trompette, a fermé la bouche aux adversaires de la vérité; il a fait de l'hérésie une mère sans enfants et desséché son sein...

« Inter filios benedictos Domini eminet sanctissimus Johannes
« Evangelista cujus hodiè festivitas celebratur, virginitatis gratiâ,
« dilectionis privilegio, immensæ sapientiæ dono. Hic est enim dis-
« cipulus ille quem de fluctivagâ nuptiarum tempestate Dominus
« vocavit, ut virgo virginem sequeretur, cui et de cruce matrem
« virginem commendavit... Hic est discipulus ille quem diligebat
« Jesus valde, non forte ferventius ceteris, sed familiarius, quia ei
« sicut naturæ affinitate, ita carnis integritate propinquus erat...
« Hic est discipulus ille qui supra pectus Domini in cœnâ recubere
« meruit, qui de fonte Dominici pectoris spiritualis sapientiæ plenitu-
« dinem hausit; quâ debriatus, in vocem theologam tanti ponderis ple-
« nam erupit, cùm ait : In principio erat Verbum, etc. Unde aquilæ
« volanti meritò comparatur, quæ in reverberatis luminibus aciem
« solis intuetur; ita enim Johannes inconcussâ mentis acie veri
« solis lumen, id est, Christi divinitatem, æternitatem, cum Patre
« æqualitatem contemplatus est. Cujus tanquam personante buc-
« cinâ, vulva hæreticorum sine liberis est facta et ubera eorum
« facta sunt arentia; Joanne enim evangelizante opilata sunt ora
« adversus veritatem perstrepentium... » (Ms. lat. 18,170, f° 23.)

Le sermon pour l'Epiphanie a pour objet la venue des Mages de l'Orient à Bethléem. C'est une suite de considérations mystiques sur la qualité et la profession de ces saints personnages, sur leur nombre trois, sur l'étoile qui les guida, sur le pays d'où ils vinrent, sur le but de leur voyage, sur le sens spirituel des présents offerts par eux à Jésus-Christ.

Dans le sermon pour la fête de la Purification de Notre-Dame, Pierre Lombard explique pourquoi le Christ voulut être présenté au temple quarante jours après sa naissance. Ce fut, dit-il, non point pour son bien personnel, car ni lui ni sa mère n'avaient besoin d'être purifiés, mais dans notre intérêt et afin de nous donner un exemple d'humilité. Notre auteur montre ensuite comment la vie toute entière du Sauveur a été pour nous une magnifique leçon de pauvreté et de mépris du monde. Il termine par des réflexions pieuses sur le symbolisme des deux oiseaux qui furent offerts pour Jésus au jour de sa présentation. La tourterelle est l'image de l'innocence, la colombe est l'image de la simplicité. Leur chant a lui-même une signification mystérieuse; car elles gémissent et figurent ainsi les larmes du repentir.

Comment l'âme s'éloigne de Dieu, comment elle revient
à lui, tel est le plan général du discours pour l'ouverture
du Carême *(in capite Jejunii)* :

Quatre causes entraînent loin de Dieu notre pauvre et malheu-
reuse âme, pour l'exiler dans la région des ténèbres et dans les
ombres de la mort. — La première est cette joie mondaine qui fait
que dans la prospérité, alors que tout réussit au gré de nos désirs,
nous plaçons toutes nos affections dans les richesses et les honneurs. — La seconde cause qui détourne de Dieu est la tristesse
immodérée que fait naître en nous l'absence des biens temporels
ou la multitude de nos péchés. — La troisième est l'hypocrisie, le
vice de ceux qui cherchent à paraître au dehors autres qu'ils ne
sont intérieurement... C'est le loup dissimulé sous une peau de
brebis, c'est le serpent caché sous le plumage de la colombe. — La
quatrième, enfin, et la plus dangereuse, c'est l'orgueil.. Né dans le
ciel, il s'attaque aux âmes élevées, luttant jusque sous le cilice et la
cendre; il est la source de tout péché; il sévit encore, après que
tous les vices ont disparu, et il est le dernier vaincu, car il se glisse
partout, même dans les bonnes actions.

« Quatuor sunt aversiones quibus miserabilis et infelix anima a
« Deo se elongat, exulans in regione tenebrarum et umbræ mortis,
« scilicet : mundialis lætitia, de prosperitate hujus sæculi veniens
« et cunctis ad votum succedentibus, in divitiis et honoribus...
« Altera verò est immoderata tristitia quæ ex duobus contrahitur,
« scilicet, ex defectu rerum temporalium et ex peccatorum incre-
« mento vitiorumque immoderato cumulo... Tertia autem est hypo-
« crisis quæ aliud foris ostendit, aliud intus tenet... Lupum sub ove
« contegit, serpentem sub columbâ abscondit... Quarta vero ceteris
« difficilior est superbia... Natione cœlestis, sublimium mentes
« appetit, sub cinere luctans et cilicio. Hæc est initium peccati. Hæc
« post omnia sævit vitia, postrema vincitur, quæ et in benefactis
« subrepit... » (Ms. lat. 18,170, fº 52 et 53.)

Telles sont les quatre causes qui nous éloignent de
Dieu. L'on revient à lui, en substituant aux joies criminelles du monde la joie *dans le Seigneur*, à la tristesse
coupable un efficace repentir, aux artifices de l'hypocrisie
une sincère et véritable piété, à l'orgueil frivole et à la
présomptueuse vanité la perfection de l'humilité.

Le sermon se termine par une exhortation à la pénitence.

Pierre Lombard dit que celle-ci, pour être parfaite,
doit comprendre la contrition du cœur, la confession
orale et la satisfaction, et il montre, d'après l'Écriture,
la nécessité de ces trois conditions. Il s'étend très-longuement sur les différentes manières de satisfaire à
Dieu.

L'on satisfait, dit-il, par le jeûne, par la prière et par l'aumône...
Il ne suffit pas et même il est inutile de macérer notre chair par
des privations corporelles, si nous ne mortifions pas aussi notre

àme par une sorte d'abstinence spirituelle, en corrigeant nos défauts
et en évitant le péché. Il y a aussi une double prière, et celle qui
s'échappe des lèvres ne peut rien sans celle qui doit sortir du fond
de notre cœur... L'aumône également est corporelle ou spirituelle;
la première ouvre la main et vient en aide aux malheureux; l'autre
ramène à Dieu celui qui s'égare et absout celui qui nous offense;
l'une distribue les bienfaits, l'autre pardonne les injures et travaille
à la conversion des pécheurs... Le jeûne sans l'aumône n'a aucune
valeur, et la prière ne pénètre pas jusqu'au ciel, si nous ne lui donnons les deux ailes de la charité et de la mortification. C'est en
vain que vous tendez en priant vos mains vers le Seigneur, si vous
ne les étendez pas, selon votre pouvoir, vers le pauvre qui vous
implore.

Nous devons faire le bien à tous, mais surtout à ceux qui sont
nos frères dans la foi, et parmi ces derniers, principalement aux
prédicateurs, parce qu'ils se sont faits pour le Christ les serviteurs
des hommes afin de les instruire par la parole de vérité et de les
sanctifier par l'exemple d'une vie sainte...

« Satisfactio in tribus consistit, sc., jejunio, oratione, eleemo-
« synâ... Non sufficit nec valet carnem macerare corporali parci-
« moniâ, nisi intùs mentem castiget (Ms. lat. 18170) castificet
« (Ms. 3537) spiritualis abstinentiâ quâ vitia caveamus et delicta
« vitemus. Similiter est et oratio oris et oratio cordis, nec valet
« clamor labiorum sine clamore animorum... Eleemosyna quoque
« gemina est : corporalis et spiritualis. Corporalis manum aperit,
« egentibus subvenit. Spiritualis autem errantem corrigit et delin-
« quentem absolvit... Hæc enim sunt duo officia misericordiæ, sci-
« licet maleficiis ignoscere seu fratrem delinquentem ab errore viæ
« suæ convertere, et beneficia erogare... Nec jejunium sine eleemo-
« synâ valet, nec oratio penetrat cœlum nisi duas habeat alas
« jejunii et eleemosynæ... Frustra expandis in oratione manus ad
« Dominum, si eas pro posse ad rogantem pauperem non exten-
« dis... Omnibus in commune misericordiam conferamus, sed præ-
« cipuè consortibus nostræ professionis, et inter illos maxime præ-
« dicatoribus qui pro Christo facti sunt servi hominum, verbo
« veritatis et formâ sanctæ conversationis alios instruentes. » (Ms.
lat. 18170, f^os 55, 56, 57 et 58.)

Le onzième sermon a été, comme l'indique son titre
*(in die Cineris ad pœnitentes)* composé pour le jour des
Cendres et adressé aux pénitents; on appelait ainsi les
chrétiens qui, en punition de fautes graves et publiques,
étaient retranchés temporairement de la communion de
l'Eglise et exclus de la participation aux sacrements. Le
texte est emprunté au Livre des Proverbes : « Jusqu'à
quand dormiras-tu, ô paresseux, et quand donc sortiras-
tu de ta torpeur? Encore un peu de repos, et la pauvreté
fondra sur toi comme un homme armé, et la misère
comme un ravisseur (1). »

(1) Prov, vi, 9, 10, 11.

Pierre Lombard débute ainsi :

De même qu'aux vigilants est promis le royaume, ainsi la Sagesse menace les endormis d'une ruine éternelle. Il ne s'agit point ici du sommeil de nos corps, mais du sommeil de nos âmes, de ce sommeil qui, loin de les reposer, les accable, et qu'on appelle l'oisiveté ou la paresse. Daigne Dieu détourner toujours un tel sommeil de nos yeux...

« Sicut vigilantibus promittitur regnum, ita dormientibus Sapien-
« tia æternum minatur interitum... Non est iste somnus corporis
« sed mentis, nec menti præstat quietem sed suggerit oppressio-
« nem. Dormitio ista pigritia vel acedia dicitur. Avertat Deus ab
« oculis nostris hujusmodi somnum talemque dormitationem... »

Plus loin, nous trouvons un très-beau développement de ces paroles de la sainte Ecriture : « Va vers la fourmi, paresseux, considère ses voies et apprends à son école la sagesse. Sans être guidée par un maître, elle prépare sa nourriture pendant l'été, et rassemble ses provisions pendant la moisson (1). »

Par là Dieu semble nous dire : Si les exhortations du prédica-teur ne vous touchent pas, apprenez par l'exemple de la fourmi le sage amour du travail. En effet si ce petit animal, sans le secours d'un chef, et dépourvu de raison, se précautionne pour l'avenir, conduit par son seul instinct, à plus forte raison, vous, ô homme créé à l'image de Dieu, destiné à contempler un jour sa gloire, aidé par l'enseignement des docteurs, ayant pour guide le Créateur lui-même, devez-vous amasser présentement, en multipliant vos bonnes œuvres, les fruits qui vous seront nécessaires pour vivre dans l'éternité. La vie présente est semblable au temps de la mois-son et de l'été, parce qu'il nous faut maintenant cueillir au milieu des ardeurs de la tentation les mérites qui nous donneront droit aux futures récompenses. Le jour du jugement, au contraire, sera comme l'hiver, parce qu'alors il ne nous sera plus possible de tra-vailler pour notre subsistance, mais chacun devra sortir du grenier de ses propres actions ce qu'il y aura renfermé. Sors donc de ta somnolence, ô paresseux, sois vigilant, et garde avec soin ton cœur... Réveillez-vous, âmes languissantes... Assez longtemps, mes frères, vous êtes restés dans l'inaction et dans les désordres du péché. C'est pourquoi l'Apôtre vous appelle en disant : O vous qui dormez, engourdis dans une coupable négligence et dans l'oubli de Dieu, relevez-vous par la pénitence, marchez en avant, méprisez la terre, détestez vos fautes, reprenez vie par la confession et par la pratique du bien, tuez en vous le vieil homme et revêtez-vous de l'homme nouveau. Vous avez été jusqu'ici des hommes de la terre et mené une vie terrestre en vous conduisant selon la chair, appli-quez-vous désormais par une vie toute céleste à devenir des hommes du ciel...

« Vade piger ad formicam, ait Sapientia, et considera vias ejus, et

(1) Prov. vi, 6, 7, 8.

« disce sapientiam ; quæ, cùm non habet ducem, parat æstate cibum
« sibi et congregat in messe quod comedat. Quasi : Si te non movent
« verba doctoris, disce a formicâ sapientiam operandi. Si enim
« tantillum animal, principe carens, rationis expers, naturâ duce,
« sibi providet in posterum, multò magis tu, ad imaginem Dei con-
« ditus, ad videndum gloriam ejus vocatus, doctorum magisterio
« adjutus, ipsum conditorem habens ducem, debes in præsenti
« fructus bonorum operum congregare quibus in futuro vivas in
« æternum. Vita præsens messi comparatur et æstati, quia nunc
« inter ardores tentationum colligenda sunt futurorum merita præ-
« miorum. Dies autem judicii comparatur hiemi quia nulla relin-
« quitur facultas pro vitâ laborandi, sed tantùm cogetur quisque de
« horreo propriæ actionis proferre quod recondidit. Surge igitur,
« piger, de somno torporis, vigila negligens et omni custodiâ serva
« cor tuum... Surgite, qui jacetis. Hactenus, fratres, satis pigritati
« estis ; huc usque in voluptatibus vitiorum versati estis. Unde Apos-
« tolus quemque vestrùm vocat dicens : O tu qui dormis, torpore
« vitiorum obvolutus et Dei oblivione confusus, surge per pœniten-
« tiam ut in anteriora te extendas, terrena contemnas, vitia odias,
« et exurge per oris confessionem et operis exhibitionem, ut vete-
« rem hominem in te ipso mactes et novum induas... ut sicut ad
« instar terreni usque nunc terreni fuistis et terrenam vitam duxistis
« secundum carnem ambulantes, sic de cetero studeatis fieri per
« cœlestem cœlestes... » (Ms. lat. 18170, fos 60 et 61.)

La suite du discours contient de pieuses réflexions sur
la bonté de Dieu, sur l'ingratitude des pécheurs, et sur
les salutaires effets du sacrement de Pénitence.

Rien d'intéressant à signaler dans le douzième sermon
(In mediâ quadragesimâ) et dans le treizième (In Dominicâ ante Palmas). Nous les passerons donc sous silence
pour nous occuper plus longuement du quatorzième (In
Ramis Palmarum), qui est, sans contredit, l'un des plus
remarquables. La première partie nous montre le démon
sans cesse occupé à tendre aux hommes toutes sortes
d'embûches, afin de les perdre et de les précipiter dans
l'abîme. Parmi ceux que Satan réussit à faire tomber, les
uns se laissent aller au désespoir comme Judas, les
autres soutenus par la foi et l'espérance pleurent amèrement comme l'apôtre saint Pierre et se convertissent.

Viennent ensuite des considérations très-élevées sur
la chute du chef des apôtres et sur la manière dont il s'est
relevé.

Il a effacé, dit Pierre Lombard, par une triple confession de son
amour le crime de son triple reniement. Dieu permit qu'il tombât, lui,
le premier des apôtres, afin qu'il apprît par sa faute combien il doit être
miséricordieux pour les fautes des autres ; et il l'a relevé après sa
chute, afin de montrer aux pécheurs par son exemple le principe et
les conditions de leur propre résurrection. En effet, la profession
de foi et d'amour de Pierre suivit ses pleurs ; il pleura après être
sorti ; il sortit quand Jésus l'eût regardé. Il ne serait pas sorti et il

n'aurait pas pleuré si le Seigneur n'avait jeté sur lui un regard. Ce regard de Jésus est bon; il n'accable pas le pécheur, il le fortifie; il ne l'aveugle pas, il l'éclaire; il ne le condamne pas, il le guérit. Ce regard est un secours et une lumière; il ne vient pas d'un cœur ennemi et irrité, mais d'un cœur propice et compatissant... Le Seigneur regarda donc Pierre, pour que celui-ci considérât sa faute, pour qu'en la considérant il en eût horreur et en rougit, pour qu'en rougissant, il se corrigeât Ce regard est salutaire; car il met le pécheur face à face avec son péché, et il lui fait considérer avec sollicitude l'objet que sa négligence avait d'abord méprisé; ce qui n'aurait pas lieu, sans le regard du Seigneur, c'est-à-dire sans le secours de la grâce...

« Trinæ negationis culpam trinâ dilectionis confessione funditùs
« extirpavit... Quem, cùm esset primus apostolorum, permisit Deus
« cadere, ut in suâ culpâ disceret quantùm in aliorum culpis mise-
« reri debet, et a casu relevavit ut in eo peccatores discant causam
« et ordinem suæ a lapsu resurrectionis. Professio enim secuta est
« fletum, fletus egressum, egressus respectum; quia non exisset
« foras nec flevisset, nisi eum Dominus respexisset... Bonus est
« iste respectus, quo peccator adjuvatur, non opprimitur, illustra-
« tur, non cæcatur, sanatur non damnatur. Iste respectus auxilium
« est et lux, non infensi sed propitii, non irascentis sed miserentis...
« Respexit ergo Petrum Dominus, ut ille respiceret suum reatum,
« et respectione horreret, et horrore erubesceret, et erubescendo
« corrigeretur. Salubris est iste respectus quo peccatum statuitur
« contra faciem suam, ut quod post tergum negligens postposuerat
« ante faciem sollicitus ferat, quod utique non faceret, nisi Dominus
« respiceret, id est, perveniret gratia et adjuvaret... » (Ms. lat.
18170, fos 81 et 82.)

Le prédicateur tire ensuite des réflexions qui précèdent des conclusions morales :

Mes frères, dit-il, prions le Seigneur de nous regarder comme il a regardé saint Pierre, afin qu'à son exemple, éclairés par la grâce, nous sortions dehors avec l'Apôtre. Sortir dehors, c'est découvrir les blessures secrètes et les maladies cachées de notre âme; c'est dépouiller le vieil homme avec ses actions et se revêtir de l'homme nouveau, de manière à pouvoir dire avec saint Paul : Ce n'est plus moi qui vis, mais c'est Jésus-Christ qui vit en moi. Sortir dehors, c'est se dégager des mauvaises pensées dont le tumulte nous empêche d'entendre la voix de Dieu. Le pécheur, après être ainsi sorti, doit pleurer amèrement ses fautes; il doit enfin donner à l'adorable Trinité un triple témoignage de son amour...

« Imploremus igitur, fratres, taliter respici a Domino, ut ejus
« gratiâ illustrati cum Petro foras excamus. Sed quid est foras
« exire? Vulnus peccati absconditi detegere, morbum occultum
« pandere. . Veterem hominem cum actibus suis exuere et novum
« hominem induere, ut cum apostolo dicere valeat : Vivo ego, jam
« non ego, vivit verò in me Christus. Sed iterum quæro : Quid est
« foras exire? Hoc est turbulentis tumultibus malarum cogitatio-
« num vacare quibus peccator verbum Dei audire non valet... Exeat
« igitur peccator foras et sic fleat amare pro suis et aliorum pec-
« catis... et quia Deus trinus est tertiò se amare profiteatur
« ipsum... » (Ms. lat. 18170, fos 82 et 83.)

Nous analysons à grands traits la seconde partie de
ce même sermon où Pierre Lombard nous parle de la
guerre faite par le démon contre l'Eglise. Il compare
celle-ci à une cité. Cette cité est peu étendue, si l'on compare au petit nombre des élus la multitude immense des
réprouvés; mais toute petite qu'elle soit, elle est inexpu-
gnable et invincible, parce qu'elle a de solides remparts
et des fondations bien assises. Elle est en effet fondée
sur la pierre, c'est-à-dire sur le Christ. Il y a dans son
sein beaucoup d'hommes *(homines),* mais peu d'hommes
de cœur *(viri)* qui se conduisent en héros et qui se placent
eux-mêmes comme un mur protecteur devant la maison
d'Israël. Ces derniers, toutefois, ne font jamais défaut à
l'Eglise; ce sont des guerriers indomptables; on peut les
tuer, mais non les faire fléchir parce qu'ils ont un chef
invincible, qui est Jésus-Christ.

Le Maître des Sentences, poursuivant sa comparaison,
nous trace le plan de la cité qu'on appelle l'Eglise. Elle
forme un carré qui a pour côtés les quatre vertus cardinales. Elle a pour portes les quatre Evangélistes. Les
douze apôtres sont douze tours qui la protègent. Enfin
dans ses parties supérieures elle est abritée par le bou-
clier du St-Esprit.

Après cette description de la cité, nous assistons à la
lutte qu'elle soutient sans cesse contre le démon, ce roi
dont notre faiblesse plutôt que son propre courage fait la
grandeur et la force. Ce ravageur des nations est venu,
escorté des puissances infernales, mettre le siége devant
la cité de Dieu. Il l'a environnée de retranchements, qui
sont les sept péchés capitaux. Il a investi la place d'ouvrages d'attaque qui sont les péchés des fidèles, les
menaces ou les violences des persécuteurs, les charmes
dangereux de la prospérité et l'hérésie. Ce sont là les
portes de l'enfer dont le Seigneur a dit qu'elles ne prévau-
dront pas contre l'Eglise. Celle-ci, en effet, a trouvé en
Jésus-Christ un vaillant défenseur au milieu de la lutte.
Il est venu à nous de la part de Dieu, plein de grâce et de
vérité. Il a vaincu par l'humilité et la pauvreté le cruel
tyran de l'humanité, il a délivré l'homme et sauvé la
sainte cité.

La fin du discours fait allusion à la fête des Rameaux.

C'est pour célébrer la gloire du Christ et son triomphe sur l'enfer,
dit l'orateur, que la sainte Eglise fait en ce jour avec le signe et
l'étendard de la croix une solennelle procession, en portant à la
main des rameaux, des fleurs et des palmes. Ces choses figurent la

perfection chrétienne; la verdure des rameaux, en effet, est le symbole d'une foi incorruptible, les fleurs sont l'image des vertus qui doivent briller en nous; les feuillages des palmes, enfin, représentent les bonnes actions dont nous devons revêtir nos âmes.

« Cujus (Domini) triumphi gloriam hodiè sancta recolens Ecclesia
« in signo crucis et vexillo solemnem celebrat processionem arbo-
« rum ramos ac flores cum palmis manibus gestans, ut quæ in
« figurâ repræsentat, ipso opere spiritualiter impleat. Habeamus
« igitur virorem immarcessibilis fidei et flores fulgentium virtutum
« ac frondes bonorum operum... » (Ms. lat. 18170, fº 90 (verso).

Après le sermon pour le dimanche des Rameaux, vient celui pour la fête de l'Annonciation *(In Annuntiatione Dominicâ)*. Ici deux parties bien distinctes : la première ayant pour but de montrer la perpétuelle virginité de Marie, la seconde, les bienfaits de la Rédemption. Nous ne citerons que le passage suivant qui résume très-bien tout le fond de la première partie.

Eve a causé à ses descendantes trois sortes de maux, à savoir, l'assujettissement à la domination de l'homme, la conception dans le péché et l'enfantement dans la douleur. Mais dans la Vierge, aucune concupiscence charnelle ne s'est mêlée à l'acte par lequel elle a conçu; cette conception n'a été la cause d'aucune tristesse; et elle a enfanté sans difficulté ni douleur... Ainsi donc, aucune corruption n'a déshonoré l'incarnation du Verbe dans le sein de Marie, et, quoi qu'en disent les hérétiques, ce sein virginal est demeuré pur et sans tache, lorsqu'il a conçu et engendré... Il n'y a d'ailleurs en cela aucune impossibilité, si l'on considère à un point de vue surnaturel la puissance de Dieu. Remarquez en effet comment le rayon de soleil, en pénétrant dans le cristal, le traverse sans le perforer, et en sort sans le briser. Or à plus forte raison le sein de la Vierge a-t-il pu rester intact par pur, quand il a été visité par le Soleil véritable et éternel. Et d'un autre côté, pourquoi l'incrédulité refuserait-elle à Dieu le pouvoir de former un être humain dans le sein d'une femme sans le concours de l'homme, lorsque ce même Dieu, sans le concours ni d'un homme ni d'une femme, a fait le premier homme.

« Tria mala sequacibus suis intulit Eva, scilicet, viri in feminam
« dominium, in delicto conceptum et in dolore partum. In Virginis
« verò conceptu nulla carnalis concupiscentia se miscuit, nulla con-
« cipienti tristitia, nulla parienti difficultas affuit... Sicut igitur
« omni corruptione caruit iste conceptus, ita, etsi hæretici aliter
« garriant, in conceptu et partu integer extitit et intemeratus Vir-
« ginis uterus... Quod non impossibile videbitur, si quis de Dei
« potentiâ non humano sensu disputet. Attende enim quòd solis
« radius cristallum penetrans, nec ingrediendo perforat nec egre-
« diendo dissipat; quantò magis igitur ad ingressum veri et æterni
« Solis, Virginis uterus integer mansit et clausus... Cur ergo negat
« infidelitas Deum hominem non posse sine viro facere de feminâ,
« qui primum hominem fecit nec de viro nec de feminâ. » (Ms. lat.
18170, fºˢ 93 et 94.)

Les deux sermons *in Cœna Domini* n'offrent rien qui

mérite d'être signalé; ce sont purement et simplement deux paraphrases de textes de l'Ancien Testament ayant plus ou moins rapport au mystère de la sainte Eucharistie.

Viennent ensuite deux sermons semblablement intitulés : *in Parasceve seu in Passione Domini*. Ils roulent tous deux sur une même idée, à savoir, le triomphe de Jésus-Christ sur la croix.

Dans le premier, Pierre Lombard commente d'abord et assez longuement le texte de l'Epître de saint Paul aux Colossiens où il est dit que le Christ a effacé la cédule du décret porté contre nous et qu'il l'a abolie en l'attachant à la croix (1). Il explique ensuite la raison et le but des douleurs et des ignominies auxquelles Jésus-Christ s'est soumis durant sa vie mortelle et principalement dans sa Passion.

Le second sermon nous présente le Sauveur en croix, attirant tout à lui et réalisant dans sa personne les figures bibliques du serpent d'airain (2), du bélier immolé par Abraham à la place d'Isaac (3), du bouc que Dieu, après la mort des deux fils d'Aaron, ordonna à Moïse de lui sacrifier pour les péchés du peuple (4), de la vache rousse et sans tache qui devait être brûlée hors du camp et dont les cendres devaient servir à faire l'eau de purification (5), et enfin de l'agneau pascal dont le sang, placé sur les portes des Israëlites en Egypte, préserva leurs demeures contre les coups de l'ange exterminateur et sauva leurs premiers-nés de la mort (6).

Parmi beaucoup de passages vraiment éloquents, voici celui qui nous a paru le plus digne d'être cité. Il s'agit des humiliations du Christ :

> Quelle humilité! Le Dieu de gloire s'est abaissé jusqu'à l'incarnation, jusqu'à devenir participant de notre mortalité, jusqu'à être tenté par le démon, jusqu'à être tourné en dérision par le peuple, jusqu'aux crachats, aux liens, aux soufflets et aux fouets, jusqu'à la mort, et non pas à une mort quelconque, mais à la plus ignominieuse, celle de la croix. Voilà un grand exemple d'humilité donné aux hommes et un remède salutaire pour leur orgueil! Voilà la perfection de l'obéissance et l'idéal de l'amour! Humilité profonde! Le Fils de Dieu, en effet, s'est soumis à un triple anéantissement. Il s'est anéanti jusqu'à la chair, jusqu'à la croix et jusqu'à la mort. Devant ce spectacle, le ciel s'étonne, la terre est dans l'admiration, l'homme tremble, le monde angélique est saisi de stupeur. Evéne-

---

(1) Epître aux Colossiens, ii, 14. — (2) V. Livre des Nombres, xxi. — (3) V. Gen. xxii. — (4) V. Levit. xvi. — (5) V. Liv. des Nombres, xix. — (6) V. Exod. xii.

ment sans exemple, humilité sans mesure, don inestimable, bienfait immérité! Le Très-Haut a voulu s'associer à nous afin de nous
enrichir, il est descendu afin de nous élever. Le Christ a daigné
souffrir pour nous la faim et la soif, lui qui est pour nous la voie, la
vérité et la vie, la voie par ses exemples, la vérité par ses pro-
messes, et la vie par la récompense éternelle. Vous donc qui
m'écoutez, considérez avec soin, retenez fidèlement, méditez avec
amour ce que l'Evangile raconte de la passion du Fils unique du
Père tout-puissant; car dans ce récit tout est fait soit pour toucher
les cœurs, soit pour frapper les esprits, soit pour calmer les âmes
et les enflammer de l'amour du Sauveur. Ce n'est pas sans raison,
en effet, qu'il a voulu nous racheter au prix de tant de labeurs, lui
qui, soutenant toutes choses par la puissance de sa parole (1), pouvait par son seul commandement opérer notre délivrance. Mais le
Seigneur vit la grandeur de notre perversité, il considéra l'ingratitude du cœur humain, et de peur que l'homme, après avoir méconnu
le bienfait de sa condition première, fît également peu de cas de sa
réparation, la Sagesse éternelle opéra celle-ci avec beaucoup de
peines et de souffrances... Immense fut le prix, mais grand fut le
résultat.

« Quanta humilitas! Humiliavit se Deus gloriæ usque ad incarna-
« tionem, usque ad mortalitatis participationem, usque ad diaboli
« tentationem, usque ad populi irrisionem, usque ad sputa et vin-
« cula, alapas et flagella, usque ad mortem, mortem autem non
« quamlibet, sed crucis quæ ignominiosior est. Ecce hominibus
« humilitatis exemplum! superbiæ medicamentum! Ecce perfecta
« obedientia, summa caritas! Grandis humilitas! Modus enim exi-
« nanitionis triplex est. Filius Dei descendit ad carnem, ad cru-
« cem, ad mortem... Voluit nobis Altissimus coaptari ut ditaremur,
« humiliari ut sublimaremur.., Christus propter nos dignatus est
« esse aquæ sitiens, panis esuriens, qui nobis est via, veritas et
« vita, via in exemplo, veritas in promisso, vita in præmio. Vos
« ergo qui auditis, attendite diligenter, reponite fideliter, amplecti-
« mini suaviter quæ referuntur de summi Patris unigenito. In tali
« enim relatu non desunt quæ corda moveant, quæ mentes pene-
« trent, quæ animos leniant atque ad diligendum Salvatorem accen-
« dant. Non enim sine ratione voluit tantâ difficultate redimere, qui
« omnia verbo virtutis suæ portans solo poterat liberare imperio;
« sed vidit Dominus humanæ malitiæ magnitudinem. Ideoque, ne
« homo qui primæ conditionis ingratus extiterat, reparationem
« quoque parvipenderet, eam Sapientia in multâ difficultate atque
« amaritudine procuravit... Immensum pretium fuit, sed grandis
« acquisitio. » (Ms. lat. 18170, f° 119.)

Rien de particulier à noter dans le sermon vingtième,
*in Paschâ.* Le vingt-et-unième est intitulé d'une manière
différente dans les manuscrits. L'un porte : *in Passione
Domini seu Annuntiatione* (2); l'autre : *De eodem die,*
pour le même jour que le précédent, c'est-à-dire, *in die
Resurrectionis Dominicæ* (3). Cette différence de titres

(1) Epître aux Hébreux, ɪ, 3. — (2) V. Ms. lat. 18,170, f° 143 (verso). — (3) V.
Ms. lat. 3,537, f° 65 (verso).

s'explique très-bien par cette raison que le discours en question pouvait également être prêché soit le jour de Pâques, soit le Vendredi-Saint, soit à la fête de l'Annonciation. Le sujet, en effet, est général et s'adapte à toutes ces diverses circonstances : c'est le développement, avec force citations de l'Ecriture à l'appui, de ce thème si familier à Pierre Lombard, à savoir que le Christ par son sang a délivré l'homme de la tyrannie du démon. Nous n'en citerons que cette belle définition de l'homme de bien :

Chacun de nous est comme une famille. Le maître de la maison, c'est l'esprit, l'âme en est la maîtresse, et le corps y fait l'office de serviteur. L'homme en qui ces trois choses s'appliquent d'un commun accord à l'accomplissement du devoir, on l'appelle l'homme de bien.

« Dominus est spiritus noster, anima tanquam domina, corpus « tanquam servus. Hi tres in domo unâ cooperantur, et si conve-« niunt in bono, vir bonus intelligitur. » (Ms. lat. 18170, fo 148. Cfr. Ms. lat. 3537, fo 67, verso.)

Le vingt-deuxième sermon : *De Paschali tempore sive ante Passionem* (1), est un véritable traité de la vie chrétienne. Il débute ainsi :

Nous sommes en exil et en guerre. Car la vie de l'homme sur la terre est un combat et une épreuve. C'est pourquoi la Sagesse nous dit : Mon fils, en t'approchant du service de Dieu, sois ferme dans la justice et prépare dans la crainte ton âme à la tentation (2). En effet ceux qui veulent se soumettre au joug de la divine perfection, rencontrent beaucoup de tentations. Il y a la tentation des difficultés qui découragent, il y a celle des plaisirs qui séduisent.

« In exilio sumus et in agone. Militia est enim et tentatio vita « hominis super terram. Unde Sapientia ait : Fili, accedens ad ser-« vitutem Dei, sta in justitiâ et timore, et præpara animam tuam « ad tentationem. Disponentes enim se divinæ virtuti subjicere « multiplex excipit tentatio. Tentantur duris, tentantur blandis... » (Ms. lat. 3537, fo 69.)

Suit une énumération des ennemis contre lesquels le chrétien doit combattre. C'est d'abord le démon; puis la chair qui est comme un serpent endormi dans notre sein, comme une fille dénaturée épiant sans cesse l'occasion

---

(1) Comme l'indique le titre, ce sermon pouvait être prêché soit pendant le temps pascal, soit avant le temps de la Passion. Le manuscrit 18,170 ne le contient pas, non plus que les trois derniers : *In Litaniis, de Trinitate, in Ascensione.*

(2) Ecclésiastique, ii, 1.

de nuire à son père. Il y a aussi les hommes qui viennent à nous, sous un extérieur de paix et de religion, cachant un cœur de loup sous une peau de brebis, ayant du miel sur les lèvres et un dard derrière le dos. Un quatrième ennemi, c'est le monde qui, par ses scandales, ou par ses attraits, ou enfin par de perfides embûches, nous détourne de l'amour du royaume céleste.

Tel sont les obstacles et les dangers dont notre faiblesse est environnée. Il faut donc prendre la croix et la porter par la mortification de la chair. Il faut aussi crucifier l'esprit, c'est-à-dire nos affections et nos actions avec les clous de la justice et de l'obéissance aux divins préceptes. Pierre Lombard distingue quatre espèces de croix. La première est celle que le Christ porta et dont les bras s'étendent jusqu'à l'amour des ennemis. C'est la croix des âmes justes, et celle que le Sauveur nous a recommandé de porter après lui. Il y a en second lieu la croix de la pénitence; c'est celle des âmes qui se relèvent après être tombées, celle que porta le larron crucifié à droite de Notre-Seigneur. Elle consiste dans la contrition du cœur, dans la confession des péchés, et dans la satisfaction, toutes choses qui furent pratiquées avec éclat par le bon larron quand il s'écria qu'il avait reçu ce que méritaient ses actions. Une troisième croix est celle de l'épreuve endurée sans l'espérance intérieure de la récompense céleste; c'est à elle que fut suspendu le larron du côté gauche, lequel souffrit les mêmes douleurs que son compagnon, mais les souffrit sans humilité et sans résignation, en murmurant, en s'abandonnant au désespoir, à la colère et à l'orgueil. Il y a une quatrième croix, celle de l'hypocrisie; elle est portée par ceux qui, afin de paraître mortifiés aux yeux des hommes, se montrent avec un extérieur austère et un visage exténué par les macérations; leur mobile n'est point la religion ni l'amour de Dieu, mais la recherche de la faveur populaire.

Tout homme, dit Pierre Lombard en finissant, bon gré mal gré porte la croix sur la terre, soit pour son bonheur, soit pour son malheur. Heureux celui qui porte la croix de la pénitence, mais plus heureux celui qui porte celle de la charité! Heureux celui qui suit le bon larron, mais bien plus heureux celui qui imite le Sauveur du monde!

« Omnis in præsenti crucem portat, sive volens, sive nolens, sive ad præmium, sive ad supplicium. Beatus qui portat crucem pœnitudinis, sed beatior qui crucem fert caritatis; felix qui sequitur dextrum latronem, sed multò felicior qui imitatur mundi Salvatorem. » (Ms. lat. 3537, fº 71, verso.)

Nous ne dirons rien du vingt-troisième sermon *in Litaniis*. Ce titre désigne les jours des Rogations qui étaient célébrées au XII<sup>e</sup> siècle avec une très-grande solennité. Le fond est une exhortation à la confession des péchés, à la pratique du jeûne et à l'exercice de la charité, les trois moyens nécessaires pour que notre prière puisse, sans obstacle, pénétrer le ciel.

Dans le sermon *de Trinitate,* notre prédicateur développe ce texte de Jérémie : « Convertissez-vous à moi, enfants rebelles, dit le Seigneur, et je vous introduirai dans Sion (1). » De là deux parties bien distinctes : nécessité de la conversion *(convertimini),* et avantages du retour vers Dieu *(introducam vos in Sion).*

1° La conversion est chose difficile, et l'âme pour revenir à Dieu rencontre sur sa route beaucoup d'obstacles. Ce sont les sept péchés capitaux, la vaine gloire qui enfle, la colère qui trouble, l'envie qui désunit, la paresse qui abat, l'avarice qui agite et tourmente, la gourmandise qui abaisse et dégrade, la luxure enfin qui souille et flétrit. Telles sont les entraves qui retiennent l'âme enchaînée dans le péché; mais nous triomphons de toutes ces difficultés si nous prenons pour guide le Saint-Esprit.

2° Le retour vers Dieu a pour effet de rétablir dans notre âme l'image de Dieu. Cette idée est familière à Pierre Lombard, et dans ses sermons il aime à y revenir sans cesse. L'état de grâce, pour lui, c'est la ressemblance avec Dieu. Dans cet état, l'âme est belle de la beauté divine. Cette beauté qui fait la gloire et la dignité de l'homme aux yeux du Créateur, nous la perdons par le péché. De là ces expressions si fréquemment employées : *in viam, in regionem dissimilitudinis abire, a diabolo trahi; in viam similitudinis redire.* Pécher, c'est cesser d'être l'image de Dieu; se convertir, c'est lui redevenir semblable.

Le vingt-cinquième et dernier sermon, *in Ascensione,* contient de très-belles pensées, exprimées dans un style aussi élégant que concis. Nous en donnons à nos lecteurs une analyse succincte.

Le Christ est venu nous racheter en parcourant successivement plusieurs étapes. Il est descendu du ciel dans le sein d'une Vierge, du sein de Marie dans la crèche, de la crèche à la mort, de la mort au sépulcre, et enfin du

(1) Jérémie, III, 14.

sépulcre dans les limbes. Le Sauveur, en venant délivrer l'homme, a daigné descendre ainsi, parce que nous avions fait en Adam une triple chute. Par suite, en effet, du péché de notre premier père, nous étions tombés de la justice dans l'iniquité, du repos dans le malheur, et de la béatitude dans la mort. C'est pourquoi le Christ est descendu par degrés sur la terre. Il est remonté au ciel de la même façon et il y a eu une triple étape dans son ascension. La première fut sa résurrection glorieuse. Il parcourut la seconde quand il alla s'asseoir à la droite de Dieu le Père. La troisième fut la collation qui lui fut faite par le Tout-Puissant du sublime pouvoir de juger les vivants et les morts. De ces trois exaltations la première fut la récompense de sa mort, la seconde fut le prix de ses souffrances, la troisième fut le dédommagement de l'injuste sentence dont il avait été victime.

À la suite de Jésus-Christ nous devons monter vers le ciel de trois manières, à savoir par la pureté de notre cœur, par l'innocence de nos actions et par les fruits de nos vertus.

Pierre Lombard termine, comme au Livre des Sentences, par la pensée du Jugement dernier (1).

Avant de terminer cette étude rapide des sermons du Maître des Sentences, nous devons répondre à une question qui vraisemblablement se présentera à l'esprit du lecteur : A quel genre d'auditoire s'adressait la prédication de Pierre Lombard?

Bien que les sermons soient rédigés en latin, l'on pourrait à la rigueur croire qu'ils ont été néanmoins prêchés au peuple, c'est-à-dire en langue vulgaire. C'était, en effet, un usage assez généralement répandu à cette époque de traduire en latin les discours composés d'alors dans la langue populaire. Par là, les prédicateurs assuraient à leurs œuvres une durée que le français d'alors ne leur promettait pas, et de plus ils les mettaient à la portée de leurs confrères de tous les pays; tous pouvaient les comprendre et les imiter. Le latin, à la différence des dialectes vulgaires, ne variait pas avec les régions et les provinces; et d'ailleurs il était seul admis entre les gens d'église et même dans les écoles (2).

Ce qui fut pratiqué par beaucoup des contemporains

(1) V. Ms. lat. 3,537, fⁱˢ 77, 78, 79 et 80.
(2) V. *La Chaire française au moyen-âge*, par M. Lecoy de la Marche, p. 12 et 13. Cfr. *La Chaire française au douzième siècle*, par M. l'abbé Bourgain, p. 174.

de Pierre Lombard aurait donc pu l'être par notre auteur lui-même. Mais il n'y aurait là toutefois qu'une simple conjecture, laquelle, du reste, nous paraît contredite de la manière la plus formelle par l'examen attentif des sermons dont nous avons parlé. Ils offrent tous ce caractère étudié, que l'on trouve également dans ceux de saint Bernard, et qui sent le cloître et l'Ecole. La phrase y est régulière, le style correct et parfois même élégant. Les citations de l'Ecriture sainte y abondent, et manifestement nous sommes ici en présence d'une prédication qui s'est adressée à des clercs ou à des moines plutôt qu'au peuple.

La prédication populaire était très-négligée à l'époque de Pierre Lombard. Ce n'est que vers la fin du XII⁰ siècle et à partir du treizième qu'elle devait se développer. Dieu allait susciter dans ce but deux ordres nouveaux, l'ordre de saint Dominique et celui de saint François d'Assise. Grâce à ces deux familles religieuses, l'enseignement du peuple par la parole prendra bientôt un essor rapide et une grande extension, et dès le commencement du siècle suivant, les Frères Prêcheurs et Mineurs domineront dans toutes les chaires.

## § III. *Ouvrages inédits et perdus.*

### 1° *Gloses sur le livre de Job.*

Cet ouvrage se trouvait, paraît-il, dans la bibliothèque de l'ancienne et célèbre abbaye de Savigny, en Normandie. L'abbaye ayant été détruite à l'époque de la grande Révolution, la plupart des richesses intellectuelles qu'y avaient conservées les Bénédictins passèrent alors à la Bibliothèque d'Avranches. De là, l'opinion d'un certain nombre de bibliographes modernes qui font figurer parmi les manuscrits d'Avranches *les Gloses sur Job* de Pierre Lombard. C'est une erreur; il n'est nulle part question de ces *Gloses* dans le *Catalogue des manuscrits des départements,* non plus que dans celui *des manuscrits de la Bibliothèque nationale de Paris,* de M. Léopold Delisle.

### 2° *Commentaire sur la concorde évangélique.*

Si nous en croyons l'*Histoire littéraire de la France,* l'authenticité de ce commentaire est très-douteuse. Il en a été publié deux éditions, l'une en date de 1483, et l'autre de 1561. Nous en avons vainement cherché un exemplaire dans les Bibliothèques de Paris.

3° *Deux lettres à Philippe, archevêque de Reims, et une autre d'Arnold, prévôt de l'église de Metz, à Pierre Lombard.*

Ces trois lettres qui auraient pu nous fournir sur la vie de Pierre Lombard de précieux documents, sont malheureusement perdues. Il en est fait mention dans Fabricius (1).

4° *Méthode de théologie pratique.*

L'on ignore ce qu'est devenu cet ouvrage. L'on sait seulement qu'il se trouvait au XVIIe siècle parmi les manuscrits de l'ancienne abbaye d'Afflighem, en Belgique. Nous en avons pour témoin le savant Antoine Sanderus, mort dans cette ville en 1664 (2). Le titre indique, selon toute apparence, un traité différent du *Livre des Sentences.*

5° *Apologie de Pierre Lombard,* ou justification de sa doctrine, écrite par le Maître lui-même en réponse aux attaques de Jean de Cornouailles.

Bien que cet écrit n'ait jamais été imprimé et que le manuscrit en soit perdu, son existence et son authenticité paraissent certaines. Nous en avons pour garant le témoignage de J. Leland qui affirme l'avoir eu entre les mains. « Pierre Lombard, dit-il, y répond par des arguments pleins d'exactitude, de force, de précision et de subtilité aux objections de son adversaire, et il le combat avec toute la supériorité d'un vétéran aguerri sur un champion qui commence seulement à entrer en lice (3). »

L'*Apologie* fut, vraisemblablement, le dernier ouvrage du Maître des Sentences qui mourut, comme on le sait, en 1664, c'est-à-dire fort peu de temps après l'apparition du premier pamphlet de Jean de Cornouailles (4).

---

(1) V. Fabricii Joannis Alberti : *Bibliotheca mediæ et infimæ latinitatis.* V. t. V, lib. XV, p. 264.

(2) V. Antonii Sanderi : *Bibliotheca belgica manuscriptorum.* (Catalogue des manuscrits de la plupart des anciennes abbayes de la Flandre et du Brabant.) 2 vol. in-4°. V. 2e partie, p. 147.

(3) V. J. Leland. *Commentarii de scriptoribus Britannicis.* T. I, cap. cc : *de Joanne Cornubiensi,* p. 227.

(4) V. plus haut. *Vie de Pierre Lombard,* chap. II, p. 53.

# CHAPITRE VI

## INFLUENCE DE PIERRE LOMBARD

---

### § I. *Son action sur la théologie.*

Pierre Lombard a exercé sur les études théologiques une action à laquelle nulle autre ne saurait être comparée, et cette influence de notre auteur ainsi que la célébrité dont il a joui pendant plusieurs siècles, ont eu surtout pour cause son *Livre des Sentences* dont l'un des chapitres qui précèdent a présenté au lecteur une analyse fidèle. Cet ouvrage fameux eut un succès inouï, prodigieux, véritablement incomparable, et en peu de temps il conquit dans l'estime et dans l'admiration des théologiens une place presque semblable à celle de l'Ecriture sainte.

Ce n'est pas que les contradicteurs aient manqué au Maître des Sentences. Non, et il lui advint ce qui advient d'ordinaire aux hommes supérieurs et aux esprits les mieux intentionnés, c'est-à-dire, la critique, l'attaque, la dénonciation. Ce fut surtout au début que sa doctrine et sa méthode rencontrèrent au sein des écoles une vive opposition. Pierre Lombard a triomphé et l'on connaît à peine aujourd'hui les noms de ses adversaires. Nous croyons néanmoins utile de retracer ici un tableau rapide des contradictions dont il a été l'objet. Ne sont-elles pas déjà d'ailleurs et par le fait de leur existence et par le sort qu'elles ont eu, des témoins de sa grande influence et de son succès?

Jean de Cornouailles est le premier opposant connu du

*Livre des Sentences.* Il adressa au pape Alexandre III, comme nous l'avons dit plus haut, deux écrits, dans le but de faire frapper d'anathème la doctrine de l'auteur relativement à l'humanité de Jésus-Christ. Le premier de ces écrits a été inséré dans les œuvres de Hugues de Saint-Victor sous le titre d'*Apologie sur l'Incarnation du Verbe;* l'autre est intitulé *Euloge.* Au commencement de ce dernier, Jean annonce qu'il va traiter de l'humanité du Verbe; il dit s'être déjà occupé de cette question, mais avec trop de concision et sans fruit, pressé qu'il était par la circonstance d'un concile romain qui allait s'ouvrir. *Propter Romanum quod tunc temporis imminebat concilium, brevi nimis et sterili stylo functus sum.* Ce concile romain est évidemment celui qu'Alexandre III présida à Tours, en 1163, et non point, comme l'ont cru certains historiens, le troisième concile général de Latran tenu en 1179. L'auteur en effet rappelle dans l'*Euloge* au Souverain Pontife la lettre écrite par lui au vénérable Guillaume, lorsqu'il était archevêque de Sens et aujourd'hui, dit-il, archevêque de Reims, *ad Venerabilem Guillelmum tunc Senonensem, hodiè Remensem archiepiscopum.* Or Guillaume étant devenu archevêque de Reims en 1176, il en résulte que l'*Apologie* est d'une date bien antérieure à l'année 1179 ; car c'est elle qui avait motivé la lettre du pape à ce prélat, et d'un autre côté, pour retrouver le concile auquel l'*Euloge* fait allusion, il faut remonter jusqu'à l'année 1163. Quant à l'*Euloge* lui-même, il a dû être composé entre l'époque de la promotion de Guillaume au siége de Reims (1176) et l'année 1181 dans le cours de laquelle mourut Alexandre III. Il a pour objet de prouver *quòd Christus sit aliquis homo.* Jean de Cornouailles expose sur ce sujet la doctrine de Gilbert de la Porrée et d'Abailard, doctrine qui consistait à dire que l'humanité est en Jésus-Christ un vêtement et non une substance, qu'il est homme *vestimentaliter* et non pas *substantialiter.* Il attribue ensuite faussement à Pierre Lombard cette même opinion, en faisant observer cependant que le Maître des Sentences n'a fait que répéter, sans l'avoir bien examiné et sans y attacher une grande importance, ce qu'avaient dit les deux autres. A l'enseignement de ces trois docteurs, il oppose celui d'Anselme de Cantorbéry, de saint Bernard, d'Achard, évêque d'Avranches, de Robert de Melun, de Maurice de Sully. Après cette exposition des systèmes opposés, l'auteur s'engage dans une longue et obscure discussion, et il s'efforce de montrer comment il y a un homme proprement dit *(aliquis homo)* en Jésus-Christ.

Nous avons précisé ailleurs quelle fut par rapport à cette question l'erreur du Maître (1). Nous n'ajouterons ici qu'une courte observation : c'est qu'il y eut dans toute cette controverse beaucoup de sophismes et de malentendus. Tous étaient certainement d'accord pour condamner tout à la fois et Nestorius qui distingue deux personnes dans le Verbe, et Eutychès qui ne reconnaît en Jésus-Christ qu'une seule nature, c'est-à-dire, la nature divine. Mais Jean de Cornouailles reprochait à notre auteur de trop se rapprocher des Eutychiens, et celui-ci, de son côté, trouvait avec raison que la proposition : *Le Christ est quelqu'homme,* interprétée en ce sens qu'il est une *personne humaine,* tendait au Nestorianisme. Quoi qu'il en soit, la décrétale du pape Alexandre III mit fin aux disputes, et dès que Rome eût parlé, la cause fut jugée (2).

À la même époque, un docteur fameux, Gautier de Saint-Victor, prieur de cette abbaye et successeur du célèbre Richard, mort en 1173, renouvela les mêmes attaques contre Pierre Lombard, dans un traité qu'il composa contre lui, ainsi que contre Abailard, Gilbert de la Porrée et Pierre de Poitiers (3). Il les appelle les quatre labyrinthes de la France. Les théologiens étaient alors divisés en trois écoles. La première s'en tenait à l'enseignement et au langage de la Bible et des saints Pères. La seconde appliquait hardiment et même parfois témérairement à la théologie la dialectique d'Aristote, faisait usage du syllogisme et jetait les fondements de la scolastique. La troisième tenait le milieu entre les deux autres et s'efforçait d'être philosophique avec sobriété; elle admettait les arguments, les formes péripatéticiennes, pourvu que les conclusions fussent conformes aux dogmes reçus dans l'Eglise.

Pierre Lombard appartenait à cette dernière école, tandis qu'Abailard, Gilbert de la Porrée et Pierre de Poitiers doivent être considérés comme faisant partie de la seconde. Néanmoins, Gautier le met sur la même ligne que les trois autres docteurs, et même il semble animé contre lui d'une hostilité toute particulière. Il lui reproche

---

(1) V. plus haut, chap. ɪv, pages 106, 107 et 108.

(2) Cette décrétale a été insérée dans les actes du 3ᵉ concile général de Latran. V. la dernière partie, chap. xx. *Cùm Christus.*

(3) Ce traité est resté manuscrit; mais Du Boulay en a publié de longs extraits.

des syllogismes captieux, des sophismes, et de vaines
disputes. « Suivez-le, dit-il, dans ses longues controverses, vous verrez comment il tourne la même proposition de tant de façons diverses qu'on ne sait plus s'il la
faut admettre ou rejeter. Il se joue du vrai et du faux avec
la plus coupable adresse. Si vous prêtez l'oreille à ses
discours, bientôt vous ignorerez s'il y a un Dieu, ou s'il
n'en existe point, si Jésus s'est fait homme ou s'il n'a pris
qu'un corps fantastique, s'il y a quelque chose de réel en
ce monde ou si tout n'est qu'illusion. » Gautier va même
plus loin ; car il affirme que Pierre Lombard, égaré par
la philosophie d'Aristote, a enseigné beaucoup d'hérésies, altéré la foi due aux mystères ineffables de la Trinité
et de l'Incarnation. Le Maître des Sentences, selon Gautier, débite ces erreurs sous des noms étrangers, et il a
l'air de raconter plutôt que de soutenir ; mais au soin
qu'il prend d'aiguiser et d'orner les arguments dont elles
découlent, on voit trop qu'il en veut être le propagateur
autant que l'historien. Quelle est en effet la méthode de
Pierre Lombard ? Sur chaque question, il expose trois
sentiments, et représente le troisième comme hérétique,
le second comme catholique, et le premier comme n'étant
susceptible ni de l'une ni de l'autre de ces qualifications.
Et quand il a longuement argumenté en faveur de chacun
de ces trois sentiments, voici comment il conclut : « Je
pense, dit-il, avoir traité la question présente avec assez
de soin et d'exactitude ; toutefois, je ne veux rien affirmer
et je laisse au lecteur le soin de résoudre lui-même, s'il
en est capable, la difficulté. » Etrange méthode, s'écrie le
prieur de Saint Victor, par laquelle disparaîtrait toute
distinction entre le dogme et l'hérésie, si le Souverain-
Pontife n'avait déjà réprouvé une philosophie si perni-
cieuse. Et à ce propos, Gautier raconte comment, au concile de Latran, Alexandre III, ayant manifesté l'intention
de condamner les *Sentences* de Pierre Lombard, sous
prétexte qu'elles favorisaient le sabellianisme et l'aria-
nisme, un évêque du pays de Galles se leva et répondit :
Seigneur pape, j'ai été clerc de Pierre Lombard et le
prévôt de son école ; me voici prêt à défendre sa doctrine (1) ; comment enfin, plusieurs cardinaux, impatients
d'écarter cette discussion, déclarèrent qu'ils avaient été
convoqués pour s'occuper d'affaires plus sérieuses :

---

(1) C'était Adam, évêque de Saint-Asaf, qui avait été disciple de Pierre Lombard et maître de Jean de Salisbury.

« Comme si l'on pouvait, observe Gautier, rien imaginer
de plus important que la foi chrétienne. » Ainsi, peu lui
importe la protestation de l'évêque anglais, peu lui importe le refus des cardinaux de s'associer à une condamnation du Maître des Sentences, peu lui importe enfin le
silence du concile; « le Saint-Siége a tonné, dit-il, le
coassement des grenouilles doit cesser. » Il sent le besoin
de démontrer l'existence de cet anathème apostolique, ce
qui prouve qu'on ne le connaissait guère; et pour établir
sa démonstration, il cite une lettre d'Alexandre III à
Guillaume, archevêque de Sens et légat. Or il n'est
question dans ce document que d'un point de doctrine
particulier, et nullement du *Livre des Sentences* en général. Le pape en effet ordonne au prélat d'assembler les
docteurs placés sous sa juridiction, afin de leur défendre
d'enseigner désormais la proposition suivante : Le Christ,
en tant qu'homme, n'est point quelque chose. Dix-huit
chapitres sont ensuite consacrés à la réfutation de cette
erreur (1).

Vers le même temps (1175–1200) s'éleva du fond de
l'Italie un troisième antagoniste de Pierre Lombard.
Nous voulons parler de l'abbé Joachim, fondateur du
monastère cistercien de Flore, en Calabre. Il accusa le
Maître des Sentences d'admettre une quaternité dans les
personnes divines, et cela, parce que ce dernier avait dit
que le Père, le Fils et le Saint-Esprit sont une certaine
chose souveraine, *quœdam summa res*, qui n'engendre
point, qui n'est point engendrée et qui ne procède point.
Tout absurde que fût cette accusation, il essaya de l'établir dans un livre qu'il présenta au concile de Latran, en
l'année 1179, sous ce titre : *Liber contra P. Lombardum,
de unitate seu essentiâ Trinitatis.* La sainte assemblée,
occupée à d'autres questions, ne jugea pas à propos
d'examiner celle qui lui était soumise par Joachim de
Flore, et elle ne rendit aucun jugement sur ce point. Les
choses en restèrent là jusqu'en 1215, époque où fut con-
voqué à Latran un nouveau concile (2). Plusieurs Pères
y prirent hautement la défense de la proposition de Pierre
Lombard ; l'accusé fut noblement vengé des attaques
dirigées contre lui; bien plus, l'on flétrit par une censure
ignominieuse le libelle du dénonciateur.

(1) V. Du Boulay. *Hist. univ. Paris.*, t. II, p. 402 à 406, et p. 629 à 660.
(2) Ce fut le quatrième Conc. général tenu à St-Jean de Latran, le douzième
concile œcuménique depuis celui de Nicée.

On le voit, tous les efforts tentés pour discréditer Pierre Lombard, toutes les critiques lancées contre sa méthode ou contre des points particuliers de sa doctrine, toutes les dénonciations de ses adversaires, ne purent ni affaiblir son autorité, ni empêcher la propagation de son *Livre des Sentences*. Celui-ci ne fit que grandir avec le temps. Il ne tarda pas à être dans toutes les mains et à devenir la source où vinrent puiser toutes les écoles. Scotistes et thomistes, tous l'adoptèrent (1). Les Souverains-Pontifes, les conciles, les ordres religieux, les universités lui donnèrent dans l'enseignement théologique une place telle, que désormais la critique et le blâme ne sauraient l'atteindre.

Toutefois, hâtons-nous de le dire, dans cette influence qu'exerça sur la théologie le *Livre* du Maître des Sentences, la bonne fortune eut beaucoup de part. L'on sait en effet qu'il l'écrivit dans le but de mettre un terme aux discussions dangereuses que plusieurs de ses contemporains avaient soulevées relativement aux dogmes du christianisme. Il réunit dans ce traité tous les principaux passages de l'Ecriture et des Pères sur les points fondamentaux du symbole, espérant par là le remettre en honneur et fixer sur une base solide l'ancienne méthode théologique qui consistait à prouver la religion et à en expliquer les mystères par l'autorité des saintes Ecritures et de la tradition. Il pensait en même temps écarter loin de l'Ecole une foule de questions sur Dieu et sur les mystères qui jointes à un langage dur et barbare remplissaient déjà la théologie d'obscurités, de controverses et de chicanes. Il s'imaginait que lorsqu'une discussion s'élèverait, il suffirait d'ouvrir son manuel à l'article en question, et qu'en présence du témoignage de la Bible et des Pères, tout serait fini en un instant.

Pierre Lombard aboutit à un résultat tout contraire. Le *Livre des Sentences* qui avait été composé afin de ramener à la méthode de l'autorité les théologiens trop exclusivement adonnés à la méthode du raisonnement, assura précisément le triomphe de celle-ci sur la première. Ecrit pour prévenir les dangers de l'introduction de la philosophie dans l'étude de la religion, pour montrer dans l'Ecriture et dans les Pères les sources essen-

---

(1) Au xiii<sup>e</sup> siècle, le savant franciscain, Roger Bacon, censura dans son *Opus majus* l'importance de Pierre Lombard dans l'enseignement de la théologie ; mais cette attitude le rendit suspect dans son ordre et lui attira des persécutions.

tielles de la science sacrée, pour combattre la licence des opinions et bannir de la théologie les questions inutiles, il produisit des effets tout opposés aux intentions de son auteur. Dès qu'il eût paru, en effet, dès que l'on eût commencé à le feuilleter, à l'expliquer, à l'analyser, à le commenter, l'on vit plus que jamais les discussions s'élever au sein de l'Ecole, la philosophie d'Aristote étudiée avec ardeur, l'étude des Pères négligée, et la méthode argumentative se substituer partout à l'ancienne.

Chose singulière! l'action de Pierre Lombard a pénétré profondément dans l'enseignement théologique du moyen-âge, et cependant la voie tracée par lui n'a pas été suivie. L'on a étudié avec enthousiasme son *Livre*, on l'a pris pour guide, on l'a appelé le Maître par excellence, et cependant il n'a presque fait aucun disciple et la méthode qu'il préconise a été complétement abandonnée.

Il y a là une étrange anomalie qui surprend, au premier abord, mais qui néanmoins s'explique facilement.

Le moyen-âge, qui fut une époque si remarquable d'ailleurs à tant de titres, était pauvre de science critique et d'érudition. Il y avait bien alors quelques bibliothèques très riches en écrivains latins (1); mais elles étaient rares, et du reste, il était presque matériellement impossible à la plupart des théologiens de consulter les sources. Lors donc que parut le *Livre* de Pierre Lombard, on fut frappé du nombre prodigieux de passages des Pères qui s'y trouvent cités, et cela, avec beaucoup de goût et de discernement. L'on fut émerveillé d'une érudition si étendue, et l'on s'imagina qu'il avait recueilli dans son manuel toute la doctrine de l'antiquité. Les professeurs qui jusque-là avaient eu besoin de compulser les Pères pour y chercher des sujets de gloses, furent heureux de trouver dans un ouvrage peu volumineux non-seulement une table des matières méthodiquement rédigée, mais les autorités et les témoignages nécessaires à leurs propres démonstrations. Ils se crurent ainsi dis-

(1) Les bibliothèques du moyen-âge, assez riches en écrivains latins, semblent avoir été, en fait de littérature hellénique, dans le plus absolu dénûment. On serait même tenté de croire qu'elles ne contenaient que les œuvres de saint Denys l'Aréopagite, les seules que nous sachions de source certaine avoir été lues dans l'original et mises en latin au xııᵉ siècle, d'abord par Hugues de St-Victor, et ensuite par Jean Sarazin. Les seuls traités d'Aristote que l'on étudiât à l'époque de Pierre Lombard étaient les traités dialectiques alors fort répandus, grâce aux traductions de Boëce; et c'est par l'intermédiaire de ces traductions que l'on s'était familiarisé avec le Stagyrite et sa doctrine. (V. M. Hugonin. *Essai sur l'Ecole de St-Victor.*)

pensés de recourir aux originaux. La difficulté de se les procurer et l'amour passionné des discussions for- tifièrent en eux ce préjugé; et ce fut ainsi le degré même de perfection que Pierre Lombard sembla avoir atteint qui fit abandonner presque généralement la route qu'il avait tracée.

Le même phénomène se produisit alors relativement à l'étude du droit canonique. Un contemporain et compa- triote de notre auteur, Gratien, fit paraître en 1151 sous le titre de *Décret* une compilation des lois ecclésiastiques qui lui coûta, dit-on, 24 ans de travail, et qui eut le même succès et les mêmes conséquences que le *Livre des Sen- tences*. Ce nouveau *Décret* tint lieu de code univer- sel, et à dater du jour de son apparition, l'on cessa de lire les conciles et les collections du Droit ecclé- siastique. On se persuada que toute cette science était dans Gratien, comme tous les Pères dans le Maître des Sentences, comme toute la philosophie dans Aristote. On crut devoir s'en tenir à ce que ces grands maîtres avaient enseigné. Il ne fut plus question que de bien posséder leurs livres et d'en connaître la doctrine.

Ajoutez à cela les qualités intrinsèques du *Livre des Sentences,* la classification claire et méthodique de toutes les questions de l'ordre doctrinal, la netteté de l'exposi- tion, la justesse des solutions, la force et la richesse des témoignages, la concision du texte et la sobriété des développements philosophiques qui laissait ainsi aux commentateurs une plus libre carrière; et vous compren- drez la vogue immense obtenue par cet ouvrage, vous comprendrez pourquoi il a été préféré à tant d'autres du même genre, composés, soit avant Pierre Lombard, soit après lui. Avant lui, Jean Scot Erigène au IXᵉ siècle, Hugues de Saint-Victor et Robert Pullus au XIIᵉ, avaient publié des Sommes de théologie. Après lui, les travaux de cette nature se multiplièrent presque à l'infini et l'on vit successivement paraître le *Livre des Sentences* de Robert de Melun (1), l'*Ars fidei Catholicæ* de Nicolas d'Amiens, attribué par quelques auteurs à Alain de

---

(1) Cette Somme, dont on trouve un compte-rendu très-élogieux dans Casimir Oudin (V. *Comment. de Scriptor. Eccl.*, t. II, p. 1451) et dans l'*Histoire litté- raire de la France* (V. t. XIII, p. 373, 374 et 375), n'a pas encore été publiée. Il en existe plusieurs manuscrits à la Bibliothèque nationale de Paris. Du Boulay en donne de longs extraits dans son *Hist. de l'Université de Paris* (V. t. II, p. 585 à 628); bien que ces citations soient très-incomplètes, l'on y voit clairement que Robert de Melun, tout en combattant certaines opinions de Pierre Lombard, lui a emprunté son plan et sa méthode.

Lille (1), la Somme de Pierre de Poitiers, chancelier de
l'Université de Paris et disciple du Maître des Sentences,
celles de Prépositivus, chancelier de l'église de Paris,
d'Etienne Langton, de Guillaume d'Auvergne, la Somme
d'Alexandre de Halès qui accorda une grande place à
Aristote et multiplia à l'excès les divisions et les subdivi-
sions, les distinctions et les objections, celle d'Albert-le-
Grand dont nous ne possédons que la moitié, la Somme
théologique et la Somme contre les Gentils de saint Thomas qui prit et a toujours tenu le premier rang parmi les
théologiens du moyen-âge, le *Miroir* de Vincent de Beauvais, véritable encyclopédie du XIII⁰ siècle, la Somme de
Henri de Gand, dont nous ne possédons malheureusement que la première partie et qui mérite d'être lue,
même après celle de saint Thomas. Il est certain que la
plupart de ces Sommes, celle du docteur angélique surtout, sont supérieures au *Livre des Sentences;* et cependant, aucune d'elles n'a été classique au même degré que
le traité de Pierre Lombard, aucune n'a été aussi universellement adoptée, aussi profondément étudiée, aussi ma-
gnifiquement commentée. Il fut en effet pendant trois siècles
le seul manuel théologique de toutes les écoles de France,
d'Italie, d'Allemagne et d'Espagne, et pour ainsi dire,
l'axe autour duquel se mut toute la théologie scolastique.
Sans doute, il ne mit pas fin aux discussions, car celles-ci
au contraire continuèrent de plus en plus vives et de plus
en plus passionnées, mais du moins elles furent dès lors
mieux réglées et mieux conduites. On eut une base théologique certaine; en s'appuyant sur cette base, l'on fut
totalement tranquillisé sur la question d'orthodoxie, et
l'on se lança avec une pleine assurance dans la voie argumentative. Aussi bien, celle-ci devint-elle la forme permanente de l'enseignement scolastique. L'école dogmatique, c'est-à-dire celle qui enseignait sans discuter, fut de moins en moins puissante et de moins en
moins écoutée ; et lorsque près de cent ans plus tard,
saint Thomas d'Aquin résuma toute la théologie dans son
admirable livre, il posa intrépidement le pour et le contre
sur toutes les questions, sur tous les articles de questions, et divisant à l'infini les objections et les réponses,
opposant autorité à autorité, raisonnement à raisonnement, il écrivit, sans jamais faiblir, sans jamais

(1) Ce traité se trouve au département des manuscrits de la Bibliothèque
nationale.

s'égarer, sa magnifique Somme, où la religion toute
entière est présentée comme une immense controverse
dialectique dans laquelle le dogme finit toujours par
avoir raison. C'est ainsi que grâce au livre de Pierre
Lombard la théologie, tout en étant étudiée dans l'esprit
de la foi, fut aussi enseignée comme une science, et cette
méthode se propagea de telle sorte que moins d'un siècle
après lui, il n'y en eut plus d'autre dans les écoles. Cette
méthode qui réalise l'union de la philosophie et de la
foi (1), est celle qui régna en souveraine dans tous ces
grands foyers de science qui couvraient jadis l'Europe et
que l'on appelle les Universités de Paris, de Salamanque,
d'Alcala, de Douai, de Toulouse, de Louvain, de Padoue,
de Bologne, de Naples, de Coïmbre, etc. Au XVIIe siècle,
le P. Pétau, en composant son remarquable Traité des
dogmes théologiques, reconnaissait pour ses devanciers
Pierre Lombard et saint Thomas. Aujourd'hui même, en
France, il n'y a pas encore d'autre théologie reconnue.

## § II. *Les commentateurs de Pierre Lombard.*

Aucun ouvrage peut-être, après les Saintes-Ecritures,
n'a compté plus de lecteurs, à partir du XIIIe siècle, que
les *Sentences* de Pierre Lombard, et le nombre des auteurs
qui les ont commentées est incalculable. Pour en donner
une idée à nos lecteurs, il nous suffira de leur faire connaître, en quelques mots, la place considérable qu'occupait ce Livre dans l'organisation des études théologiques
de l'ancienne Université de Paris.

Pour arriver au doctorat, il fallait passer par quatorze
années d'études spéciales et par une innombrable série
d'examens et d'épreuves. Les candidats étaient successivement *étudiants, bacheliers, licenciés,* et ce n'est qu'au
commencement de la 15e année qu'ils prenaient rang
parmi les *maîtres* ou *docteurs.* Pendant six ans, les étudiants devaient suivre les cours d'un ou de plusieurs
professeurs de théologie. Après ces six premières années
d'études, le candidat avait à subir un examen sur les éléments de la théologie. Si la Faculté reconnaissait son

---

(1) Le cardinal Cajétan définit ainsi la théologie scolastique : *Connubium fidei
et rationis.*

aptitude, il pouvait commencer à remplir les fonctions du baccalauréat. Ces fonctions étaient de diverses sortes : 1° Le candidat était d'abord rangé parmi les bacheliers *biblici ordinarii,* ou, *cursores.* En cette qualité, il avait à expliquer la Bible d'une manière suivie ou à professer quelques cours séparés sur l'Écriture sainte. Il était tenu d'argumenter au moins une fois dans une thèse publique, que l'on désignait sous le nom d'*exspectativa disputatio.* La durée de ce premier stage était de trois ans. 2° Les bacheliers devenaient ensuite *sententiarii,* ou commentateurs du Livre des Sentences de Pierre Lombard. Pour être admis à expliquer le Livre des Sentences, il fallait justifier de neuf années d'études théologiques et de deux cours sur l'Écriture sainte. De plus, on devait répondre d'une manière satisfaisante à la thèse désignée sous le nom de *tentative.* On n'était *sententiarius* que pendant un an, mais l'année était occupée par une série de leçons solennelles et de cours qui absorbaient tout le temps du candidat. Les *sententiarii* étaient les véritables professeurs de la Faculté de théologie. 3° Après avoir expliqué pendant un an le Livre des Sentences, on était dit *Baccalarius formatus.* Il fallait alors, pendant trois ans, assister à tous les actes publics de la Faculté, y argumenter à première réquisition du Président, faire des sermons et des conférences, soutenir quatre disputes publiques dont une, très-solennelle, était appelée *Sorbonique.* Les *bacheliers formés* présentaient à la Faculté, à la fin de leur treizième année d'études, une cédule contre-signée par des témoins, où ils faisaient preuve de leurs actes et de leurs grades. Si la Faculté trouvait leurs titres en règle, ils étaient présentés au chancelier de Notre-Dame qui, après un examen sommaire, leur donnait au nom du Pape l'institution canonique, c'est-à-dire la *licence* d'enseigner la théologie par toute la terre. L'année de *Licence* était consacrée à soutenir trois actes publics : les *vespéries,* l'*aulique* et la *résumpte.* Le doctorat était la récompense de ceux qui avaient satisfait avec succès à ces dernières épreuves (1).

D'après l'organisation des études dans l'Université de Paris, telle que nous venons de l'indiquer, il est facile de comprendre comment les commentaires du Maître des

(1) V. la très-savante et très-curieuse étude de M. Thurot : *De l'organisation de l'enseignement dans l'Université de Paris au moyen-âge* (jusqu'à l'an 1500). L'on trouve un excellent résumé de ce travail dans M. l'abbé Puyol : *Edmond Richer,* t. I, p. 57 et suiv.

Sentences se sont pour ainsi dire multipliés à l'infini. Les *Sententiaires,* avons-nous dit, étaient les véritables professeurs de théologie, et tout bachelier avait à commenter Pierre Lombard. Ajoutons que cette organisation dura plus de trois siècles, et qu'elle devint, à peu de chose près, celle de la plupart des autres Universités de l'Europe. Il en est résulté une telle multitude de commentateurs que plusieurs volumes in-f° seraient nécessaires pour les faire connaître tous. C'est la France qui en a produit le plus. Pitséus en a compté plus de 160 parmi les seuls théologiens anglais. Le dominicatn Jacques Echard, dans son histoire des Ecrivains de l'Ordre des Frères-Prêcheurs, en signale 152 comme ayant publié des commentaires sur les *Sentences.* Enfin un savant Jésuite du xvi⁰ siècle, Antoine Possevin, nous donne dans un de ses ouvrages une liste de 246 personnages qu'il intitule : Table des noms de quelques-uns des scolastiques qui ont interprèté le Maître des Sentences (1).

On comprend qu'il ne nous est pas possible de nommer un si grand nombre de commentateurs. Nous ferons donc un choix parmi eux, et nous négligerons ceux qui sont morts sans gloire, pour nous occuper de ceux dont l'Ecole a le plus longtemps conservé le souvenir.

Le premier commentaire connu du Livre des Sentences est celui de *Guillaume d'Auxerre* qui mourut évêque de cette ville en 1230, après avoir professé la théologie à Paris avec beaucoup d'éclat et exercé à Beauvais les fonctions d'archidiacre. Il n'en existe qu'une édition, publiée à Paris, sans date et sous ce titre : *Aurea doctoris acutissimi sacrique præsulis Domni Guillelmi Autissiodorensis in quatuor sententiarum libros perlucidaque explanatio.*

Vient ensuite la *Somme de théologie* d'*Alexandre de Halès* ainsi appelé du nom d'un village d'Angleterre où il naquit. Très-jeune encore, il vint à Paris où il enseigna la philosophie et la théologie dans l'école des Frères-Mineurs. Il prit lui-même l'habit de saint François en 1222. Sa science et sa piété le firent surnommer par ses contemporains *le Docteur irréfragable,* et après sa mort (27 août 1245), l'on grava sur son tombeau cette épitaphe quelque peu emphatique :

*Gloria doctorum, decus et philosophorum.*

---

(1) « Elenchus aliquot scholasticorum qui scripserunt in Magistrum Sententiarum. » V. Antonii Possevini mantuani, soc. Jesu. *Bibliotheca selecta de ratione studiorum,* lib. III, cap. xv, p. 131.

La Somme d'Alexandre de Halès est faite sur le plan du Livre des Sentences dont elle suit pas à pas tous les articles. Elle fut rédigée par l'ordre d'Innocent IV. La quatrième partie qui traite des sacrements est restée inachevée (1).

Le dominicain *Albert-le-Grand*, à qui l'étendue de ses connaissances mérita au XIIIe siècle le titre de Docteur universel, commenta le Livre des Sentences devant les jeunes religieux de son Ordre, à Fribourg-en-Brisgau, à Ratisbonne, à Cologne et à Paris. Les succès qu'il obtint dans ces différentes villes attirèrent l'attention du pape Alexandre IV qui le nomma en 1260 évêque de Ratisbonne. Il déposa la crosse en 1262 pour redevenir simple religieux. Sous le pontificat de Grégoire X, en 1274, il fut appelé au concile général de Lyon où il travailla efficacement au retour de l'Eglise grecque à l'unité. Il mourut à Cologne, en 1280, âgé de 87 ans.

Dans son commentaire sur Pierre Lombard, Albert-le-Grand ramène les quatre Livres des Sentences à ces paroles de la Sagesse : *Ego ex ore Altissimi prodivi* (d'où le livre Ier sur Dieu et sa Trinité); *primogenita ante omnem creaturam* (d'où le livre II sur les créatures); *Ego feci in cœlis ut oriretur lumen indeficiens* (c'est-à-dire le Christ, liv. III); *et sicut nebula texi omnem carnem* (les sacrements, livre IV). Dans sa somme théologique, il suit presque pas à pas le Maître des Sentences; mais elle ne contient que deux parties sur quatre. Peut-être l'auteur la laissa-t-il incomplète, par cette raison qu'alors parut celle de son disciple saint Thomas (2).

*Saint Thomas d'Aquin,* avant d'écrire sa Somme théologique, l'un des plus grands monuments de l'esprit humain, étudia et commenta Pierre Lombard, qui fut, plus encore qu'Albert-le-Grand, son maître et son initiateur dans l'étude de la science sacrée. Son commentaire sur les Sentences, qu'il composa à l'âge de 25 ans, pour obtenir ses grades, est, dit le savant cardinal Gerdil, un chef-d'œuvre de méthode, de science et de discussion. Il a même servi à compléter la Somme théologique de l'Ange de l'Ecole. Cette Somme, en effet, est divisée, comme on le sait, en trois parties. Dans la première,

_____

(1) Il en existe deux éditions, l'une parue à Nuremberg, en 1484, et l'autre à Venise, en 1575, en 4 vol. in-folio.
(2) V. Sighart. *Albert-le-Grand, sa vie et sa science*, p. 376.

saint Thomas étudie Dieu en lui-même et comme Créateur (1ª); dans la seconde, il considère Dieu comme fin de la créature raisonnable, d'où suit toute la morale tant générale (1ª 2æ) que spéciale (2ª 2æ); dans la troisième, Dieu est envisagé comme incarné et réparateur. Or cette dernière partie n'a pas été achevée par le Docteur angélique, surpris qu'il fut par la mort en 1274, alors qu'il se rendait au concile général de Lyon. Pour combler cette lacune qui subsista jusqu'au xvᵉ siècle, un Hollandais, Henri de Gorcum, vice-chancelier de l'Université de Cologne, entreprit, vers l'année 1420, la rédaction d'un supplément au moyen d'extraits du commentaire de saint Thomas sur le Maître des Sentences. Le supplément de Henri de Gorcum comprend le Traité de la Pénitence en très-grande partie, et en outre, ceux de l'Extrême-Onction, de l'Ordre, du Mariage et de la Résurrection.

Tandis que Albert-le-Grand et saint Thomas interprétaient le Livre des Sentences chez les Dominicains, *saint Bonaventure,* le premier philosophe du x111ᵉ siècle, après saint Thomas, et disciple d'Alexandre de Halès, fut chargé de l'expliquer chez les Franciscains, vers l'année 1253. Son commentaire sur Pierre Lombard est le plus considérable de ses ouvrages, et il s'y montre profond théologien. Nommé cardinal en 1273 par Grégoire X, il accompagna ce pape au concile de Lyon, où il mourut en 1274. La postérité lui a décerné le titre de *Docteur séraphique.*

Un disciple contemporain de saint Bonaventure, *Jean de Galles,* qui porte en latin les noms divers de *Joonnes Gualensis, Valleis, Vallensis,* franciscain Anglais du couvent de Wighorn, et qui étudia tour à tour à Oxford et à Paris, est l'auteur d'un ouvrage intitulé : *Liber dictus summa collationum ad omne genus hominum, ad libros quatuor Magistri Sententiarum, septem constans partibus, prima de republicá,* etc., etc. (Paris, in-4º, sans date.) Cette édition date des premières années qui suivirent la découverte de l'imprimerie. Le même ouvrage fut publié une seconde fois, vers la fin du quinzième siècle, sous ce titre : *Summa de regimine vitæ humanæ, seu margarita doctorum ad omne propositum.* (Venise, 1496, in-8º.) Ce manuel, qui d'ailleurs ne manque pas d'érudition, se compose d'une série de maximes touchant l'économie, la politique, la morale, et il se termine par un abrégé de la vie des grands philosophes.

Il faut nommer ensuite *Robert Kilwardeby,* religieux de l'Ordre de saint Dominique, élève et professeur de l'école de Paris, que la renommée de son savoir et son éloquence firent élever sur le premier siége de l'Eglise d'Angleterre, celui de Cantorbéry, et qui mourut à Viterbe en 1279. Dans le catalogue de ses œuvres, publié par l'Histoire littéraire de l'Ordre des Frères-Prêcheurs, nous voyons mentionnées, outre divers opuscules de pure théologie et 39 traités philosophiques, des *Lectures sur les quatre Livres des Sentences.*

*Pierre de Tarentaise* qui fut pape en 1276 sous le nom d'Innocent V, est l'auteur d'un commentaire qui est le résumé de celui de saint Thomas sur Pierre Lombard.

Le pape *Nicolas IV,* qui le suivit de près sur le Siége pontifical (1288), commenta également le Maître des Sentences, alors qu'il était simple religieux mineur, et connu sous le nom de Frère Jérôme.

*Henri Gœthals* ou *Gœdhals,* en latin *Henricus Boni-Collius, Henricus Gandavensis, Henricus de Mudo,* né à Gand vers l'an 1217. Après avoir suivi à Cologne les leçons d'Albert-le-Grand, il enseigna la théologie et la philosophie dans sa ville natale. Vers l'année 1245, il vint à Paris, la métropole des études, où il obtint des succès rapides et éclatants, et où il reçut de ses auditeurs le surnom de Docteur solennel. Il mourut archidiacre de Tournay en 1293. Penseur et écrivain remarquable. On a de lui douze ouvrages considérables, dont un intitulé : *Commentarii in IV libros sententiarum.* Ces commentaires n'ont pas encore obtenu les honneurs de l'impression. Personne jusqu'ici n'a pris soin de les rechercher et de les publier, parce que l'on trouve dans la Somme de théologie et dans les *Quodlibeta* du Docteur solennel, toutes ses opinions et ses doctrines.

*Gilles de Rome* (Ægidius Colonna), *Doctor fundatissimus,* des Ermites de saint Augustin, fut d'abord précepteur de Philippe-le-Bel ; devenu archevèque de Bourges en 1295, il resta fidèle à Boniface VIII, et mourut en 1316. Esprit sage et sagace, sa doctrine, identique dans son ensemble à celle de saint Thomas, fut imposée à tout son Ordre par le chapitre général tenu en 1287. Gilles de Rome est l'auteur de 60 ouvrages ou opuscules, à la tête desquels se trouvent des commentaires sur Aristote et sur le Maître des Sentences.

*Jean Duns Scot,* originaire d'Irlande, suivant les uns, et d'Angleterre, suivant les autres. Il fut admis, dès sa plus tendre jeunesse, dans l'Ordre de saint François. Il

étudia d'abord à Oxford où il eut pour maître Guillaume
Warron, et où il devint dans la suite professeur de philosophie (1300). En 1304, il vint à Paris, où sa célèbre
thèse sur l'Immaculée-Conception fit triompher cette doctrine au sein de l'Université. Il se rendit ensuite à
Cologne, où il mourut vers l'an 1308, à l'âge de 34 ans,
laissant derrière lui la matière de treize volumes in-folio,
dans lesquels ne sont pas compris ses sermons, ni ses
commentaires sur les Evangiles, les Epîtres de saint Paul,
la Genèse, etc. Son esprit critique, moins remarquable
par l'étendue des vues que par la sagacité des détails, l'a
fait surnommer le *Docteur subtile, le Kant du moyen-
âge.* L'on trouve dans ses écrits une critique presque
continue de saint Thomas et de Henri de Gand. Son principal ouvrage est incontestablemet son commentaire sur
les quatre Livres des Sentences. Celui-ci est renfermé
dans les tomes V, VI, VII, VIII, IX et X de ses œuvres.
Il en existe deux rédactions : 1° *Le grand commentaire,*
fait à Oxford ; 2° un abrégé fait à Paris, sous le titre de
*Reportata Parisiensia.* Ce dernier est restreint aux
matières théologiques et dépouillé de la plupart des
explications philosophiques contenues dans le grand
commentaire. Il est plus concis et plus clair, mais très-
inférieur au premier. Il est interrompu et finit brusque-
ment à la distinction 18 du Livre III ; ce qui s'explique
par le départ subit de Scot pour Cologne (1). Logicien
intrépide, il est considéré comme le flambeau, comme la
colonne de l'école franciscaine.

*Richard de Middleton* (Ricardus de Mediavillâ), franciscain anglais, reçut de ses contemporains les surnoms
de *Doctor solidus, fundatissimus, copiosus.* Il fit ses premières études à l'Université d'Oxford, puis vint à Paris
où il fut reçu maître et où il professa. Son principal
ouvrage est un commentaire sur les Sentences imprimé à
Venise en 1489 et en 1509, à Brescia en 1591, en quatre
tomes in-folio.

*Gérard* de Bologne, religieux du Mont-Carmel, élu
prieur généarl de son Ordre vers 1207, mort à Avignon
le 17 avril 1317. Il avait pris ses grades à l'Université de
Paris, et, reçu docteur, il avait enseigné dans cette métropole de la science, avant d'aller occuper d'autres chaires.
On a de lui plusieurs ouvrages manuscrits. Le seul qui

(1) V. Wadding. *Vita Scoti,* c. IX, t. I, p. 13.

ait été publié est une glose sur les Sentences de Pierre Lombard, imprimée à Venise en 1622.

*Raymond Lulle,* de Majorque (1235-1315). (Doctor illuminatus). Après une jeunesse orageuse, il se convertit et se fit tertiaire franciscain. Il se crut appelé de Dieu à convertir les Musulmans par une méthode nouvelle de raisonnement, qu'il s'efforça de répandre à la place de celle d'Aristote dans les couvents et dans les universités. Après avoir beaucoup voyagé dans le nord de l'Afrique, il mourut à Bougie, lapidé, en 1315. Il est l'auteur d'ouvrages innombrables, dont l'idée fondamentale est que toutes les vérités se tiennent tellement enchaînées qu'en partant de l'une d'elles on peut, par une méthode de combinaison quasi-mécanique, démontrer toutes les autres. Son livre principal est intitulé *le Grand art,* et presque tous ses autres écrits en sont ou des abrégés, ou des parties et des dérivés. Il a composé un *livre de questions sur les quatre Livres des Sentences.*

*Durand de St-Pourçain,* ainsi appelé du nom de sa ville natale, St-Pourçain, en Auvergne. Entré fort jeune chez les Dominicains, il fut reçu docteur à Paris en 1313. Le pape Jean XXII, ayant entendu vanter son érudition, le fit venir à Rome, et lui confia la maîtrise du Sacré-Palais. En 1318, il revint en France où il reçut successivement, comme prix de ses services, l'évêché du Puy-en-Velay, puis celui de Meaux. Il mourut dans cette dernière ville en 1334. Penseur original, bien nommé *Doctor resolutissimus.* Son principal ouvrage est un commentaire sur le Livre des Sentences. Ce qui le caractérise, c'est une grande liberté de discussion et une tendance très-prononcée à se dégager des abstractions métaphysiques. Dans sa préface, il se déclare l'enfant soumis de l'Eglise romaine, mais en même temps il fait profession d'indépendance vis-à-vis de tout Docteur, « quelque célèbre qu'il soit (1). »

*François Mayron,* surnommé, comme Raymond Lulle, le *Docteur illuminé.* Ce fut un disputeur habile, un ingénieux artisan de syllogismes. Né dans les montagnes de Provence, François Mayron prit l'habit de saint François dans un couvent de Digne, et vint ensuite à Paris où il eut pour maître Duns Scot. C'est lui qui fit promulguer en 1315 l'acte célèbre, appelé la *Grande Sorbonique.* Aux

(1) V. Prolog. 1ª quæst., nº 6.

termes de ce réglement, le soutenant d'une thèse devait répondre à toutes les objections qui pouvaient lui être faites depuis six heures du matin jusqu'à six heures du soir, sans boire et sans manger. Ses principaux traités ont été réunis dans un volume dont voici le titre : *Præclarissima ac multùm subitilia egregiaque scripta Illuminati Doctoris Francisci de Mayronis, ordinis Minorum, in quatuor libros Sententiarum, etc. Venetiis, 1520.* Dans son commentaire sur les Sentences, on rencontre un grand luxe de dilemmes, un assemblage aride de négations, de démonstrations, de conclusions, ne disant rien à l'esprit, mais étonnant le regard par la constante régularité des formules (1).

Après François Mayron, nous devons citer l'aragonais *Antonio Andrea,* autre religieux franciscain, et surnommé, à cause de l'élégance de son style, le Docteur à la douce parole, *Doctor dulcifluus.* Son commentaire sur les Sentences est un abrégé très-fidèle de celui de Scot. Il a été imprimé à Venise en 1578.

*Hervé de Nédellec* (Hervæus Natalis), plus connu sous le nom d'Hervé le Breton. Enrôlé dès sa première jeunesse dans l'Ordre de saint Dominique, au couvent de Morlaix, il vint à Paris étudier la théologie et prendre ses grades. Elu général de l'Ordre en 1318, il mourut en 1323. Il a laissé un grand nombre de traités scolastiques dont la plupart ont été imprimés. Nous citerons seulement son commentaire des Sentences, dont voici le titre : *Hervæi Britonis, Prædicatoriæ familiæ antistitis, in IV Petri Lombardi sententiarum volumina, scripta subtilissima. Venetiis, 1505,* in-fol. C'est à tort que l'on a reproché à Hervé le Breton l'emploi d'un langage soi-disant plein d'arguties et de périphrases énigmatiques. Quel que soit en effet le titre de son Livre sur les Sentences *(Scripta subtilissima),* il est médiocrement subtil, et il ne cesse dans ses ouvrages de faire la guerre aux termes équivoques, ce qui prouve qu'il avait peu de goût pour l'obscurité. Il suffit de lire quelques pages de son commentaire pour se convaincre que son style est clair, et beaucoup plus clair que celui d'un grand nombre de ses contemporains.

*Jean de Naples,* docteur contemporain d'Hervé, de l'Ordre des Frères-Prêcheurs, commenta les Sentences, à Paris, vers l'année 1315.

(1) Brucker. *Hist. Phil.*, t. III, p. 840.

*Pierre Oriol* (Petrus Aureolus), franciscain, né à Ver-
beric-sur-Oise, surnommé dans l'Université de Paris le
Docteur abondant, *Doctor facundus*. On a peu de rensei-
gnements sur sa vie; l'on sait toutefois qu'étant provincial
d'Aquitaine, il fut élu archevêque d'Aix, en 1321, et qu'il
mourut cette année même. Parmi ses écrits se trouve un
commentaire sur les Sentences, intitulé : *Petri Aureoli
Verberii, archiepiscopi Aquensis, commentarii in quatuor libros Sententiarum.* Romæ 1596, 1605. 4 vol. in-
fol. Pierre Oriol est un disputeur ardent, et c'est presque
toujours à saint Thomas et aux thomistes qu'il impute
les erreurs contre lesquelles il se prononce; toutefois les
opinions qu'il professe sont loin d'être celles de Duns
Scot; il devrait plutôt être compté parmi les disciples de
Guillaume d'Ockam, s'il n'avait pas enseigné quelques
années avant lui. Il est le premier des scolastiques qui
ait refusé l'existence subjective à ce qu'on appelle dans
l'Ecole les espèces intelligibles, et c'est lui qui a engagé
l'importante controverse que Guillaume d'Ockam devait
poursuivre et continuer avec tant d'ardeur et de succès.

*Guillaume d'Ockam,* né dans un bourg de la province
de Surrey, en Angleterre, entra, jeune encore, chez les
religieux de saint François. Les supérieurs l'ayant envoyé
à Paris pour faire son cours de théologie, il y eut pour
maître le fameux Duns Scot. On ne sait presque rien des
premières années de sa vie, mais dès qu'il fut compté
parmi les Docteurs et qu'il prit la parole dans une chaire,
tous les regards se tournèrent vers lui. C'était un homme
fier, indocile, bravant volontiers les puissants, et ne sou-
mettant sa raison aux caprices d'aucune autorité. La
Cour de Rome et celle de France étaient alors en lutte
ouverte. Boniface VIII avait excommunié Philippe-le-
Bel; Philippe avait couvert d'outrages le successeur de
saint Pierre. Guillaume d'Ockam prit parti pour le prince
contre le pape, et il intervint dans cette mémorable querelle des investitures par la publication d'un manifeste
des plus véhéments où il ne reconnaissait aux papes
aucune autorité sur les choses temporelles, et où il sou-
tenait que J.-C. lui-même, en tant qu'homme, n'avait
reçu de son Père aucun droit de censure sur les pasteurs
des peuples. Après avoir combattu Boniface VIII, Guillaume ne ménagea pas davantage son successeur
Jean XXII. Dans un audacieux et violent libelle, intitulé : *Defensorium,* il se fit l'apologiste de la pauvreté
évangélique, prétendant qu'à l'exemple de Jésus-Christ et
de ses apôtres, les religieux ne devaient posséder aucun

bien sur la terre, soit en commun, soit en particulier. C'était aller à l'encontre d'une décrétale du souverain Pontife qui avait condamné cette opinion. Il fut déclaré coupable d'hérésie par le Saint-Siége d'abord, puis dans un chapitre général des Franciscains, tenu à Perpignan. Mais le roi de Bavière le prit sous sa protection, et Guillaume continua de vivre en pleine liberté.

En philosophie, Guillaume d'Ockam ressuscita le nominalisme, ce qui le fit appeler par les siens *Venerabilis incæptor*. En théologie, il se réfugia dans le fidéisme, afin d'échapper au scepticisme relativement à la spiritualité de l'âme et aux attributs les plus essentiels de Dieu. En morale, il exagéra les idées de Scot, et fit dépendre entièrement le bien et le mal de la volonté de Dieu. Par ses opinions téméraires, touchant l'Eglise et ses rapports avec l'Etat, il fut le précurseur de Wiclef qui devait sortir comme lui de l'Université d'Oxford.

Parmi les ouvrages de Guillaume qui ont été conservés et publiés, il s'en trouve un qui a pour titre : *Super libros Sententiarum subtilissimæ quæstiones.* Lugduni, 1495, in-fol.

*Nicolas de Lyra,* converti du judaïsme au christianisme, Frère-Mineur, docteur de Sorbonne, et professeur de théologie à Paris; né vers 1270, mort le 23 octobre 1340. Son commentaire sur Pierre Lombard se distingue par une érudition prodigieuse. Nicolas de Lyra se rendit surtout célèbre, comme commentateur de l'Ecriture sainte. Son principal ouvrage a pour titre : *Postillæ perpetuæ sive brevia commentaria in universâ Bibliâ,* 5 vol. in-folio. Rome 1471-1472. Son commentaire sur Esther a été inséré dans le cours complet d'Ecriture sainte de Migne. (V. Cursus compl. S. S., t. XVII.)

*Robert Holkoth,* contemporain d'Ockam, et mort en 1349. Dominicain indépendant de saint Thomas, et assez souvent en désaccord avec les Thomistes, notamment sur les grandes questions de la science divine et de la prédestination. Il exagère la liberté divine jusqu'à soutenir que Dieu pourrait mentir, s'il le voulait. A l'exemple d'Abailard, il justifie tout dans l'homme par l'intention. On lui a aussi reproché d'avoir admis la possibilité d'une opposition entre la foi et la raison, mais on s'est basé uniquement sur une objection qu'il se pose, et l'on n'a pas remarqué la réponse où il dit que toute conclusion de ce genre n'est pas une démonstration mais un sophisme. Ses œuvres ont été réunies en un volume sous ce titre : *R. Holkot, angli, ex ordine Prædicatorum, super qua-*

*tuor libros Sententiarum quæstiones*. Lugduni, 1497, in-fol. On trouve dans ses écrits beaucoup de passages extraits des œuvres de Guillaume d'Ockam.

*Jean de Bacon* ou *de Baconthorp*, Carme anglais, né dans le comté de Norfolk, docteur de l'Université de Paris, mort en 1346. C'est un des principaux théologiens de son Ordre, et jusqu'au seizième siècle, il a été compté parmi les plus savants interprètes d'Aristote. Il est l'auteur d'un grand nombre d'ouvrages, la plupart inédits. Le plus connu est son commentaire sur les quatre Livres des Sentences, imprimé à Crémone en 1618, in-fol.

Ici se place un autre Anglais, disciple de Guillaume d'Ockam, et qui fut célèbre au xive siècle, maître *Adam Goddam, Voddam,* ou *Codam,* Frère–Mineur, docteur de l'Académie d'Oxford. Il commenta les Sentences à Londres, à Oxford et à Norwich. Son commentaire a été imprimé à Paris en 1512, in-fol.

*Thomas, de Strasbourg,* né à Haguenau, général de l'Ordre des Ermites de saint Augustin, de 1345 à 1357. Il avait dans sa jeunesse enseigné la théologie au couvent des Jacobins de Paris, et il a laissé comme monument de sa doctrine un commentaire sur les Sentences qui fut longtemps estimé. *Thomæ ab Argentina commentarii in quatuor libros sententiarum emendati per S. Fanensem;* Genuæ, 1585, in-fol. Thomas de Strasbourg est un thomiste qui travaille à concilier l'Ange de l'Ecole avec Guillaume d'Ockam. Son successeur au généralat des Augustins, Grégoire de Rimini, mort à Vienne, en Autriche, en 1458, est aussi l'auteur d'un commentaire sur les deux premiers Livres des Sentences. Il a été appelé *Tortor infantium,* parce que presque seul parmi les scolastiques, il admet la peine du sens pour les enfants morts sans baptême (1). Il paraît, en effet, soutenir cette opinion; cependant, arrivé au bout de sa démonstration, il hésite devant l'autorité et l'accord des théologiens, et il n'ose se prononcer formellement.

Parmi les commentateurs du xive siècle, nous devons encore mentionner : *Augustin Trionfe* d'Ancône, mort en 1328 à Naples, général des augustins; *Alvar Pélage,* franciscain espagnol, élève de Scot, à Paris, et défenseur de la papauté contre Louis de Bavière; *Pierre d'Ailly,*

---

(1) V. **Perrone.** *De homine*, n. 812.

né à Compiégne en 1350, reçu docteur en 1380, puis supérieur du collége de Navarre où il eut pour élève Gerson. Devenu ensuite chancelier de l'Université de Paris, il prit une part active aux conciles de Pise et de Constance, et reçut en récompense de ses services l'évêché de Cambrai et le chapeau de cardinal. Il mourut à Avignon le 8 août 1425. Viennent ensuite *Marsile d'Inghen,* prètre séculier, qui après avoir enseigné à Paris, fut nommé chanoine et trésorier de l'église de Cologne, puis choisi par Rupert, duc de Bavière, pour premier recteur du collége d'Heidelberg où il mourut en 1396; *Richard Fitz-Ralph,* archevèque d'Armagh, en Irlande, mort vers 1360; *Jean de Bassolis (Doctor ornatissimus),* franciscain, disciple chéri de Scot, et professeur de philosophie à Reims et à Malines ; *Pierre d'Aquilée (Doctor sufficiens),* franciscain et évèque au royaume de Naples; *Walter Burleigh (Doctor planus ac perspicuus),* condisciple de Guillaume d'Ockam en Angleterre, puis docteur à Paris, professeur à Oxford et précepteur d'Edouard III; *Pierre de la Palud,* dominicain, professeur à Paris et patriarche titulaire de Jérusalem; sur le quatrième Livre des Sentences, il est préféré à tout autre commentateur par saint Antonin, quant à la solution pratique des cas de conscience; *Jacques de Terramo,* archidiacre d'Aversa, au royaume de Naples.

Au xv⁰ siècle, nous voyons briller au premier rang des commentateurs de Pierre Lombard, *Jean Capreolus,* docteur de Paris, mort à Rodez en 1444, surnommé le Prince des thomistes et vénéré par certains personnages de son école, presque à l'égal de saint Thomas. Viennent ensuite *Henri de Gorcum,* hollandais, vice-chancelier de l'Université de Cologne; *Nicolas de Orbellis,* franciscain, professeur à Poitiers, vers 1464; *Gabriel Biel,* de Spire, principal professeur à l'Université de Tubingue, lors de sa fondation (1477), mort vers 1495, chanoine de la Vie commune (1). Ses commentaires sur les Sentences sont renommés; il a fait aussi un abrégé de ceux d'Ockam. Il est célèbre comme théologien, mais on lui reproche certaines opinions hardies, dont plusieurs ont été recueil-

(1) L'association des Clercs et des Frères de la Vie commune fut fondée au xiv⁰ siècle par Gérard Groot, diacre de Deventer, pour s'occuper de calligraphie, de travaux manuels et d'éducation. Grégoire XI l'approuva en 1376. Elle compte parmi ses hommes illustres le pieux Thomas à Kempis.

lies par les protestants pour les opposer au concile de
Trente (1).

Avec Gabriel Biel finit l'âge de la scolastique proprement dite. A partir du xvi<sup>e</sup> siècle, la direction des sciences
ecclésiastiques se trouve modifiée dans la plupart des
contrées de l'Europe par la controverse protestante, et
parmi les écrivains et les théologiens, l'on ne rencontre
plus que très rarement des commentateurs de Pierre
Lombard. Les seuls qui aient eu quelque célébrité à Paris
sont *Jacques Almain* et *Jean Major* (Mair). *Jacques
Almain,* né à Sens, fut professeur au collége de Navarre
en 1511, et mourut jeune en 1515; dans la liste de ses
ouvrages publiée par Launoy (2), se trouvent des *lectures
sur le troisième Livre des Sentences* (recueillies par un
de ses élèves en 1512); un traité de la Pénitence écrit
d'après le quatrième Livre des Sentences; et des *Réflexions* sur le commentaire de maître Robert Holkoth.
*Jean Major* (Mair), écossais, docteur de Navarre, maître
d'Almain, mais mort longtemps après lui, en Ecosse. Ses
commentaires sur les quatre Livres des Sentences sont,
suivant Launoy et Dupin (3), les plus complets que l'on
ait vus jusque là. En Italie, nous trouvons *Paul Cortèse,*
secrétaire apostolique, mort évêque d'Urbain en 1510.
Son commentaire est intitulé : *Disputationes in senten-
tias.* C'est plutôt un humaniste qu'un théologien. Au lieu
de suivre Pierre Lombard, il se moque de lui en beaucoup d'endroits. Il évite avec soin de se servir d'aucun
mot qui ne soit de la pure latinité. Bref, l'on sent
qu'il appartient à une nouvelle école toute différente de
celle des scolastiques (4).

Lorsque nous disons que l'ancienne méthode théologique fut partout profondément modifiée par la polémique à laquelle donna lieu l'hérésie protestante, nous
devons faire exception pour l'Italie et surtout pour l'Espagne. La scolastique conserva son empire dans ces deux
pays où elle produisit pendant et après le concile de
Trente, une série nouvelle de commentateurs du Maître
des Sentences.

Nous n'indiquerons ici que les principaux.

(1) V. Goschler. T. XIII. Art. *Lombard (Pierre),* p. 439.
(2) *Navarræ Gymnasii Parisiensis Historia,* p. 501.
(3) Launoy. *Navarr. Gymn. Paris. Hist.,* p. 598. — Dupin. *Bibl. eccl.,* xvi<sup>e</sup> s.
P. IV, p. 544.
(4) Goschler. Art. *Lombard (Pierre),* p. 440. Cfr. *Feller.*

*Dominique Soto,* né à Ségovie en Castille, en **1494**. Fils d'un jardinier, il étudia d'abord à Alcala, où il eut pour maître saint Thomas de Villeneuve. Il vint ensuite suivre les cours de l'Université de Paris. Après avoir terminé ses études, il entra dans l'ordre de saint Dominique, et professa la théologie à Salamanque. Envoyé en 1548, au concile de Trente, il s'y fit remarquer par la publication de ses deux livres sur *La Nature* et *La Grâce*. L'empereur Charles-Quint, qui l'avait choisi pour son confesseur, ayant voulu le faire évêque de Ségovie, Soto refusa cet honneur. Il mourut à Salamanque le 6 décembre 1560. Ce fut l'un des plus profonds théologiens de son temps. Nous avons de lui un commentaire sur les quatre Livres des Sentences.

*Jacobin Malafosse,* de l'ordre des Frères-Mineurs, né à Burges en Italie, fut longtemps professeur de théologie dans les Universités de Padoue et de Turin. Métaphysicien remarquable; écrivain élégant et spirituel. Il assista au concile de Trente. Parmi ses ouvrages figurent *Enarrationes in l. sententiarum Scoti.* (Patavii 1560.)

*Melchior Flavius,* ami du précédent et prédicateur à la cour de Henri II, roi de France. *Resolutiones in quatuor libros sententiarum Scoti.* (Parisiis 1570.)

*Martin de Ledesma,* frère-prêcheur, placé par Jean III, roi de Portugal, à la tête de l'Université de Coïmbre, où il occupa durant 30 ans la première chaire de théologie. Il refusa l'évêché de Viseu. *Commentarii in quatuor libros sententiarum.* Quétif dit que le seul reproche qu'on puisse lui faire, est d'avoir un peu négligé son style; à part cela, il doit être compté parmi les théologiens de premier ordre (1).

*Adam Sasbouth,* né à Delft en Hollande, le 21 décembre 1516, de parents nobles, fit ses études littéraires à Utrecht et ses études théologiques à Louvain. En 1544 il entra dans l'ordre des Frères-Mineurs, chez les Cordeliers de Louvain, où il professa la théologie et où il mourut en 1553. Son *Traité sur les quatre Livres des Sentences* est clair et méthodique, mais plus théologique que critique.

*Joseph Angles,* de Valence, en Espagne, frère-mineur, mort évêque de Bossa, en Sardaigne, célèbre professeur de théologie. *Flores theologicarum quæstionum in II l. Sentent.* (Matriti 1586), *in IV, l. Sent.* (Burgis 1565.)

*François a Christo,* de l'ordre des Ermites de saint Au—

(1) Quétif, *Scriptores Ordinis Prædicatorum,* t. II, p. 240.

gustin, né à Coïmbre, écrivain et prédicateur remarquable, professeur à l'Université de Coïmbre, de 1564 à 1583, mort en 1587. *Enarrationes in collectanea l. I Sent.* (Conimbricæ 1579.)

*Augustin de la Sainte-Trinité*, portugais, ermite de saint Augustin. Les universités de Coïmbre, de Toulouse, et de Bordeaux admirèrent longtemps la profondeur de sa doctrine. *Commentarius in S. Thomam et Magistrum Sententiarum.*

*Michel de Palacios,* né à Grenade, professeur de théologie à l'Université de Salamanque, chanoine de l'église de Léon et de Ciudad. Très versé dans toutes les branches de la théologie. *Disputationes theologicæ in quatuor libros sententiarum.* (Salmanticæ 1574-1579.)

*François de Herrera*, frère-mineur de la régulière observance. *Commentaria in I et II lib. Sentent.* (Salmanticæ 1589, 1590, 1595.) *Manuale theologicum et resolutissima dilucidatio principalium quæstionum quæ communiter in IV l. Sententiarum disputantur.* (Romæ 1606.)

*Jacques Tavanthius,* de l'ordre des Servites, né à Florence, élu général de son Ordre en 1576, sous Grégoire XIII, occupa pendant 47 ans la première chaire de théologie à Pise. En récompense de ses services, le Sénat et le peuple de Pise lui décernèrent des titres de noblesse. Parmi les nombreux monuments qu'il a laissés de son génie se trouve un *Commentaire sur les quatre Livres des Sentences.*

*Damien Ginner*, frère-mineur, publia à Valence en 1598, *Commentarios Scoti in IV l. Sentent. in faciliorem et clariorem methodum redactos.*

Au xvi⁰ siècle, Pierre Lombard fut encore commenté, en Espagne, par *Jean de Ovando,* professeur de théologie à Salamanque. *Commentarii in III l. Sent.* (Valentiæ, 1597); en Italie, par *Bonaventure Manenti*, de Brescia, de l'ordre des Mineurs conventuels; *François-Antoine Casimir,* napolitain; *Mathias Aquarius,* frère-prêcheur (1591); *Angèle-Marie Montursius,* florentin, général des Servites; en Belgique, par *Martin Bethove,* né en Brabant, professeur ds théologie à l'Université de Dillingen, puis chancelier de celle de Louvain, et premier évêque d'Ypres (1582).

Au xviie siècle, les commentaires du Maître des Sentences sont beaucoup plus rares qu'au xvie. Même dans les pays où règne la scolastique, la plupart des théologiens abandonnent Pierre Lombard, pour commenter saint Thomas, et, dans l'école franciscaine particulièrement, l'on n'interprète plus guère le *Livre des Sentences* proprement dit, mais plutôt le commentaire qu'en a laissé Duns Scot.

En tête des commentateurs du xvii⁰ siècle, nous devons placer *Guillaume Estius* (Van Est), né à Gorcum, en Belgique. Il étudia à Louvain, sous la direction de Baïus et de Hessels. Reçu docteur en théologie, le 22 novembre 1580, il alla à Douai dont il illustra l'Université pendant 31 ans, comme professeur de théologie et d'Écriture sainte. Il mourut le 22 septembre 1613, à l'âge de 71 ans, après avoir exercé pendant 18 ans les fonctions de chancelier de cette Université. Il fut non-seulement un exégète remarquable, mais encore un solide théologien. On a de lui *Commentarii in quatuor libros sententiarum Petri Lombardi.* (Coloniæ 1615, 4 vol. in fol. ; Parisiis 1638, 1676; Neapoli 1720.) « Ces commentaires, dit Louis Ellies Du Pin, sont clairs, faciles à comprendre, et utiles à lire; plût à Dieu que nos jeunes théologiens les étudiassent avec plus de soin (1). » Il faut, toutefois, en lisant Estius, se rappeler qu'il a eu pour maîtres deux jansénistes, et que, tout en étant bon catholique, il a quelquefois emprunté leurs façons de parler et frisé de près leurs erreurs, notamment sur les questions de la contrition parfaite et de la prédestination (2).

Commentateurs Italiens :

*Jean-Paul Palantère,* de l'ordre des Mineurs conventuels, évêque de Cédonia dans le royaume de Naples (1614). *Lecturæ in IV libros Magistri Sentent.* (Venetiis 1599, 5 vol. in-4°.)

*Daniel Malloni,* de l'ordre des Ermites de saint Jérôme, né à Brescia. *Scholastica bibliotheca in II l. Sent.*

*Archange de Rubeis,* né à Crémone, de la congrégation des chanoines réguliers de Latran, mort évêque de Cariaula en 1618. *Super quatuor libros sententiarum lucidissimæ distinctiones.* (Venetiis 1621.)

*François de Pitigianis,* d'Arezzo, de l'ordre des Mineurs, grand théologien, grand philosophe et orateur éloquent de l'Italie. *Summa theologiæ speculativæ et mo-*

---

(1) V. Bibliothèque des auteurs ecclésiastiques, t. XVII, p. 46.
(2) V. Perrone. *Prælect. theol.*, t. IV. *De Deo*, p. 3, c. ii. Annot. ad n. 472.

*ralis ac commentaria scolastica in 3*<sup>am</sup> *et 4*<sup>am</sup> *part. Sentent. Joannis Duns Scoti.* (Venetiis 1613, 1616, 1618.)

*Christophe Marasca,* né à Crémone, carme. *Quæstiones Baconii in quatuor libros Sent.* (Cremonæ 1618, 3 vol. in–folio.)

*Philippe Fabri,* religieux conventuel, né à Faenza, professeur de théologie à l'Université de Padoue (1630). *In quatuor libr. Sent. Scoti commentaria.* (Venetiis 1619.)

*Pierre Capullius,* du même ordre, né à Cortone, professeur à Bologne et à Rome, puis évéque de Conversano en 1625. Il annota les Commentaires de saint Bonaventure sur les Sentences. (Venetiis 1622.)

*Paul Ciera,* de l'ordre de saint Augustin, né à Venise, professeur d'Ecriture sainte à Rome, puis évêque de Citta-Nuova, et enfin transféré à l'évêché de Vastine dans le royaume de Naples où il mourut vers 1650. *In l. I Sentent. Lombardi responsiones ad quæsita omnia.* (Romæ 1633 in–4°.)

*Christophore Brenzonius,* carme. *Commentarius in IV libros Sententiarum.* (1648.)

*Maurice de Gregorio,* frère-prêcheur, né à Camerata en Sicile, conquit à Naples une réputation extraordinaire d'érudit et de savant. *Commentarii laconici ad sensum præmii paraphrastici in quatuor Sent. libros.*

*Barthelemy Mastrius,* de Meldula, mineur conventuel. *Disputationes theologicæ in IV libros Sent.* (Venetiis 1675.)

*Barthelemy de Barberiis,* franciscain, né à Castro-Vetere. *Cursus theologicus super IV l. Sent.* (Ad mentem seraphici doctoris). (Lugduni 1686.)

*Jérôme Brambila,* de l'ordre des Mineurs, né à Milan, mort en 1686, auteur d'un *Prologus in l. Sententiarum.* (Mediolani 1682.)

*Jean-Baptiste Fonius,* de Fugnano, en Emilie, franciscain. *De disputationibus et quæstionibus ex universâ theologiâ.* (Ouvrage fait d'après le Comment. de Scot sur le 1<sup>er</sup> Liv. des Sent.) (Venetiis 1688.)

*Laurent Brancatius de Lauria,* né en 1612, dans la province de Lucanie, mineur conventuel. Il étudia à Rome où il obtint le titre de maître en théologie au collège de saint Bonaventure fondé par Sixte V. Il professa la théologie en différentes villes de l'Italie; puis il se retira à Albano où il travailla à un commentaire sur la doctrine de Scot. Alexandre VII sut l'apprécier et le nomma d'abord examinateur épiscopal, puis préfet du collège de la Propagande. Le cardinal Flavius l'ayant choisi comme théologien de l'ambassade de France, le Pontife refusa en disant que Lauria lui était nécessaire et qu'il ne pouvait pas se passer de ses conseils. Il jouit d'une égale estime près de Clément IX et de Clément X. Innocent XI le promut à la dignité de cardinal le 1er septembre 1681. Il mourut le 30 novembre 1693, exerçant les fonctions de gardien de la bibliothèque du Vatican. Parmi ses nombreux ouvrages se trouvent *Commentaria in 3 et 4 L. Sentent.* (Romæ 1653–1676.)

*Boniface Agostini,* mineur conventuel, professeur de théologie à Cézène, à Viterbe, à Florence et enfin à Rome où il mourut en 1698. Il est l'auteur d'un commentaire sur le deuxième Livre des Sentences.

*Charles–François de Varisio,* franciscain, ainsi appelé du nom de sa ville natale Varisio, dans le duché de Milan. *Promptuarium Scoticum.* (Commentaire d'après Scot sur les 4 Livres des Sent.) (Venetiis 1690.) Il fut l'un des premiers théologiens qui combattirent les erreurs de Molinos. Il refusa constamment la dignité épiscopale. Après sa mort (1718), le pape Clément XI lui fit célébrer des obsèques semblables à celles des cardinaux.

*Elisée de Garcia,* carme. *Quæstiones theologico-morales in IV libr. Sentent.* (d'après Jean Bacon).

*Georges Soggia,* de l'ordre des Servites, né à Porto-Torre, en Sardaigne, professeur de théologie à Pise, puis à Rome où il expliqua durant 30 ans à ses élèves la doctrine de Henri de Gand. Il mourut en 1701, après avoir été successivement général de son ordre, évêque de Bossa et archevêque de Porto-Torre. *In IV l. Sent. q. q. disputatæ.* (Saceri 1697.)

Commentateurs Espagnols ou Portugais :

*Jean de l'Incarnation,* portugais, commenta le premier livre de Scot sur les Sentences. (Conimbricæ 1609).

*Grégoire Ruitz. Controversiæ theologicæ in quat. lib. Sent. Scoti.* (Vallisoleti 1613 et 1643.)

*Jean de Rada,* aragonais, théologien très estimé de Clément VIII et de Paul V, archevêque de Trani en 1605, puis en 1606 évêque de Pacte en Sicile, où il mourut en 1608. *Controversiæ theologicæ inter S. Thomam et Scotum super quat. lib. Sent.* 4 vol. in-4°. (Venetiis 1599. Coloniæ 1620.)

*Jean de Carthagène,* (1617), professeur de théologie à

Rome sous Paul V. *De Sacramentis in genere* (d'après le quatrième Livre des Sentences. (Romæ 1609).

*Jérôme Tamarit,* mineur de la régul. observ., né à Setabis, (auj. *San-Felipe* ou *Jativa)* dans le royaume de Valence. *Flores theologicæ in totum I libr. magistri Sentent., et meliorem partem II*[1]. (Valentiæ 1622.)

*Mathieu Sosa,* franciscain, né à Lisbonne, occupa la première chaire de théologie à l'Université de Salamanque (1629). Il commenta le Livre des Sentences d'après Duns Scot.

*François del Castillo Velasco,* franciscain, né à Madrid. *Super 3 lib. Sent. tractatus.* (Antverpiæ, 1641.)

*François Irribarne,* né à Bigorre, dans le royaume de Navarre, et mort en 1656. *In 4 libr. Sent. tract.* (Cæsaraugustæ 1614.)

*Jean Martinez de Ripalda,* S. J., né à Pampelume; il fut, avec le cardinal de Lugo, le plus grand théologien de l'Espagne, et peut-être de l'Europe, à cette époque. Il professa la philosophie à Montfort et la théologie à Salamanque. Il possédait à fond saint Augustin et saint Thomas. Il mourut à Madrid le 26 avril 1648. Parmi ses œuvres figure *Brevis expositio litteræ Magistri Sententiarum.* (Coloniæ 1635. Lugduni 1676. Venetiis 1737, in-8°).

*Hyacinthe Hernandez de la Torre,* franciscain, né à Bilbilis, mort en 1695. *Commentarius in I et II l. Sent.* (Cæsaraugustæ 1685 et 1689.)

Nous citerons encore au XVIIe siècle, les noms suivants :

*Hugues Cavelli,* irlandais, né à Down, mineur de la stricte observance. D'abord professeur de théologie à Louvain au collége de saint Antoine de Padoue, nommé ensuite définiteur de l'ordre séraphique, puis appelé à Rome par le général de son ordre, il y occcupa la célèbre chaire de théologie du monastère de Sainte-Marie de l'*Ara-Cœli.* Nommé par Urbain VIII archevêque d'Armagh et primat d'Irlande, il mourut au moment de partir pour sa patrie, le 22 septembre 1626. Il est l'auteur d'un commentaire sur les 4 Liv. des Sent., composé d'après Duns Scot. (Antverpiæ 1620, 3 vol. in-fol.)

*André Rochmarin,* polonais, franciscain de la régulière observance. *Commentaria in libr. I Sent. Scoti.* (Venetiis 1627.)

*Pierre de Posen,* compatriote du précédent et religieux du même ordre. *Commentaria in l. I Sent.*

*Amand Hermann,* franciscain, né à Neisse, en Silésie,

mort le 26 novembre 1700. *Tractatus theologici in libros Sententiarum* (ad mentem subtilis doctoris). (Coloniæ 1690, 4 vol. in-fol.)

*Jean Nicolaï,* né à Stenay en 1592, frère-prêcheur, docteur et professeur de théologie de l'Université de Paris, mort en 1673. Écrivain élégant, linguiste distingué, savant théologien, très versé dans la connaissance de l'Ecriture sainte et de l'histoire ecclésiastique. Outre différents ouvrages, écrits la plupart contre l'hérésie janséniste, il est l'auteur d'une édition expurgée et annotée des commentaires de saint Thomas sur les quatre Livres des Sentences. (Paris 1659, 4 vol. in-folio.)

Nous arrêtons ici la liste des commentateurs de Pierre Lombard. A partir de la fin du xviie siècle, il cesse partout d'être étudié et interprêté, et l'on pourrait à peine trouver au xviiie siècle, tant en Italie qu'en Espagne, deux ou trois noms de théologiens qui lui soient restés fidèles. Ce n'est pas qu'il ait été précisément dédaigné. Non, et tout en lui préférant saint Thomas, l'on n'a pas cessé d'honorer sa mémoire. A l'appui de cette assertion, nous nous contenterons de citer le fait suivant : Il y a seulement vingt ans, le Livre des Sentences était encore le texte des concours pour la première chaire de théologie, à l'Université de Naples. Quant aux commentaires composés du xiiie au xviie siècles, l'énumération faite par nous en est forcément très incomplète. Les limites de cette étude, nous l'avons dit plus haut, ne nous permettent de citer et de faire connaître, parmi les commentateurs, que ceux qui se sont rendus vraiment célèbres et qui ont laissé un nom dans l'histoire de la théologie.

On ne s'est pas contenté d'orner de commentaires le Livre des Sentences; on a voulu lui prêter les grâces de la versification. L'*Histoire littéraire de la France* dit que la bibliothèque de saint Pierre de Cambridge possède un manuscrit qui a pour titre : *Quatuor libri Sententiarum versificati* (1). Il existe à la bibliothèque nationale de Paris un manuscrit du xve siècle, intitulé : *Roseum memoriale divinorum eloquiorum* et qui a pour auteur Pierre de Rosentham, moine de l'abbaye de Mœlk, en Autriche. L'on y trouve, à la suite d'un résumé des Livres de l'Ecriture sainte, un abrégé en vers hexamètres du livre

_____

(1) *Hist. litt. de la France*, t. XII, p. 601.

de Pierre Lombard, avec ce titre : *Versus notabiles super IV libros Sententiarum* (1). Le fond et la forme de cet opuscule n'offrent rien d'intéressant; les règles de la prosodie y sont perpétuellement violées ou méconnues et l'on n'y saurait relever un seul passage digne d'être cité. Nous avons voulu toutefois le mentionner ici, comme un nouveau témoignage de la profonde vénération des siècles pour le Maître des Sentences.

(1) Bibl. nat. Fonds latin, ms. 10,449.

# CONCLUSION

---

Personne, après avoir lu le travail qui précède, n'en sentira mieux que l'auteur lui-même l'imperfection et les lacunes. Une étude de Pierre Lombard, achevée dans toutes ses parties, ne saurait être l'œuvre de quelques mois; elle demanderait tous les instants d'une vie laborieusement employée. Aussi nous ne savons que trop combien ont peu abouti les efforts que nous avons faits pour rendre cet ouvrage moins indigne du sujet.

Le Maître des Sentences a cessé depuis le xviie siècle d'être étudié dans les écoles, et aujourd'hui son nom n'est plus que très-rarement prononcé, même dans les cours de théologie. Son Livre fameux, après avoir été le guide universel des docteurs pendant tout le moyen-âge, a fait place entre les mains des théologiens à la Somme de saint Thomas d'Aquin. Celui-ci est maintenant l'inspirateur de tous ceux qui cultivent la science sacrée, et c'est dans son génie puissant qu'ils vont chercher un appui et des lumières.

Ainsi, dans l'enseignement de l'Eglise, les méthodes changent et les hommes se succèdent; mais au milieu de ces variations, le fond de la doctrine catholique reste toujours le même, indestructible et immuable comme l'éternelle vérité.

Le dogme, en effet, considéré en lui-même, est sorti complet des mains du Christ qui lui a donné pour mission de conquérir le monde. Il a passé de la bouche du Sauveur sous la plume des Apôtres et dans leur enseignement oral, d'où il a continué sa marche, au moyen de la parole et des écrits de tous les temps, pour arriver pur et intègre, sans rien acquérir, sans rien perdre, jusqu'à nous.

Lorsqu'on dit qu'il a changé en traversant les âges, ramassant sur son chemin des idées nouvelles, on est dans l'erreur. Le travail des docteurs, en effet, n'a rien ajouté à ses éléments constitutifs; il en a simplement éclairci les difficultés, coordonné les diverses parties, et fait ressortir les harmonies mystérieuses. Qu'un catholique du XIXᵉ siècle ouvre par exemple le Livre des Sentences ou un Père du premier siècle, il s'y sentira comme en pays de connaissance; au fond de la théologie de toute époque il rencontrera la théologie contemporaine. Les langages comme les méthodes sont divers, mais les doctrines sont communes. Les esprits sont variés, mais tous tendent au même but et marchent à pas inégaux dans une seule et large voie; tous sont pour ainsi dire de même famille.

> ..... *Facies non omnibus una*
> *Non diversa tamen.*

Malgré l'infinie variété des écrivains de l'Eglise, son enseignement nous apparaît aujourd'hui tel qu'il fut au moyen-âge, tel qu'il fut à son berceau. Il a survécu aux civilisations disparues, aux sociétés mortes, aux monuments écroulés. Il a passé à travers les siècles, se conservant toujours pur de toute altération, en dépit des coups que lui ont portés tour à tour l'hérésie et l'incrédulité.

Mais si, sous le rapport dogmatique, tout progrès est impossible dans l'enseignement de l'Eglise, il est un autre côté par où le tresor de la doctrine révélée est susceptible de développement. Si nous ne pouvons l'accroître, nous pouvons connaître tous les jours avec plus de clarté et de certitude ce qui y est renfermé. En lisant les ouvrages des anciens docteurs, on touche au doigt ce progrès de la doctrine catholique. Bien des vérités que le chrétien tant soit peu instruit saisit aujourd'hui avec précision, les Pères de la primitive Eglise ne les expliquent qu'avec un certain embarras; on voit que parfaitement fixés sur le principe, ils craignent de se tromper dans la déduction des conséquences, et, en effet, faute d'une terminologie suffisamment fixée, ils s'expriment quelquefois d'une manière obscure et même inexacte.

Tel est, en effet, l'esprit humain qu'il ne saisit pas immédiatement une idée sous toutes ses formes, et plus cette idée a d'étendue et de profondeur, plus notre débile intelligence a besoin, pour la pénétrer, des secours de la réflexion et du temps. Ce qui est vrai d'une idée, l'est bien autrement d'une doctrine, et surtout d'une doctrine divine. Il résulte de là que dans tout ce passé de 18 siècles pendant lequel le christianisme n'a cessé d'instruire les peuples, sa doctrine a dû nécessairement se développer, et grâce aux discussions pacifiques des docteurs comme aux luttes passionnées des écoles, grandir progressivement en évidence et en clarté. Et non-seulement elle est devenue plus claire et plus explicite, tout en demeurant la même quant au fond, mais elle a été disposée selon un ordre plus distinct, plus lumineux et plus logique, se rapprochant toujours davantage de cette unité qui constitue la science proprement dite.

Le grand mérite de Pierre Lombard, l'œuvre qui le caractérise et qui a rendu à jamais son nom immortel, est d'avoir fait faire à ce sublime travail de la coordination et de la synthèse des dogmes un pas gigantesque.

Avant l'apparition du Livre des Sentences, que trouvons-nous au sein des écoles théologiques? D'immenses matériaux amassés par le génie des Pères de l'Eglise grecque et de l'Eglise latine sur les données de la révélation chrétienne, de beaux traités apologétiques, d'éloquentes homélies, de remarquables polémiques, de savants commentaires. C'étaient là, il faut l'avouer, de précieux trésors, et pourtant la science de la théologie dans sa forme rigoureuse était encore à créer. L'on voyait bien çà et là des membres déjà formés, nulle part le corps vivant n'apparaissait dans son unité majestueuse. L'Ecriture, la tradition, les écrits des Pères formaient un magnifique ensemble de pierres toutes préparées; il restait à les placer, à les cimenter et à les unir de manière à constituer l'édifice de la science sacrée.

Ce fut la tâche des docteurs scolastiques.

Ce travail avait été entrepris en Orient dès le huitième siècle par saint Jean Damascène. Mais l'Occident, troublé par les luttes des peuples barbares, n'avait pu s'y appliquer sérieusement qu'un peu plus tard. Il s'accomplit lentement. La théologie élabora successivement plusieurs essais de synthèse, et mécontente de son œuvre, la recommença toujours sans se décourager. Les Sommes se multiplièrent avec des succès divers.

Ce fut Pierre Lombard qui eut la gloire de constituer d'une manière définitive l'organisation de la science catholique. Son Livre éclipsa tous les essais antérieurs, et tandis que la plupart de ces derniers tombèrent bientôt dans un complet oubli ou demeurèrent ensevelis dans la poussière des bibliothèques, le Maître des Sentences prit immédiatement possession pleine et entière des écoles; bien plus, sa puissance et son crédit allèrent sans cesse grandissant, nonobstant les admirables chefs-d'œuvre des théologiens qui vinrent après lui.

Il présenta, en effet, dans un ordre méthodique et il résuma dans un abrégé lumineux l'enseignement des Pères. Il exposa nettement et classa méthodiquement les dogmes. Il divisa les matières, il partagea les questions, et il mit l'unité dans la multiplicité. Il fit, en un mot, et cela dans un style toujours clair, limpide et calme, la synthèse de la doctrine chrétienne.

Sans doute, l'œuvre ne fut pas complètement achevée par lui. A saint Thomas était réservée la glorieuse mission de donner à la théologie scolastique sa perfection, en nous montrant l'enchaînement admirable des dogmes, en donnant aux bases de l'édifice plus de solidité, en éclairant d'une plus vive lumière certaines parties restées obscures, en communiquant à l'ensemble des formes mieux arrêtées. Mais l'on peut dire de Pierre Lombard qu'il a été le véritable architecte, et malgré tous les perfectionnements accomplis dans la suite, le principal fondateur de ce temple auguste qu'on appelle la théologie.

Est-ce à dire que la science sacrée, telle que l'ont faite le Maître des Sentences et le Docteur angélique, soit aujourd'hui définitivement constituée, et qu'à l'heure présente il n'y ait plus rien à ajouter à l'œuvre que le moyen-âge nous a transmise. Tel n'est point notre avis; nous croyons au contraire qu'elle est encore susceptible de bien des progrès, tant pour le fond que pour la forme.

Pour le fond, assurément, la théologie est faite, parce que dans ce qui la constitue, il n'y a pour ainsi dire plus rien à créer. Quels que soient les développements qui s'y accomplissent, elle n'aura ni d'autres principes, ni d'autres dogmes, ni même en bien des matières, un autre langage. Il y a dans l'œuvre des scolastiques un fond impérissable qui restera, mais il y a, à côté de ce qu'ils ont bâti pour l'éternité, quelque chose encore à construire. L'Eglise, en effet, à mesure que le temps s'écoule et que les sociétés humaines se transforment, l'Eglise sait modifier suivant les circonstances et accommode avec amour aux besoins des nations les procédés de son enseignement.

Les scolastiques ne se sont pas suffisamment arrêtés à montrer la vérité des principes, et du reste, ils n'en avaient pas besoin. En philosophie comme en religion, un point de départ commun était admis de tous; c'était seulement dans le champ des déductions qu'on voyait se produire et lutter parmi eux des opinions rivales. Aujour-d'hui, au contraire, qui ne sait que la lutte la plus sérieuse est engagée sur les questions de principes? La valeur de la raison et ses droits, le surnaturel et la révélation, la religion positive et l'Eglise, ne sont-ce pas là les intérêts majeurs que nous avons surtout à faire respecter des incrédules, à mettre pour les croyants dans un jour plus complet?

Tout ce que le moyen-âge admettait sans conteste et sans discussion est maintenant révoqué en doute et battu en brèche. Il y a surtout quatre négations qui ten-dent de plus en plus à se propager au sein des sociétés modernes et à y pervertir les intelligences et les cœurs. La première est celle des sceptiques qui récusent la raison; la seconde est celle des positivistes et des athées qui rejettent la personnalité de Dieu, avec laquelle sombre logiquement toute notion de moralité, de devoir, de reli-gion naturelle; la troisième est celle des rationalistes qui repoussent le surnaturel; la quatrième, celle des protes-tants qui, tout en admettant la révélation, refusent de reconnaître l'Eglise et son autorité divine.

La théologie ne saurait aujourd'hui négliger de pareilles controverses. Elle doit même s'appliquer avant tout à défendre contre les attaques dont ils sont l'objet, tous ces grands principes qui forment la base même de l'édifice chrétien. Elle doit montrer contre les sceptiques, hégé-liens et autres, le droit de la raison à l'absolu, la légiti-mité du procédé par lequel elle l'atteint, la certitude de l'affirmation dans laquelle elle le renferme. Contre les positivistes, elle doit établir clairement la personnalité de Dieu, et les liens qui existent entre le Créateur et l'homme. Elle doit éclaircir la notion du surnaturel et faire admet-tre sa possibilité et sa réalité. Son attention doit se porter enfin sur toutes les questions qui se rattachent à l'Eglise, à sa constitution et à son histoire; elle doit en étudier les origines autour desquelles nos adversaires rassemblent tant de nuages, et éclairer l'opinion sur les époques que l'on dénigre ou que l'on calomnie.

Un autre ordre d'idées, non moins étranger que le pré-cédent aux docteurs scolastiques, s'impose également de nos jours à l'étude des théologiens : nous voulons parler de la guerre faite à nos dogmes au nom de la science.

Au moyen-âge, toute l'activité des esprits se tournait vers les questions philosophiques et morales. De là naissaient en physique, en astronomie, etc., une foule de théories défectueuses ou fautives. Tout ce que les auteurs d'alors pensaient du ciel, de son mouvement, de la terre, de la place qu'elle occupe dans le système général du monde, a été depuis lors profondément modifié. Par contre, les sociétés modernes ont accordé aux études scientifiques une importance excessive, et elles se sont précipitées à la conquête des connaissances physiques avec une impétuosité qui leur a fait oublier les vérités morales. Chaque science s'est levée à son tour pour jeter quelque nouveau démenti à l'Ecriture ou à la tradition catholique. C'est la philologie, c'est l'archéologie, c'est l'astronomie, c'est l'histoire naturelle, c'est l'anthropologie et la géologie. De ces attaques, que nous voyons se renouveler tous les jours, que résulte-t-il? Ce préjugé qui devient de plus en plus général, à savoir qu'il y a antagonisme entre les vérités naturelles et les vérités surnaturelles, et que le catholicisme est inconciliable avec la science.

La théologie doit donc s'appliquer avec ardeur à démontrer que la doctrine chrétienne n'est nullement atteinte par les découvertes qui se font dans le champ immense de l'observation physique, à dissiper les malentendus sur lesquels se fondent la plupart des oppositions que l'on veut établir entre la science et la foi, à prouver qu'il y a entre ces deux choses une parfaite harmonie et que chaque nouveau progrès réalisé dans l'observation des mystères de la nature ajoute une clarté de plus à la connaissance de Dieu et à la certitude de la religion révélée.

Nous avons dit quels sont les compléments que peut, que doit recevoir pour le fond la théologie scolastique. Mais c'est surtout sous le rapport de la forme qu'elle peut et qu'elle doit être perfectionnée.

Chez les théologiens du moyen-âge, tout parle à l'intelligence, et la vérité affecte de se dépouiller de toutes les parures pour se manifester à nous avec le seul attrait de sa sévère beauté. Ce n'est pas dans leurs écrits qu'il faut chercher ces transitions habiles, ces formes oratoires, ces poëtiques images qui ont l'avantage de stimuler l'attention du lecteur. Leur latin est complétement dénué d'ornement, et leur style d'imagination. Ils sont uniquement préoccupés de la pensée et ne songent pas à l'élégance de la forme.

En ce point, il faut en convenir, ils ne sauraient être pour nous des modèles et des types absolument obligatoires. Aujourd'hui que les sciences, même les plus abstraites, savent parler un langage plein de grâce et de distinction, la théologie ne peut espérer d'être écoutée si elle se néglige comme elle le faisait alors. Il lui faut un style correct, cherchant sans doute la netteté plus que l'élégance, et l'exactitude sévère plus que les ornements affectés; mais enfin, le culte de l'idée doit-il donc amener le mépris de la forme? Ne peut-on pas être à la fois écrivain éloquent et théologien? Ne peut-on pas à la fois raisonner juste, sentir vivement et peindre avec éclat ce que l'on sait? Ne peut-on pas unir la hauteur des vues et les charmes de l'inspiration?

Pour ramener les incroyants de ce siècle, il ne suffit pas de mettre en ligne des preuves, de faire un simple répertoire, de ranger des arguments comme on énonce des formules algébriques. En même temps que l'on éclaire l'esprit, il faut toucher le cœur. La théologie s'adresse en effet à toutes les facultés de l'âme; elle ne doit donc pas se borner à concevoir et à exposer la vérité, mais se servir autant que possible dans cette exposition d'une langue riche, souple, harmonieuse, et revêtir la doctrine révélée d'une élocution digne d'elle. L'inspiration littéraire ne saurait nuire dans un ouvrage à la solidité. Le théologien qui réaliserait vraiment l'idéal serait, selon nous, celui qui saurait à la fois bien penser, bien sentir et bien rendre, celui qui dans l'étude et dans la démonstration de la doctrine sacrée ravirait à la fois l'intelligence par les lumières les plus pures et le cœur par les plus sublimes mouvements de l'éloquence.

Les perfectionnements précédemment indiqués auront infailliblement pour résultat de faire tomber bien des préjugés qui règnent encore actuellement sur la scolastique, et partant, sur la théologie en général. Cette science qui fut l'âme du moyen-âge, dans laquelle se résuma tout le mouvement intellectuel de cette époque, qui régna alors en souveraine dans les universités et inspira tant de génies, cette science en un mot qui a occupé une si large place dans le passé, beaucoup la considèrent comme n'en devant avoir aucune dans l'avenir. Ils estiment que sa mission est terminée, qu'il ne lui reste plus qu'à se retirer des affaires humaines et que son lieu véritable est dans un musée d'antiques. Ceux qui parlent ainsi montrent bien qu'ils ne savent pas ce qu'est la théologie ; ils ne l'ont pas étudiée, ils ne l'ont aperçue que de loin, à travers les dénigrements d'une histoire partiale. Bien au contraire, si jamais cette science a eu à remplir dans le monde un rôle important, c'est surtout à notre époque. Il faut nécessairement, si l'on ne veut pas voir tout péricliter dans la société actuelle faute de fondement, que l'enseignement de l'Eglise reprenne son action sur les intelligences, et cela, en s'accommodant par sa forme aux dispositions et aux besoins des hommes de nos jours. Il faut que la doctrine théologique anime et domine tous les autres enseignements, qu'elle se mette à leur tête, qu'elle leur imprime une bonne et salutaire direction.

FIN.

# PROPOSITIONS

I. — Malgré leurs imperfections, leurs désordres et leurs abus, le moyen-âge en général et le douzième siècle en particulier constituent dans l'histoire du Christianisme une glorieuse époque. Au point de vue intellectuel notamment, ce temps eut d'incomparables grandeurs. L'on trouverait difficilement une autre époque qui ait été plus féconde en puissants génies, en profonds théologiens et en philosophes illustres.

II. — La théologie scolastique a opéré sur les vérités de la foi un double travail : 1° elle les a synthétisées et classées dans un ordre logique ; 2° elle les a discutées scientifiquement, et par cette étude raisonnée, elle en a tout à la fois éclairci les difficultés et affermi les bases.

III. — Pierre Lombard fut le vrai fondateur de la theologie scolastique. Il en combattit les écarts, et la fixa dans la voie de l'orthodoxie, préludant ainsi aux grands travaux que l'union bien entendue de la raison et de la foi devait enfanter au treizième siècle.

IV. — Sa méthode est un heureux mélange de l'esprit investigateur d'Abailard et de l'esprit conservateur de saint Bernard.

V. — L'opinion des auteurs qui attribuent au Maître des Sentences l'honneur d'avoir dressé les premiers statuts de l'Université de Paris et l'institution des grades académiques, est très-fondée.

VI. — La *Gallia Christiana* fait erreur en fixant à l'année 1161, la date de la mort de P. Lombard. Il mourut le 20 juillet 1164.

VII. — Au point de vue de l'orthodoxie, le *Livre des Sentences* est, à très-peu de chose près, absolument irréprochable. Tous les efforts de ses adversaires n'ont abouti qu'à y signaler quelques incorrections de détail.

VIII. — Il y a beaucoup d'injustice dans les accusations dont P. Lombard fut l'objet relativement à sa doctrine sur l'humanité du Verbe. Son seul tort est de n'avoir pas eu une conception parfaite de ce qui constitue *la personnalité*.

IX. — Parmi les 20 propositions reprochées à P. Lombard comme entachées d'erreur, et dont la liste fut dressée en 1277 par les professeurs de la Faculté de Paris, il y en a 9 tout au plus qui soient vraiment en désaccord avec l'enseignement théologique.

X. — Quelques auteurs ont prétendu que P. Lombard, en écrivant son *Livre des Sentences* n'avait été qu'un habile et déloyal plagiaire. Cette supposition ne repose sur aucun fondement.

XI. — Dans ses Commentaires sur l'Ecriture, composés presque entièrement de citations, P. Lombard s'attache surtout au sens spirituel et mystique.

XII. — Les sermons de P. Lombard furent vraisemblablement composés durant son épiscopat; toutefois, quelques-uns remontent très-probablement à l'époque de son séjour dans l'abbaye de Saint Victor. En général, sa prédication paraît s'adresser à des clercs ou à des moines plutôt qu'à un auditoire populaire.

XIII. — La vogue immense obtenue par le *Livre des Sentences* s'explique par les qualités intrinsèques de cet ouvrage : 1º la classification claire et méthodique de toutes les questions de l'ordre doctrinal ; 2º la netteté de l'exposition ; 3º la justesse des solutions ; 4º la force et la richesse des témoignages ; 5º la concision du texte ; 6º la sobriété des développements philosophiques qui laissait aux commentateurs une plus libre carrière.

XIV. — Le travail des docteurs catholiques, sans rien ajouter aux éléments constitutifs de la doctrine de l'Eglise, la développe et la fait progressivement grandir en évidence et en clarté. Ce progrès continu dans une invariable identité n'est autre chose que la science théologique elle-même.

XV. — La théologie scolastique, bien loin d'être en opposition avec les besoins de l'époque actuelle, a un rôle aussi nécessaire qu'important à y remplir. Mais, pour reprendre son action sur les intelligences contemporaines, elle doit être complétée et recevoir certains perfectionnements, tant pour le fond que pour la forme.

VU ET LU EN SORBONNE LE 10 DÉCEMBRE 1880.

*Le Doyen de la Faculté de Théologie,*

† H. L. C., EVÊQUE DE SURA.

VU ET PERMIS D'IMPRIMER.

*Le Vice-Recteur de l'Académie de Paris,*

GRÉARD.

N. B. — La Faculté laisse au candidat la responsabilité des opinions émises dans cette thèse.

# INDICATION

# AUTEURS CONSULTÉS

—

I. — La *Gallia Christiana*. Tome VII.

II. — L'*Histoire littéraire de la France,* par des religieux Bénédictins de la Congrégation de St-Maur. Tomes IX, X, XI, XII, XIII, XIV et XV.

III. — *Histoire de la ville de Paris,* par D. Michel Félibien et D. Guy Alexis Lobineau, religieux bénédictins. (Paris, 1725, 5 vol. in-folio.)

IV. — Gérard Dubois, prêtre de la Congrégation de l'Oratoire. *Historia Ecclesiæ Parisiensis.* (Paris, 1690, 2 vol. in-folio.)

V. — Launoy (Jean de). *De scholis celebrioribus seu a Carolo Magno seu post eumdem Carolum per Occidentem instauratis.* (Paris, 1672.)

VI. — Noël Alexandre, de l'Ordre des Frères-Prêcheurs, docteur et professeur de la Faculté de Paris. *Historia Ecclesiastica veteris novique Testamenti, ab orbe condito ad annum post Christum natum MDC.* (Paris, 1676-1686, 24 vol. in-8°.)

VII. — Dom Ceillier, bénédictin de la Congrégation de St-Vannes. *Histoire générale des auteurs sacrés et ecclésiastiques.* (Paris, 1729-1763, 23 vol. in-4°.)

VIII. — Du Boulay (César Egasse). *Historia Universitatis Parisiensis.* (Paris, 1665, 6 vol. in-folio.)

IX. — Trithème (Jean). *De scriptoribus ecclesiasticis collectanea.* (Paris, 1512, in-4°.)

X. — Pasquier (Etienne). *Les Recherches de la France.* (Paris, 1665, in-folio.)

XI. — Baronius (César). *Annales Ecclesiastici, unà cum criticá historico-chronologicá P. Antonii Paggii, ordinis minorum convent. S. Francisci.* (Lucæ, 1738–1756, 34 vol. in-folio.)

XII. — Casimir Oudin. *Commentarius de Scriptoribus Ecclesiæ antiquis, illorumque scriptis tam impressis quam manuscriptis adhuc exstantibus, ad annum MCCCCLX.* (Lipsiæ, 1722, 3 vol. in-folio.)

XIII. — Bellarmin (Le cardinal) S. J. *De Scriptoribus Ecclesiasticis.* (Paris, 1617, in-8°.)

XIV. — Dupin (Louis-Ellies). *Nouvelle Bibliothèque des auteurs ecclésiastiques.* (Paris, 1697, 19 vol. in-4°.) Le tome IX contient l'histoire des auteurs du XIIᵉ siècle de l'Eglise.

XV. — *Maxima Bibliotheca veterum Patrum et antiquorum scriptorum ecclesiasticorum, primò a Margarino de la Bigne, in Academiâ Parisiensi Doctore Sorbonico, in lucem edita, deinde celeberrimorum in Universitate Coloniensi Doctorum studio aucta ac historicâ methodo disposita.* (Lyon, 1677, 27 vol. in-folio.)

XVI. — Crevier. *Histoire de l'Université de Paris, depuis son origine jusqu'à l'année 1600.* (Paris, 1761, 7 vol. in-12.)

XVII. — Fleury. *Histoire ecclésiastique.* (Paris, 1691. 36 vol. in-4°.)

XVIII. — Longueval, S. J. *Histoire de l'Eglise gallicane.* (Paris, 1730-1749, 18 vol. in-4°.)

XIX. — Rohrbacher (l'abbé). *Histoire universelle de l'Eglise catholique.* (Paris, 1865-1867, 4ᵉ édition, 16 vol. grand in-8°.)

XX. — Alzog (Jean). *Histoire universelle de l'Eglise* (traduite de l'allemand par Goschler et Audley). (Paris, 1845-1846, 3 vol. in-8°.)

XXI. — J. Simler. *Des Sommes de théologie.* (Paris, 1871, 1 vol. in-8°.)

XXII. — Hugonin (Mgr). *Essai sur la fondation de l'Ecole de Saint-Victor de Paris.* (Paris, 1854, 1 vol. in-8°.)

XXIII. — Rémusat (Charles de). *Histoire d'Abailard,* (Paris, 1845, 2 vol. in-8°.)

XXIV. — Jourdain (Amable-Louis-Marie-Michel Bréchillet). *Recherches critiques sur l'âge et l'origine des traductions latines d'Aristote.* (Paris, 1819 et 1843, in-8°.)

**XXV.** — Rousselot (Xavier). *Etudes sur la philosophie dans le moyen-âge.* (Paris, 1840-1842, 3 vol. in-8°.)

**XXVI.** — Hauréau (Barthélemy). *Histoire de la Philosophie scolastique.* (Paris, 1872, 2 vol. in-8°.)

**XXVII.** — Bautain (l'abbé). *Philosophie du christianisme.* (Paris, 1835, 2 vol. in-8°.)

**XXVIII.** — Demimuid (l'abbé). *Jean de Salisbury.* (Paris, 1873, 1 vol. in-8°.)

**XXIX.** — M. Brugère, professeur au séminaire de St-Sulpice. *Cours d'Histoire de l'Eglise.*

**XXX.** — H. Hürter, S. J., professeur de théologie et de philosophie à l'Université d'Insprück. *Commentator litterarius, recentioris theologiæ catholicæ theologos exprimens, qui inde a concilio Tridentino floruerunt, ætate, natione, disciplinis distinctos.* (Œniponte, Wagner, 1871-1879, 4 vol. in-8°.)

# TABLE DES MATIÈRES

———

# CHAPITRE II

## Vie de Pierre Lombard.

# CHAPITRE III

## Les écrits de Pierre Lombard.

## CHAPITRE IV

### Appréciation du « Livre des Sentences ».

## CHAPITRE V

### Ecrits de Pierre Lombard *(Suite)*

# CHAPITRE VI

## Influence de Pierre Lombard.

### CONCLUSION

LANGRES. — IMP. FIRMIN DANGIEN.

# Nations catholiques et Nations protestantes,

## ou *Essai sur la prétendue décadence des races latines*.
### (Paris, Olmer, 1874, 1 vol. in-18.)

On n'a pas oublié qu'après nos derniers désastres, en 1871, un mot d'ordre sorti des grandes officines de la presse non religieuse fut colporté en France et à l'étranger par les nombreux échos de la libre-pensée. Décidément, disait-on, les races latines ont perdu leur prépondérance. Les nations catholiques, vaincues par les nations protestantes, accusent l'infériorité de leur symbole en face des temps modernes ; leur foi chrétienne est devenue impuissante devant les progrès du siècle présent : c'est le catholicisme qui les tue.

La religion catholique est-elle donc par elle-même nuisible au développement et à la prospérité des nations? Comment se fait-il que les peuples séparés de l'Eglise paraissent maintenant grands et forts, tandis que les pays catholiques ont au contraire prodigieusement dégénéré? Enfin les humiliations actuelles des races latines sont-elles un mal sans remède, et quel serait le remède à ce mal?

Ces questions capitales viennent d'être traitées dans un petit livre récemment paru sous le titre de : *Nations catholiques et nations protestantes*, et on se trouvent condensées, en moins de cent pages pleines d'érudition et de sage critique, les raisons doctrinales et historiques qui vengent la politique chrétienne et expliquent, sans les glorifier, les triomphes passagers des peuples hérétiques.

(Extrait du journal *Le Monde*, 3 sept. 1874.)     L'abbé SÉBIE.

Faire voir ce qu'il y a de factice dans la grandeur des peuples hérétiques, replacer en son véritable et modeste rang le développement de l'industrie où excellent les nations protestantes, remettre en honneur les lois morales par où ces mêmes nations s'abstiennent de briller, c'est pour un écrivain catholique une tâche des plus utiles qu'il puisse entreprendre. Des apologistes de grand mérite, pour ne citer que Balmès et Auguste Nicolas, s'y sont appliqués avec un succès qui ne peut être contesté. Mais leurs ouvrages, à raison de leur format et du point de vue élevé auquel ils traitent la question, étant peu populaires, il en résulte que la plupart de ceux aux oreilles de qui arrive l'erreur ne peuvent avoir connaissance de la réfutation.

C'est pour combler cette lacune qu'on vient de publier, sous le titre de : *Nations catholiques et Nations protestantes*, un livre où se trouvent condensés dans un style clair et rapide les arguments les plus décisifs contre le genre d'erreurs dont nous parlons. Nous engageons nos lecteurs à le lire et à le répandre. Il peut faire le plus grand bien dans les contrées où le protestantisme a quelque influence. Ajoutons que cet ouvrage a reçu des approbations épiscopales qui ne permettent pas de mettre en doute la parfaite pureté de sa doctrine.     P. LAPEYRE.

(Extrait du journal l'*Univers*, 30 juillet 1874.)

Que de fois n'avons-nous pas entendu exalter la prospérité des pays protestants et déplorer la décadence des peuples catholiques!... Sans cesse les ennemis de l'Eglise s'efforcent et par la parole et par la plume de rendre populaire ce préjugé que le protestantisme est une source de vie pour les nations, tandis que le catholicisme les tue. Cette objection provient d'une connaissance imparfaite de la situation actuelle et même des conditions de l'existence politique des peuples. Il y a aussi de la mauvaise foi dans ces attaques dirigées contre l'Eglise et dans ces hommages rendus à la prétendue réforme : on sent là en quelque sorte un mot d'ordre; c'est tout au moins la formule du scepticisme contemporain. D'abord, l'abaissement des puissances catholiques n'est ni ancien, ni profond, ni, Dieu merci! définitif. D'autre part, les esprits sérieux savent fort bien que doctrine et morale dans le protestantisme sont nulles, et que les Etats protestants, inconsciemment ou non, vivent des traditions de l'Eglise romaine, mère de la civilisation moderne.

Ce sujet, plein d'à-propos, vient d'être traité avec succès dans un petit livre intitulé : *Nations catholiques et Nations protestantes*. En somme, ce travail est d'une exécution vigoureuse. Nous avons lu avec beaucoup d'intérêt le portrait que trace l'auteur, de la société contemporaine. Il a su indiquer les causes véritables de l'affaiblissement des nations catholiques et les conditions essentielles de leur régénération.

Nous ne voulons pas entreprendre ici l'éloge détaillé de cet opuscule. Il a été loué et recommandé par plusieurs éminents critiques; il a dès son apparition rencontré dans le public un si favorable accueil, qu'il suffit de constater son mérite et d'engager ceux qui ne le connaissent pas encore à se le procurer sans retard, à le lire et à le méditer. Ils y trouveront sûrement plaisir et profit.

(Gazette de France, 6 juillet 1874.)

Nous ne saurions trop recommander à nos lecteurs un livre qui vient de paraître sous le titre de : *Nations catholiques et Nations protestantes*. L'auteur de ce travail y examine à fond le problème de la prétendue décadence des nations catholiques et de l'apparente prospérité des nations protestantes. Il le traite avec élévation et sagacité. L'avenir se chargera de justifier ses conclusions, qui sont bien faites pour rassurer notre patriotisme.     (La France Nouvelle, 12 juillet 1874.)

LANGRES. — IMP. FIRMIN-DANGIEN.

www.ingramcontent.com/pod-product-compliance
Lightning Source LLC
Chambersburg PA
CBHW071955090426
42740CB00011B/1945